Concours **2018-2019**

100% efficace
LE TOUT-EN-UN

ATSEM
ASEM

Externe, interne et 3e concours **6e édition**

Élodie Laplace
Attachée territoriale, anciennement responsable
de la formation continue pour les personnels de l'enfance au CNFPT
(délégation grande couronne de la région Île-de-France)

Vuibert

ISBN : 978-2-311-20539-8

Conception couverture : Les PAOistes
Conception maquette : Bleu T
Composition : Linéale Production
Image couverture : Rigal / Premium Access / Getty Images

Sommaire

Présentation du métier et du concours

1. Qui sont les ASEM et les ATSEM ?

ASEM signifie « agent spécialisé des écoles maternelles » et ATSEM « agent territorial spécialisé des écoles maternelles ».

On trouve aussi l'appellation « agent d'accompagnement de l'enfance ».

Ils interviennent auprès d'enfants dans les classes maternelles, dans toutes les sections.

Affectés collectivement à l'école, ils sont répartis dans une classe ou plusieurs par le directeur, en fonction des besoins recensés à chaque rentrée scolaire.

Ils peuvent éventuellement être affectés au sein de centres de loisirs maternels ou autres structures similaires.

■ Qui les emploie ?

Les ATSEM sont employés par les collectivités territoriales, à l'exclusion de la Ville de Paris qui a un statut spécifique.

Les ASEM sont des agents de la Ville de Paris.

■ Sous quelle autorité sont-ils placés ?

ATSEM et ASEM sont placés sous une double hiérarchie, selon les moments de la journée.

Pendant le temps scolaire, soit celui de la « classe », encadré par l'Éducation nationale : l'ATSEM/ASEM est sous l'autorité du directeur d'école.

Il n'a pas la responsabilité directe des enfants. Il doit référer de tout ce qui le nécessite à l'enseignant ou/et au directeur.

Pendant le temps périscolaire (temps du repas, « garderie » avant et après la classe, « goûter récréatif » de la Ville de Paris), ainsi que les temps périscolaires (TAP) introduits par la réforme des rythmes scolaires de 2013 : l'ATSEM/ ASEM est responsable des enfants, sous l'autorité du maire de la commune.

2. Type de statuts

Les ASEM et ATSEM sont soit :

- contractuels de droit public. Les personnels sont employés par la mairie, sous la forme de contrats à durée déterminée ou indéterminée (CDD, CDI). Les contractuels sont recrutés directement, sur la base d'un entretien d'embauche ;

- fonctionnaires. Les personnels font partie de la fonction publique territoriale (ATSEM) ou de la Ville de Paris (ASEM). Pour devenir fonctionnaires, les candidats doivent réussir le concours.

3. Choisir un concours

■ Concours ATSEM

Comme pour tous les concours, il est nécessaire de choisir parmi plusieurs modalités existantes, celle qui convient à sa situation personnelle :

Le concours externe est ouvert à tous les candidats, qu'ils aient déjà une expérience professionnelle dans le secteur, ou non. Condition requise pour accéder au concours externe ATSEM : être titulaire du CAP petite enfance (nouvellement CAP Accompagnant éducatif Petite enfance). Le CAP petite enfance a été rénové. Sa version réactualisée est plus adaptée aux exigences de l'accueil individuel et collectif des enfants de moins de 6 ans. Le diplôme est désormais composé d'un socle commun avec les diplômes d'auxiliaire de puériculture et d'éducateur de jeunes enfants.

Le concours interne est ouvert à tous les agents des collectivités territoriales ayant au moins 2 ans de service effectués auprès d'enfants en milieu scolaire et maternel (hors période de stages ou de formation).

Le troisième concours est ouvert aux candidats qui peuvent justifier d'une expérience d'au moins quatre ans auprès de jeunes enfants, que ce soit dans le secteur public, privé, ou associatif.

■ Concours ASEM

Il consiste en un concours externe, ouvert aux candidats ayant le CAP petite enfance (voir ci-dessus).

■ Conditions générales d'accès aux concours de la fonction publique

- Être de nationalité française.
- Jouir de ses droits civiques.
- Avoir le bulletin n° 2 de son casier judiciaire compatible avec l'exercice des fonctions.
- Être en position régulière au regard du code du service national.
- Remplir les conditions d'aptitude physique exigées pour l'exercice de la fonction, compte tenu des possibilités de compensation des handicaps.

Il n'y pas d'âge limite pour accéder aux concours ATSEM et ASEM.

4. S'inscrire au concours

Pour les ATSEM : sur le site du centre départemental de gestion (CDG) de votre département, ou sur le site du centre interdépartemental de gestion (CIG) pour les habitants de la première et de la grande couronne d'Île-de-France.

Pour les ASEM : sur le site de la mairie de Paris, www.paris.fr (onglet « recrutement », rubrique « concours de la Ville »).

5. Épreuves du concours

■ Les concours se déroulent généralement en deux phases

- **L'admissibilité** : elle consiste souvent en des épreuves écrites. Pour les ATSEM concours externe et les ASEM, il s'agit d'un QCM (questionnaire à choix multiples). Pour les candidats ATSEM 3e concours, c'est un QRC (questionnaire à réponses courtes) ;
- **L'admission** : seuls peuvent se présenter à cette deuxième épreuve les candidats déclarés admissibles, c'est-à-dire ayant réussi l'épreuve écrite. Il s'agit d'épreuves orales ou pratiques. Pour ATSEM et ASEM, cela consiste en un entretien oral avec le jury.

Chaque épreuve est notée de 0 à 20. Certaines notes inférieures à un seuil fixé selon les cas sont éliminatoires. Tout candidat à un concours ou examen qui ne participe pas à toutes les épreuves obligatoires est éliminé.

Les épreuves

	Admissibilité	Admission
ATSEM EXTERNE	QCM de 20 questions portant sur des situations concrètes rencontrées par les ATSEM dans l'exercice de leurs fonctions. durée : 45 min, coefficient 1	Entretien permettant d'apprécier l'aptitude et la motivation du candidat à exercer les missions qui lui seront confiées, ainsi que ses connaissances de l'environnement professionnel dans lequel il devra exercer ses fonctions. durée : 15 min, coefficient 2.
ATSEM INTERNE	Pas d'épreuve d'admissibilité	Entretien en 2 phases : – Présentation par le candidat de son expérience professionnelle et de ses compétences à partir d'un document retraçant son parcours professionnel [1] – Conversation permettant d'apprécier la capacité du candidat à analyser son environnement professionnel et à résoudre les problèmes les plus fréquemment rencontrés dans le cadre de ses fonctions. durée : 20 min, dont 5 min au plus de présentation.
ATSEM 3e CONCOURS	3 à 5 QRC posées à partir d'un dossier remis aux candidats et portant sur les problèmes susceptibles d'être rencontrés par l'ATSEM dans l'exercice de ses fonctions. durée : 2 h, coefficient 1.	Identique à l'oral d'admission du concours interne.
ASEM	QCM portant sur des notions élémentaires relatives à l'organisation et au fonctionnement de la collectivité parisienne et des écoles maternelles, sur la compréhension des consignes élémentaires d'hygiène et de sécurité, dans le cadre des missions incombant aux ASEM. Les questions sont relatives à des mises en situation professionnelles, pouvant faire appel à des notions de calcul simples. durée : 45 min, coefficient 1	Entretien avec le jury permettant d'apprécier la motivation du candidat et son aptitude à exercer les missions incombant aux membres du corps des agents spécialisés des écoles maternelles, ainsi que sa capacité à travailler en équipe. durée : 15 min, coefficient 2

1. Ce document à remplir est fourni au candidat au moment de son inscription.

Après la réussite au concours...

Les ATSEM sont inscrits sur une liste d'aptitude nationale. Cela ne vaut pas affectation directe dans l'emploi mais ouvre la possibilité de postuler aux offres d'emploi des collectivités locales réservées aux personnels fonctionnaires.

L'inscription sur liste d'aptitude est valable 3 ans, soit 1 an renouvelable 2 fois sur demande.

Les ASEM sont directement affectés dans les écoles de la Ville de Paris après réussite au concours.

ATSEM et ASEM sont recrutés, titularisés et éventuellement révoqués par le maire après consultation du directeur d'école.

Après recrutement, c'est-à-dire nomination sur le poste, on devient fonctionnaire stagiaire pendant une durée d'un an au terme duquel, si les aptitudes sont vérifiées, on devient fonctionnaire titulaire. Le stage doit également être un temps dédié à la formation sur le cœur de métier, ainsi qu'à l'intégration à la fonction publique et à ses règles.

QCM D'AUTO-ÉVALUATION

**Avant de débuter votre préparation au concours, évaluez-vous en répondant aux questions ci-dessous organisées par types de connaissances.
Après ces séries de QCM, un corrigé et un bilan vous sont proposés.**

1 heure — **Cochez la ou les bonne(s) réponse(s).**

Connaissance des institutions

1. La préfecture est une émanation de :

- ❑ **a.** la région
- ❑ **b.** la commune
- ❑ **c.** l'État
- ❑ **d.** le département

2. Comment sont recrutés les ATSEM ?

- ❑ **a.** Directement, après entretien d'embauche
- ❑ **b.** Par concours
- ❑ **c.** Via Pôle Emploi
- ❑ **d.** Via des agences d'intérim

3. Dans quel décret sont précisées les fonctions des ATSEM ?

- ❑ **a.** Le décret du 24 juin 1982
- ❑ **b.** Le décret du 28 août 1992
- ❑ **c.** Le décret du 13 juillet 1983
- ❑ **d.** Le décret du 24 août 1982

4. En 2013 , la réforme des rythmes scolaires consistait en :

- ❑ **a.** rallonger la durée hebdomadaire de la classe ;
- ❑ **b.** raccourcir la durée hebdomadaire de la classe ;
- ❑ **c.** répartir différemment la même durée hebdomadaire ;
- ❑ **d.** remplacer la sieste par des activités périscolaires.

5. En France, le pouvoir législatif est représenté par :

- ❑ **a.** le Parlement
- ❑ **b.** les magistrats
- ❑ **c.** le gouvernement
- ❑ **d.** le président de la République

6. Le Sénat, c'est :

- ❑ **a.** une chambre du Parlement
- ❑ **b.** un secrétariat d'État
- ❑ **c.** une instance indépendante
- ❑ **d.** l'Assemblée nationale

7. Les conseillers départementaux sont élus pour :

- ❑ **a.** 3 ans
- ❑ **b.** 4 ans
- ❑ **c.** 6 ans
- ❑ **d.** 5 ans

8. Les élections municipales ont lieu tous les :

- ❑ **a.** 4 ans
- ❑ **b.** 5 ans
- ❑ **c.** 6 ans
- ❑ **d.** 3 ans

9. Paris est un département et une région.

- ❑ **a.** Vrai
- ❑ **b.** Faux

10. L'âge légal d'entrée à la maternelle est de :

- ❑ **a.** 2 ans
- ❑ **b.** 3 ans
- ❑ **c.** 4 ans
- ❑ **d.** Il n'y a pas d'âge tant que l'enfant est propre

11. Qu'est-ce que le RASED ?

- ❑ **a.** Le regroupement d'associations solidaires pour les enfants défavorisés
- ❑ **b.** Le réseau d'aide spécialisée aux élèves en difficulté
- ❑ **c.** Le rassemblement associatif des structures pour l'enseignement à distance
- ❑ **d.** Le réseau d'aide spécifique aux enseignants en dépression

12. De combien de cycles d'apprentissage se compose l'école maternelle ?

- ❑ **a.** 1
- ❑ **b.** 2
- ❑ **c.** 3
- ❑ **d.** 4

→ *Retrouvez les corrigés en p. 15*

13. **Quelle est la différence entre ASEM et ATSEM?**

- ❑ **a.** Le salaire
- ❑ **b.** L'employeur
- ❑ **c.** Les missions
- ❑ **d.** Aucune

14. **Que signifie ATSEM?**

- ❑ **a.** Agent technique spécialisé des écoles maternelles
- ❑ **b.** Agent territorial spécialisé des écoles maternelles
- ❑ **c.** Agent titulaire spécialisé des écoles maternelles
- ❑ **d.** Agent territorial et social des écoles maternelles

15. **Combien y a-t-il de régions en France métropolitaine?**

- ❑ **a.** 13
- ❑ **b.** 22
- ❑ **c.** 27
- ❑ **d.** 18

16. **Combien faut-il d'adultes lors des sorties scolaires?**

- ❑ **a.** 1 adulte pour 8 enfants
- ❑ **b.** 1 adulte pour 4 enfants
- ❑ **c.** 1 adulte pour 6 enfants
- ❑ **d.** Cela dépend des écoles

17. **L'enseignant reçoit un coup de fil et doit partir soudainement. Il vous demande de le remplacer pour les activités du matin.**

- ❑ **a.** Vous acceptez
- ❑ **b.** Vous acceptez s'il vous donne les consignes pour le faire
- ❑ **c.** Vous refusez
- ❑ **d.** Vous en alertez le directeur

18. **Le directeur vous demande de nettoyer les parties privatives de l'école.**

- ❑ **a.** Vous acceptez, vous ne voulez pas créer d'incident
- ❑ **b.** Vous acceptez, vos autres collègues le font
- ❑ **c.** Vous refusez
- ❑ **d.** Vous acceptez, cela fait partie de vos missions

19. **Les collèges relèvent du:**

- ❑ **a.** conseil départemental
- ❑ **b.** conseil régional
- ❑ **c.** conseil municipal
- ❑ **d.** conseil d'État

Connaissance de l'enfant de 2 à 6 ans

20. **Quelle est la taille moyenne d'un enfant de 3 ans?**

- ❑ **a.** 75 cm
- ❑ **b.** 90 cm
- ❑ **c.** 85 cm
- ❑ **d.** 95 cm

21. **Un petit garçon en mord un autre.**

- ❑ **a.** Vous le punissez
- ❑ **b.** Vous lui expliquez pourquoi il ne faut pas le faire, et vous le punissez
- ❑ **c.** Vous lui expliquez pourquoi il ne faut pas le faire, et lui indiquer qu'il sera puni en cas de récidive
- ❑ **d.** Vous le mordez à votre tour pour qu'il se rende compte de son acte

22. **Un parent vous demande des informations sur les résultats scolaires de sa fille.**

- ❑ **a.** Vous lui expliquez ce que vous avez constaté
- ❑ **b.** Vous lui dites que vous ne savez pas
- ❑ **c.** Vous lui dites d'aller demander à l'enseignant
- ❑ **d.** Vous lui dites que tout va bien

23. **Pendant la sieste, Antoine ne veut pas dormir.**

- ❑ **a.** Vous le punissez
- ❑ **b.** Vous le laissez jouer dans la cour
- ❑ **c.** Vous lui proposez d'écouter de la musique calme
- ❑ **d.** Vous vous couchez à côté de lui

24. **Un enfant porteur de handicap arrive dans l'école.**

- ❑ **a.** C'est spécifiquement à l'ATSEM de le prendre en charge
- ❑ **b.** Ce n'est pas à l'ATSEM de s'en occuper
- ❑ **c.** L'ensemble des professionnels éducatifs le prend en charge selon des modalités définies
- ❑ **d.** C'est à l'ensemble des ATSEM d'assurer sa prise en charge

25. **À 3 ans, Marie ne fait pas des phrases complètes.**

- ❑ **a.** Elle doit avoir un retard psychologique
- ❑ **b.** Cela n'est pas alarmant à son âge
- ❑ **c.** Cela est normal à son âge
- ❑ **d.** Elle doit avoir un retard intellectuel

26. En petite section, un enfant vous raconte une histoire incroyable.

- ❑ **a.** Il ment. Vous le punissez
- ❑ **b.** Il fabule. C'est normal à son âge
- ❑ **c.** Vous demandez confirmation à ses parents avant de le punir
- ❑ **d.** Vous alertez le directeur

27. En jouant, un enfant s'est mis de la terre dans l'œil. Que faites-vous?

- ❑ **a.** Vous mettez du collyre à l'enfant
- ❑ **b.** Vous frottez l'œil de l'enfant pour susciter l'arrivée de larmes
- ❑ **c.** Vous rincez l'œil de l'enfant à l'eau
- ❑ **d.** Rien, la terre n'est pas nocive

28. Un enfant fait subitement une crise de pleurs.

- ❑ **a.** Vous le punissez car cette crise n'a pas de raison d'être
- ❑ **b.** Vous lui mettez la tête sous l'eau pour le calmer
- ❑ **c.** Rien, il faut le laisser exprimer ses émotions
- ❑ **d.** Vous le consolez

29. Un enfant vous témoigne systématiquement des signes d'hostilité.

- ❑ **a.** Vous allez vous plaindre auprès des parents
- ❑ **b.** Vous vous expliquez avec l'enfant sur les raisons de cette hostilité
- ❑ **c.** Vous en référez à la directrice
- ❑ **d.** Rien, car cela fait aussi partie du métier

30. Quel est le poids moyen d'un enfant de 3 ans?

- ❑ **a.** 8 kg
- ❑ **b.** 12 kg
- ❑ **c.** 15 kg
- ❑ **d.** 20 kg

31. À la sortie des classes, un enfant reconnaît un adulte et veut partir avec lui. Or cette personne n'est pas la personne habituelle à qui vous remettez l'enfant.

- ❑ **a.** Vous appelez la gendarmerie
- ❑ **b.** Vous demandez à la personne de revenir avec un document officiel signé
- ❑ **c.** Vous laissez l'enfant partir en prenant soin de noter son nom, prénom, adresse, etc.
- ❑ **d.** Vous demandez à l'adulte de patienter et allez en informer le directeur, qui prendra la décision

32. À partir de quel âge l'enfant parle-t-il à la première personne du singulier?

- ❑ **a.** 18 mois
- ❑ **b.** 24 mois
- ❑ **c.** 3 ans
- ❑ **d.** 4 ans

33. Un enfant de petite section vous dit qu'il veut faire « dodo ». Il est 11 heures.

- ❑ **a.** Vous lui répondez qu'il fera dodo après manger
- ❑ **b.** Vous lui répondez qu'il ira dormir après déjeuner
- ❑ **c.** Vous lui demandez de corriger sa phrase
- ❑ **d.** Vous lui répondez que ce n'est pas encore l'heure

34. Un enfant qui n'appartient pas à la classe à laquelle vous êtes rattaché(e) vous demande de lacer ses chaussures.

- ❑ **a.** Vous lui demandez d'aller voir son ATSEM
- ❑ **b.** Vous lacez ses chaussures
- ❑ **c.** Vous allez trouver l'ATSEM en charge de sa classe
- ❑ **d.** Vous lui demandez de lacer ses chaussures tout seul

35. Deux élèves se battent dans un couloir.

- ❑ **a.** Vous intervenez pour les séparer
- ❑ **b.** Vous appelez l'enseignant
- ❑ **c.** Vous appelez le directeur
- ❑ **d.** Ces élèves n'appartiennent pas à votre classe, vous appelez vos collègues

36. Un enfant est puni, au piquet dans le couloir et pleure.

- ❑ **a.** Vous levez la punition
- ❑ **b.** Vous le consolez
- ❑ **c.** Vous lui expliquez pourquoi il a été puni
- ❑ **d.** Vous passez votre chemin

37. Quels sont les types de développement de l'enfant?

- ❑ **a.** Psychomoteur
- ❑ **b.** Social
- ❑ **c.** Cognitif
- ❑ **d.** Psychiatrique

→ *Retrouvez les corrigés en p. 15*

Hygiène et sécurité

38. Que signifie PNNS?

- ❑ **a.** Programme National Nutrition Santé
- ❑ **b.** Politique Nationale pour la Natalité et la Solidarité
- ❑ **c.** Protection Nouvelles Normes de Sécurité
- ❑ **d.** Prévention Nutrition Sécurité et Santé

39. Un enfant arrive toujours mal lavé, avec des vêtements sales.

- ❑ **a.** Vous le lavez
- ❑ **b.** Vous en parlez à ses parents
- ❑ **c.** Vous prévenez l'enseignant
- ❑ **d.** Vous faites un signalement pour maltraitance

40. Un enfant a de la fièvre.

- ❑ **a.** Vous le couvrez pour faire tomber la fièvre
- ❑ **b.** Vous prévenez l'enseignant
- ❑ **c.** Vous lui donnez une aspirine avec beaucoup d'eau
- ❑ **d.** Vous le faites boire régulièrement

41. Une mère vous demande de donner un traitement médical à son enfant.

- ❑ **a.** Vous demandez à voir l'ordonnance
- ❑ **b.** Vous conservez le médicament hors de la portée des autres enfants
- ❑ **c.** Vous lui demandez d'en informer le directeur de l'école
- ❑ **d.** Vous refusez

42. Un enfant s'est écorché le genou, que faire en premier?

- ❑ **a.** Se laver les mains
- ❑ **b.** Désinfecter la plaie
- ❑ **c.** Parler à l'enfant
- ❑ **d.** Appeler les secours

43. L'eau oxygénée est:

- ❑ **a.** un décolorant
- ❑ **b.** un antiseptique
- ❑ **c.** un détergent
- ❑ **d.** un antioxydant

44. Un enfant a ingéré un produit toxique:

- ❑ **a.** il faut appeler les secours
- ❑ **b.** il faut le faire vomir
- ❑ **c.** il faut lui faire boire du lait
- ❑ **d.** il faut lui demander ce qu'il a bu

45. Qu'est-ce que la pédiculose?

- ❑ **a.** Une maladie causée par les poux
- ❑ **b.** Une infection au niveau des pieds
- ❑ **c.** Un irritation chronique de la peau
- ❑ **d.** Une bactérie présente dans l'intestin

46. Une hypoglycémie correspond à:

- ❑ **a.** un manque de sucre dans le sang
- ❑ **b.** un excès de sucre dans le sang
- ❑ **c.** un malaise vagal
- ❑ **d.** une baisse de température du corps

47. À la cantine, un enfant s'est renversé de la soupe très chaude sur la cuisse.

- ❑ **a.** Vous lui mettez un pansement
- ❑ **b.** Vous lui appliquez une pommade grasse
- ❑ **c.** Vous lui mettez la cuisse sous l'eau froide
- ❑ **d.** Vous le rassurez

48. L'eau de Javel est préconisée pour nettoyer efficacement le sol de la classe.

- ❑ **a.** Vrai
- ❑ **b.** Faux

49. Un enfant a des convulsions.

- ❑ **a.** Vous le couchez et le couvrez
- ❑ **b.** Vous lui appliquez des compresses fraîches sur le front
- ❑ **c.** Vous le mettez à l'écart des autres enfants
- ❑ **d.** Vous le surveillez et prévenez l'enseignant

50. Lors d'une sortie dans un parc, un enfant se fait piquer par une abeille. Il faut:

- ❑ **a.** ôter rapidement le dard
- ❑ **b.** donner une aspirine à l'enfant
- ❑ **c.** nettoyer la plaie
- ❑ **d.** mettre un glaçon sur la plaie

51. Que signifie PLS?

- ❑ **a.** Position Latérale de Santé
- ❑ **b.** Position Latérale de Sécurité
- ❑ **c.** Posture Latérale Sécurisée
- ❑ **d.** Position Lombaire Sécurisée

52. Que sont les oxyures?

- ❑ **a.** Des vers parasites
- ❑ **b.** Des taches d'oxydation
- ❑ **c.** Des crises provoquées par manque d'oxygène
- ❑ **d.** Des moisissures nocives pour la santé

53. Julie se lève constamment de table et refuse de manger.

- ❑ **a.** Vous la contraignez à rester à table tant que son assiette n'est pas terminée
- ❑ **b.** Vous emportez son assiette, au cas où elle souhaite manger plus tard
- ❑ **c.** Vous lui expliquez pourquoi il faut rester assis et essayez de la calmer
- ❑ **d.** Vous lui demandez d'aller au coin

54. En cas d'incendie :

- ❑ **a.** l'ATSEM appelle les pompiers
- ❑ **b.** l'ATSEM fait sortir les enfants le plus vite possible
- ❑ **c.** l'ATSEM aide les enfants à sortir dans le calme et les compte
- ❑ **d.** l'ATSEM aide à éteindre le feu

55. Le nettoyage doit s'effectuer :

- ❑ **a.** du plus propre au plus sale
- ❑ **b.** du plus sale au plus propre
- ❑ **c.** du plus inaccessible au plus accessible
- ❑ **d.** des salles inoccupées aux salles occupées

CORRIGÉ

1. c.	2. a et b.	3. b.	4. c.	5. a.
6. a.	7. c.	8. c.	9. b.	10. a et b.
11. b.	12. b.	13. b.	14. b.	15. a.
16. a.	17. c.	18. c.	19. a.	20. d.
21. c.	22. c.	23. c et d.	24. c.	25. c.
26. b.	27. c.	28. d.	29. c.	30. c.
31. d.	32. c.	33. b.	34. b.	35. a.
36. c.	37. a, b et c.	38. a.	39. c.	40. b et d.
41. c.	42. c.	43. b.	44. a et d.	45. a.
46. a.	47. c et d.	48. b.	49. d.	50. a, c et d.
51. b.	52. a.	53. c.	54. c.	55. a et c.

ATTENTION

Les sujets corrigés

Quels que soient vos résultats et votre niveau, n'oubliez surtout pas de vous mettre en situation de concours grâce aux sujets d'annales et/ou aux sujets inédits corrigés que nous vous proposons dans la seconde partie de l'ouvrage, à la page 145.

Reportez le résultat de vos réponses ci-dessous :

	RÉPONSES CORRECTES	RÉPONSES INCORRECTES	VOUS AVEZ ENTRE 0 ET 6 RÉPONSES CORRECTES	VOUS AVEZ ENTRE 7 ET 11 RÉPONSES CORRECTES	VOUS AVEZ ENTRE 12 ET 18 RÉPONSES CORRECTES
Connaissance des institutions	... /19	... /19	Votre résultat montre que vous devez travailler à fond la connaissance des institutions. Les fiches de cours (à partir de la page 24) et les entraînements (à partir de la page 59) vous aideront à mettre toutes les chances de votre côté pour réussir.	Rendez-vous à la page 24 et prenez connaissance des 25 fiches proposées. Testez ensuite vos acquis grâce aux différents types d'entraînements. Vous y êtes presque !	Bravo ! Consolidez vos connaissances en lisant les fiches de cours (à partir de la page 24) et continuez de vous entraîner avec les QCM et exercices à partir de la page 59.
Connaissance de l'enfant de 2 à 6 ans	... /18	... /18	Votre résultat montre que vous devez travailler à fond la connaissance de l'enfant de 2 à 6 ans. Les fiches de cours (à partir de la page 66) et les entraînements (à partir de la page 93) vous aideront à mettre toutes les chances de votre côté pour réussir.	Rendez-vous à la page 66 et prenez connaissance des 15 fiches proposées. Testez ensuite vos acquis grâce aux différents types d'entraînements. Vous y êtes presque !	Bravo ! Consolidez vos connaissances en lisant les fiches de cours (à partir de la page 66) et continuez de vous entraîner avec les QCM et exercices à partir de la page 93.
Hygiène et sécurité	... /18	... /18	Votre résultat montre que vous devez travailler à fond l'hygiène et la sécurité. Les fiches de cours (à partir de la page 101) et les entraînements (à partir de la page 131) vous aideront à mettre toutes les chances de votre côté pour réussir.	Rendez-vous à la page 101 et prenez connaissance des 19 fiches proposées. Testez ensuite vos acquis grâce aux différents types d'entraînements. Vous y êtes presque !	Bravo ! Consolidez vos connaissances en lisant les fiches de cours (à partir de la page 101) et continuez de vous entraîner avec les QCM et exercices à partir de la page 131.

Partie 1

Préparation aux épreuves

PARTIE 1

Préparation aux épreuves

Chapitre 1
Connaissance des institutions

Fiches de méthode

Fiches de cours

Entraînements

FICHE 1 Le QCM (ATSEM externe et ASEM)

Il s'agit de questions à choix multiples. Vous devez choisir la ou les bonnes réponses dans la liste de réponses proposées à une question. Généralement, vous sont distribués un questionnaire et un document-réponse, sur lequel vous devez répondre.

1. Les attentes du jury

Avec cette épreuve, le jury évalue vos connaissances globales des fonctions, de l'environnement de travail restreint (école) ou élargi (collectivité territoriale, fonction publique) ainsi que vos connaissances de base relatives aux enfants, à leur santé et leur sécurité qui doivent vous permettre de répondre de manière adaptée à leur besoins.

2. Le barème

Lisez bien le barème de notation sur la page de garde du sujet.

En général :
- les questions valent toutes le même nombre de points ;
- si le candidat coche l'ensemble des réponses exactes, il a 1 point pour la question ;
- s'il coche une partie des réponses exactes et aucune réponse fausse, il a 0 point ;
- s'il coche une partie des réponses fausses, ou s'il ne répond pas à la question il peut avoir une pénalité (– 1 point).

À noter : Selon les centres organisateurs des épreuves et les années, ces barèmes de notation varient. Prenez soin de les lire attentivement avant de commencer.

3. L'énoncé

Lisez bien l'énoncé de chaque question.
- Des pièges peuvent s'y trouver, comme les formulations interro-négatives : « Citez les missions qui ne font pas partie de celles de l'ATSEM ». Vous devrez alors cocher ce qu'il ne faut pas faire.
- Veillez à ne pas cocher plusieurs cases lorsque l'énoncé précise qu'il vous faut indiquer « le premier » ou le « majeur » ou le « principal ». Il n'y a alors qu'une seule réponse possible.
- Si vous ne savez pas répondre à une question, passez aux suivantes en tentant de ménager du temps pour revenir sur la question qui vous pose problème à la fin de l'épreuve.
- Ne répondez pas forcément en fonction de vos habitudes au sein de l'école, car elles peuvent être mauvaises, mais en fonction de ce que vous avez lu, appris, et du bon sens.

La durée de l'épreuve est de 45 minutes, avec un coefficient 1.

À noter : Le jour J, munissez-vous d'un feutre noir à pointe épaisse, car les cases sont généralement à noircir.

FICHE 2 Le QRC (ATSEM 3e concours)

Il s'agit de questions à réponses courtes. Vous devez répondre de manière synthétique et succincte à 3 à 5 questions simples, posées sur la base de documents (texte, tableau, article de presse) que vous devrez lire et comprendre préalablement.

1. Conseils généraux

Les thèmes abordés dans les documents sont divers et sont en principe toujours liés à une facette du métier d'ATSEM. Il peut s'agir de l'actualité des écoles maternelles, de la santé des enfants, de leur développement physique ou psychologique, de textes relatifs au métier d'ATSEM ou au statut, etc.

✔ Lisez d'abord les questions

Cela vous permet d'avoir à l'esprit, pendant que vous lisez les documents, ce à quoi vous devrez répondre ensuite. Lisez de manière attentive les documents, en surlignant les idées essentielles.

✔ Gérez votre temps

Consacrez un temps raisonnable à la lecture afin qu'elle soit efficace sans vous attarder, car vous devrez ensuite commencer à rédiger. L'épreuve durant 2 heures, vous pouvez passer 30 minutes pour la lecture, 1 h 15 pour l'ensemble des questions, en adaptant pour chaque question, selon si celle-ci nécessite une réponse courte ou au contraire une réponse plus aboutie, et enfin 15 minutes à la relecture, correction des fautes, etc.

✔ Entraînez-vous à lire en un temps limité et à répondre à des questions

N'hésitez pas à faire relire vos réponses par votre entourage pour savoir si elles sont compréhensibles. Relire à voix haute ce que vous avez écrit est souvent un bon moyen d'en apprécier la clarté.

2. Rédaction des réponses

En général, vous devez répondre en un petit paragraphe (entre 5 et 10 lignes).

✔ On attend de vous des réponses simples et claires, dans un français correct

Si vous avez des difficultés à l'écrit (orthographe, grammaire), il est utile de réviser les bases du français. Faites des phrases simples et utilisez si possible des termes dont vous maîtrisez le sens et l'orthographe.

✔ Structurez vos réponses

Indiquez une seule idée par phrase et évitez de faire des phrases trop longues.

✔ Organisez vos idées

Commencez votre réponse par une petite introduction resituant le contexte ou reformulant la question. Ne commencez pas votre réponse par « Parce que » ou « Il s'agit de », mais reformulez la phrase. Ex. : Qu'est que l'intercommunalité ? « L'intercommunalité est un regroupement de communes » plutôt que « C'est un regroupement de communes ».

✔ Faites des phrases complètes

Rédigez une phrase avec un sujet, un verbe, un complément, plutôt que des bribes de phrases. Ex : Quel est l'âge des enfants à l'école maternelle ? « Les enfants à l'école maternelle ont entre deux et six ans », plutôt que « De 2 à 6 ans ».

✔ Évitez les paraphrases

Ne réécrivez pas mot à mot une phrase du texte dont on vous demande d'expliquer le sens, ou dont on vous demande de définir la signification d'un des mots la composant.

✔ Argumentez

Si la question vous demande votre avis, écrivez à la première personne du singulier « Je pense que », en évitant les jugements ou les avis non fondés. Vous devez toujours argumenter votre réponse en donnant une raison ou une finalité. « Je pense que... parce que/en raison de... » ; « J'agirais de telle manière... afin de permettre... etc. ».

FICHE 3

ATSEM et ASEM : des professionnels au sein de la fonction publique

ATSEM et ASEM relèvent du statut général de la fonction publique. Ces agents peuvent être fonctionnaires (après obtention du concours) ou agents contractuels de droit public (sans le concours).

1. Statuts

✔ Les ATSEM

- sont des agents de catégorie C de la fonction publique territoriale;
- appartiennent à la filière médicosociale;
- sont des employés communaux;
- ont pour supérieur hiérarchique le maire de la commune;
- sont placés sous l'autorité du directeur de l'école.

✔ Les ASEM

- sont des agents de catégorie C de la commune de Paris;
- font partie de la filière sociale et petite enfance;
- sont des employés de la Ville de Paris;
- ont pour supérieur hiérarchique:
  - le responsable des relations humaines de la circonscription des affaires scolaires (CAS) de l'école d'affectation,
  - le maire de Paris;
- sont placés sous l'autorité du directeur de l'école.

2. Missions

Le texte de référence en la matière est le décret du 28 août 1992[1] :

- l'assistance au personnel enseignant pour l'accueil et l'hygiène des enfants ;
- la préparation et la mise en état de la propreté des locaux et du matériel servant directement à ces enfants ;
- la participation à la mise en œuvre des activités pédagogiques prévues par les enseignants et sous la responsabilité de ces derniers ;
- la surveillance des enfants dans les lieux de restauration scolaire ;
- l'assistance aux enseignants dans les classes ou établissements accueillant des enfants à besoins éducatifs particuliers.

1. Réactualisé par le décret n° 2018-152 du 1er mars 2018.

Il est enfin précisé que les ATSEM appartiennent à la communauté éducative, et qu'ils peuvent être chargés, en journée, des missions prévues d' animation dans le temps périscolaire ou lors des accueils de loisirs en dehors du domicile parental de ces enfants.

Les fonctions de chaque ATSEM et ASEM diffèrent selon les communes, les écoles, les classes. Une grande variabilité est constatée dans la part respective des tâches éducatives et des tâches d'entretien des locaux. La plupart des ATSEM sont cependant polyvalents et assistent l'enseignant, encadrent les enfants pendant la cantine, effectuent le ménage. Depuis la réforme des rythmes scolaires, les attributions des ATSEM ont pu être modifiées. Certains animent des temps d'activités périscolaires (TAP) quand les « nouveaux ryhtmes » scolaires subsistent ou n'effectuent plus d'entretien. Ce choix d'organisation, effectué par la commune, engendre une encore plus grande diversité de configurations qu'auparavant.

Des « chartes de l'ATSEM », précisant leurs missions et les conditions d'exercice spécifiques à leur commune d'affectation ont été rédigées dans un grand nombre de municipalités.

3. Positionnement

✔ L'ATSEM est un membre de la communauté éducative

Il joue un rôle éducatif essentiel au développement de l'enfant et travaille en cohérence avec tous les personnels encadrant l'enfant au sein de l'école et en dehors, en faisant le lien avec les familles.

✔ L'ATSEM agit en complémentarité du travail de l'enseignant

Il n'y a pas de lien hiérarchique entre eux. Il ne peut remplacer l'enseignant ni encadrer seul une activité pédagogique sur le temps scolaire en l'absence de l'enseignant. En revanche, depuis l'introduction de la réforme des rythmes scolaires, il peut animer seul les activités périscolaires, qui, tout en ayant une plus-value éducative, doivent se distinguer des ateliers scolaires menés par l'enseignant. Les TAP peuvent être un prolongement de ces ateliers.

✔ L'ATSEM est soumis à une double hiérarchie

Il est placé sous l'autorité fonctionnelle du directeur de l'école pendant le temps scolaire et sous l'autorité hiérarchique du maire sur le temps périscolaire, à savoir notamment la pause méridienne, l'accueil du matin, les TAP et la garderie du soir.

4. Historique et état des lieux

La fonction d'ATSEM existe depuis la création de l'école maternelle sous sa forme actuelle, en 1886.

Elle est reconnue depuis 1958, date à laquelle les personnels ont obtenu le titre d'« agent spécialisé des écoles maternelles » et un cadrage de leurs missions.

Le rôle éducatif de l'ATSEM est esquissé dans la loi du 13 mai 1985 puis confirmé par le décret du 28 août 1992, portant statut des ATSEM, qui définit clairement les missions des ATSEM, et leur octroie une réelle mission éducative.

Le statut particulier des ASEM est défini dans la loi du 26 janvier 1984.

Aujourd'hui, il y a un peu plus de 52 000 ATSEM en France.

Il s'agit **d'un type de personnel féminin (à 99 %) plutôt vieillissant** (moyenne d'âge autour de **45 ans**).

Ce secteur d'emploi est en essor, notamment sous l'effet de la démographie, avec la hausse de la natalité et le nombre croissant d'enfants inscrits en école maternelle.

FICHE 4 Les règles statutaires

Les agents de la fonction publique sont soumis à certaines règles en termes de déroulement de carrière, formation, rémunération et mobilité, qu'il est nécessaire de connaître afin de s'orienter et d'effectuer les bons choix.

1. Le cadre d'emplois, le grade, l'échelon

✔ Qu'est-ce que c'est ?

Votre cadre d'emplois correspond en fait à votre fonction d'ATSEM ou d'ASEM.

Les **grades** composent le cadre d'emplois. Chez les ATSEM et ASEM, il y a deux grades :
- 1er grade : agent spécialisé principal de 2e classe des écoles maternelles en 12 échelons ;
- 2e grade : agent spécialisé principal de 1re classe des écoles maternelles en 10 échelons.

Les **échelons** déterminent la rémunération et se gravissent en fonction de l'ancienneté dans le poste. Chaque échelon dure un certain temps, variable selon les cas, et correspond à un indice majoré qui indique la rémunération brute.

✔ Avancement de carrière

Une fois la durée maximum d'un échelon atteinte, on passe automatiquement à l'échelon supérieur. Les durées de chaque échelon sont fixées par une grille indiciaire correspondant au cadre d'emplois et au grade.

Une fois gravis tous les échelons du grade, on obtient un avancement de grade.

Les règles générales d'avancement et de déroulement de carrière sont identiques pour les ASEM, bien que la Ville de Paris dispose d'une grille indiciaire spécifique.

À noter : la promotion interne
Il est également possible de faire avancer sa carrière en réussissant un examen professionnel (qui est différent d'un concours) ou en passant devant une commission administrative paritaire qui examine et décide de valider une promotion interne.

2. La rémunération

Le traitement désigne le salaire du fonctionnaire.

Le « traitement de base » correspond au salaire brut, auquel se rajoutent diverses indemnités et primes (régime indemnitaire).

Pour connaître le salaire brut mensuel correspondant à l'échelon, il faut se reporter à la grille indiciaire des ATSEM, que l'on peut trouver en sollicitant la DRH de la commune qui vous emploie à titre informatif, sur Internet.

FICHE 5 La mobilité et la formation

En tant qu'agent de la fonction publique, des possibilités de mobilité sont proposées :
- en interne : dans le cadre de la même collectivité, sur un poste différent ;
- en externe : par une mutation dans une autre collectivité, sous réserve de recrutement par un nouvel employeur ;
- via d'autres concours internes à la fonction publique.

1. La position

Ce terme désigne la situation administrative. Voici quatre types de situation :
– **en activité**, avec un temps de travail plein ou partiel, congés et mise à disposition. La mise à disposition permet d'exercer ses fonctions dans un autre organisme tout en continuant à appartenir à la collectivité d'origine ;
– **le détachement**, qui permet de travailler dans un autre organisme public tout en conservant ses droits d'avancement de carrière au sein de la collectivité ;
– **le congé parental**, pour l'éducation d'un enfant de moins de trois ans, avec la possibilité de réintégrer la collectivité ensuite ;
– **la disponibilité**, pour raisons familiales ou pour convenance personnelle, qui interrompt la carrière (rémunération et avancement) mais permet ensuite de réintégrer la fonction publique.

2. La formation professionnelle

Le Centre national de la fonction publique territoriale (CNFPT) est l'organisme de formation des collectivités territoriales qui met en œuvre les stages de formation.
Tout agent territorial venant d'être titularisé peut bénéficier du dispositif de formation de professionnalisation.
Ces formations sont destinées à accompagner les évolutions importantes du parcours des agents, et à leur permettre de se perfectionner dans leur activité professionnelle.
Les stages de professionnalisation durent de 2 à 10 jours. Ces formations sont accessibles dans les deux ans après la nomination, dans le cadre de la « formation au premier emploi », puis tout au long de la carrière, sur demande de l'agent et après validation par l'employeur, pour perfectionner ses pratiques.

À noter : Ces stages sont gratuits et concernent tous les métiers, mais ne délivrent pas de diplôme. Les demandes de stage se font par le biais du service des ressources humaines, secteur formation, de la commune. Le responsable hiérarchique valide la demande et le service formation envoie cette demande au CNFPT pour convocation au stage de l'agent, dans la limite des places disponibles.

Les ASEM, comme tous les fonctionnaires, ont accès à ces diverses voies de formation organisées directement par la Ville de Paris.

FICHE 6

L'État et l'administration centrale

INSTITUTIONS

L'ATSEM est un agent à part entière de la fonction publique territoriale. À ce titre, il sert l'intérêt général et a une mission de service public, au sein d'une organisation administrative qu'il doit connaître et comprendre.

1. L'État

✔ Qu'est-ce que l'État ?

L'État est une forme d'organisation politique d'un pays, défini par un territoire, une population et une autorité exercée par un gouvernement démocratiquement élu.

Au sein de l'État, trois pouvoirs s'exercent et s'équilibrent :

– le pouvoir **législatif**, qui élabore et vote la loi au Parlement ;

– le pouvoir **exécutif**, avec à sa tête en France le président de la République, qui applique les lois ;

– le pouvoir **judiciaire**, exercé par des tribunaux, qui sanctionne le respect de la loi.

À noter :

- La notion de pays désigne l'entité géographique.
- Le gouvernement est l'institution qui dirige l'État.
- La notion de nation inclut la notion de peuple.

✔ Quelles sont les missions de l'État ?

En contrepartie de son pouvoir, l'État rend un service public.

Ce service public est décliné en différentes missions, financées par les impôts et les taxes.

L'État est représenté par des élus et administré par des fonctionnaires, tous chargés de mener à bien ces missions.

2. Administration centrale et collectivités territoriales

Toutes les missions de l'État ne sont pas traitées au même niveau de décision. Il existe un niveau « central » et un niveau « local ».

Les différents ministères et préfectures composent l'administration « centrale » et sont directement rattachés à l'État.

Les décisions locales, en revanche, sont administrées par les entités communales, départementales ou régionales, c'est-à-dire par les collectivités territoriales : communes, départements et régions.

FICHE 7 La fonction publique

La fonction publique, divisée en trois sous-ensembles, est investie d'une mission : le service public.

1. Les trois fonctions publiques

Il existe trois types de fonction publique, avec des statuts différents, pour mener à bien les missions de l'État à différents niveaux :
- la **fonction publique d'État** (administrations centrales de l'État : ministères et services déconcentrés comme les préfectures) ;
- la **fonction publique territoriale** (régions, départements, communes, etc.) ;
- la **fonction publique hospitalière** (hôpitaux, maisons de retraite publiques, etc.).

À cela s'ajoute le statut spécifique de la Ville de Paris, rattachée à la fonction publique territoriale, avec des règles propres inspirées de chacune des trois fonctions publiques.

2. Le service public

Il s'agit de missions dues par l'État à tous les citoyens, que l'on appelle dans ce cadre des « usagers » du service public.

Le service public rendu sert l'intérêt général. Il est gratuit et accessible à tous. Il concerne des secteurs fondamentaux : santé, justice, éducation, défense, etc.

Une collectivité publique, c'est-à-dire l'État ou les collectivités territoriales, peut assumer directement le service public, ou le confier à un prestataire extérieur selon différentes modalités :
- par contrat ;
- par marché public ;
- par délégation de service public, etc.

Certaines missions se délèguent : la restauration, les travaux de maintenance, le transport, etc.

D'autres sont des prérogatives essentielles de la collectivité ou de l'État et ne peuvent absolument pas se déléguer : l'état civil, par exemple, ne se délègue pas.

FICHE 8 La fonction publique territoriale

Elle regroupe environ 1,8 million d'agents et représente 30 % des effectifs des fonctionnaires.

1. Composition

Elle est composée de tous les agents qui exercent dans les collectivités territoriales : régions, départements, intercommunalités (ex. : métropoles), communes, ainsi que dans leurs établissements publics : centres communaux d'action sociale (CCAS), offices HLM, etc.

La fonction publique territoriale comprend 8 filières et 231 métiers, tous décrits dans le **répertoire des métiers territoriaux.**

Les 8 filières sont :
- administrative,
- technique,
- culturelle,
- sportive,
- médicosociale,
- animation,
- police municipale,
- sapeurs-pompiers.

Les ATSEM appartiennent à la filière médicosociale.

2. La fonction publique de la Ville de Paris

Elle possède ses propres règles, en raison des spécificités de la Ville de Paris, mais est rattachée à la fonction publique territoriale. Ces règles sont fixées dans le décret du 24 mai 1994.

Elle compte 52 000 fonctionnaires environ.

Les ASEM appartiennent à la filière petite enfance de la Ville de Paris, également composée de filières :
- administrative,
- technique,
- culturelle,
- médicosociale,
- animation périscolaire et action sportive,
- enseignement,
- santé,
- surveillance et sécurité,

- ouvrière,
- service,
- sociale et petite enfance.

3. Champs de compétences

La décentralisation, entamée en 1982 avec les **lois Defferre**, est le processus par lequel l'État a effectué un transfert de missions (transfert de compétences) à des institutions distinctes de lui.

L'État ne gère plus certains domaines (la voirie, la collecte des déchets ménagers, les transports), mais a confié ces compétences aux collectivités territoriales, qui possèdent le pouvoir de décision sur ces domaines.

Ce transfert doit s'accompagner des moyens correspondants.

FICHE 9

Les droits et obligations des fonctionnaires

En tant que fonctionnaires, ATSEM et ASEM servent l'intérêt général. Ils bénéficient de certains droits et ont des obligations en contrepartie, figurant dans la loi du 13 juillet 1983.

Les obligations	Les droits
Se consacrer entièrement à ses fonctions : interdiction de cumuler ses fonctions avec une autre activité privée lucrative sauf fonctions ponctuelles scientifiques, littéraires, artistiques ou d'enseignement	– Le **cumul au maximum de deux emplois publics**, sous réserve d'autorisation de cumul d'activités par l'autorité territoriale, si la rémunération totale demeure inférieure à deux fois le traitement principal – Le **droit de rémunération**, après service fait, comprenant le traitement, l'indemnité de résidence, le supplément familial de traitement, diverses primes et indemnités
Faire preuve de discrétion professionnelle pour tous les faits, informations ou documents connus dans l'exercice des fonctions	La **protection** par la collectivité contre les menaces, violences ou outrages dans le cadre des fonctions, et le droit à la réparation du préjudice qui en résulte. Si un agent est poursuivi par un tiers pour une faute de service, la collectivité doit couvrir les condamnations civiles prononcées contre lui.
Informer le public	Le **droit de participation** à l'organisation et au fonctionnement des services publics, ainsi qu'à la définition des règles statutaires, par l'intermédiaire des délégués élus
L'**obligation de neutralité**, c'est-à-dire d'impartialité, envers tous les usagers quels que soient leur origine, sexe, opinion	Le **droit à la formation permanente**, c'est-à-dire le droit au compte personnel de formation (CPF) : capitalisation de 24 heures par an pour les agents à temps plein (au prorata du temps de travail pour ceux à temps partiel). Depuis le 15 mars 2017, il est possible d'utiliser le CPF pour financer son permis B à condition que l'obtention du permis contribue à la réalisation d'un projet professionnel.
L'**obligation d'obéissance** aux instructions du supérieur hiérarchique	Le **droit de grève**
L'**obligation de respecter** les lois et règlements de toute nature	Le **droit syndical**
L'**obligation de réserve**, qui interdit d'utiliser sa fonction à des fins de propagande. Cela implique aussi d'éviter les comportements portant atteinte à la considération du service public par les administrés et les usagers.	La **liberté d'opinion** politique, syndicale, philosophique ou religieuse

10 Les collectivités territoriales

Les collectivités territoriales sont caractérisées par trois critères : le fait d'avoir une personnalité morale, un pouvoir de décision et des compétences propres. Bien que l'État ait un rôle de surveillance, elles ont pour principe de fonctionnement la libre administration.

1. Présentation

Au 1er janvier 2017, elles se répartissent ainsi :

– les **communes** : la France compte 35 498 communes. Depuis qu'en 2016, le pays a franchi le seuil symbolique des 36 000 communes, la tendance à la baisse se confirme, grâce à la fusion de certaines d'entre elles ;

– les **structures intercommunales** : depuis 2010, les communes ont obligation d'être regroupées en intercommunalités, c'est-à-dire dans un établissement public de coopération intercommunale (EPCI) à fiscalité propre. L'intégralité du territoire national est couvert par des EPCI, et notamment, de plus en plus, par des métropoles

– les **101 départements** : 96 départements en métropole et 5 départements d'outre-mer.

– les **18 régions** : 13 régions en métropole (12 régions + la Corse) d'après la nouvelle carte et 5 régions en outre-mer (Guadeloupe, Martinique, Guyane, La Réunion, Mayotte) ;

– les **6 collectivités d'outre-mer** (COM) : la Polynésie française, Mayotte, Wallis-et-Futuna, Saint-Pierre-et-Miquelon, Saint-Martin, Saint-Barthélemy ;

– les **4 collectivités territoriales** à statut particulier : la Corse, Paris, Lyon et Marseille.

2. Organisation et fonctionnement

La plupart des collectivités ont les mêmes règles de fonctionnement. À l'exception des communes de Paris, Lyon et Marseille, la Corse ainsi que certaines collectivités d'outre-mer qui ont des statuts spécifiques.

Leur composition est identique :

– **avec une assemblée ou un organe délibérant** (pour la commune, conseil municipal par exemple) qui examine les affaires de la collectivité, élit l'organe exécutif, gère les emplois communaux, et vote le budget ;

– **avec un organe exécutif** élu au sein de la collectivité et non au suffrage direct (pour la commune, le maire).

Pour une commune, le **conseil municipal** est élu pour 6 ans, lors des élections communales. L'exécutif est représenté par **le maire et ses adjoints**. Les élus des interommunalités sont élus lors des élections municipales.

Pour le département, l'organe délibérant est le **conseil départemental**, élu pour 6 ans. L'exécutif est représenté par le **président du conseil départemental.**

Pour la région, l'organe délibérant est le **conseil régional**, élu pour 6 ans, lors des élections régionales. L'exécutif est représenté par le **président du conseil régional**.

3. Missions

Elles rendent un service public qui peut être :

– obligatoire : par exemple, ramassage des ordures ménagères, lutte contre les incendies, formation professionnelle des jeunes ;

– facultatif dans d'autres domaines (comme le secteur culturel, par exemple) qui font l'objet de choix politiques et varient d'une collectivité à une autre en fonction des orientations des élus locaux.

4. L'actualité des collectivités territoriales

Le découpage administratif français qui met à l'honneur le triptyque communes/départements/régions est décrié. En cause : la multiplication des strates et niveaux administratifs critiquée pour sa complexité et la difficulté pour l'usager de discerner « qui fait quoi », ainsi qu'un manque de rationalité d'organisation estimé inefficace et surtout coûteux.

Aujourd'hui, la tendance est à l'économie et à la rationalisation. C'est pourquoi la carte des régions a été remaniée, avec des régions plus vastes et plus fortes, tandis que le bien-fondé des départements est remis en question, avec une disparition annoncée à l'horizon 2020, au profit de la création d'autres collectivités, comme les métropoles. De même, le nombre de communes a diminué, avec la fusion de certaines d'entre elles.

L'intercommunalité, quant à elle, s'est imposée petit à petit et s'affirme désormais comme une tendance incontournable du nouveau paysage administratif français.

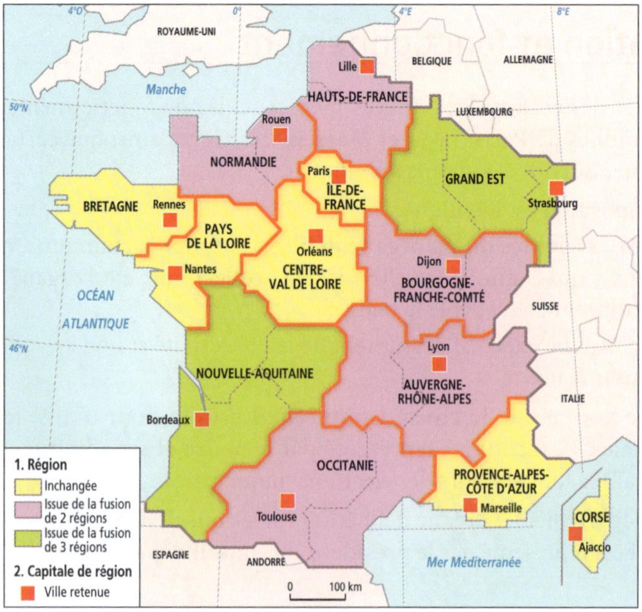

L'intercommunalité

Les établissements publics de coopération intercommunale se développent notamment depuis 1999, sous l'impulsion de plusieurs lois successives qui ont renforcé et amélioré le fonctionnement de l'intercommunalité ou qui l'ont imposée comme modèle, permettant ainsi leur essor sur tout le territoire.

1. Définition

C'est un regroupement de communes qui souhaitent mettre en commun des moyens humains ou techniques pour partager un projet, une politique, des prestations, en général :

- soit dans un but d'économie d'échelle ;
- soit dans la perspective d'un projet dont l'envergure dépasse le niveau communal et est plus cohérent sur le périmètre de plusieurs communes.

Les communes fondent alors une nouvelle structure légale, dans le but :
- de coopérer dans certains domaines :
  - la gestion de l'eau ou des déchets,
  - les transports ;
- de partager des infrastructures : piscines, médiathèques, etc. ;
- de mener à bien des projets de plus vaste ampleur, plus cohérents sur un territoire que sur une commune : développement économique.

À noter : L'intercommunalité n'est pas une fusion de communes ou l'absorption d'une commune par une autre mais la création pour deux communes d'une troisième entité au sein de laquelle elles coopèrent.

2. Formes de l'intercommunalité

Les communes se regroupent sous des formes juridiques diverses, **par ordre de grandeur, en fonction du nombre d'habitants :**
- **métropoles** (plus de 400 000 habitants) ;
- **communautés urbaines** (plus de 250 000 habitants) ;
- **communautés d'agglomération** (plus de 50 000 habitants et avec au moins une commune centre de 15 000 habitants) ;
- **communautés de communes**.

Ces regroupements sont appelés **EPCI** pour **établissements publics de coopération intercommunale.**

Les ressources des EPCI proviennent de chaque commune membre et/ou de subventions de l'État. Les EPCI peuvent également avoir avec une fiscalité propre, c'est-à-dire des ressources fiscales directes.

Depuis 2014, les électeurs élisent, lors des élections municipales, les conseillers communautaires en même temps que les conseillers municipaux, par le même bulletin de vote. Jusqu'alors, les représentants des communes au sein de ces EPCI étaient élus par les membres du conseil municipal.

La Ville de Paris

À la fois commune et département, Paris a un statut particulier, qui lui a été conféré par la loi du 31 décembre 1982.

1. Une collectivité à part

La Ville de Paris est composée de vingt arrondissements.

Chaque arrondissement de Paris est organisé comme une petite collectivité territoriale, avec:
- **Un conseil d'arrondissement** (organe délibérant): composé d'un tiers de conseillers de Paris élus dans l'arrondissement, et de deux tiers de conseillers d'arrondissement. Il gère les équipements de proximité, et maintient les liens entre les citoyens, les services publics et les élus.
- **Un maire d'arrondissement** (organe exécutif), élu parmi les conseillers de Paris de l'arrondissement.

À noter: Les conseils de quartiers sont des organes consultatifs créés par le conseil d'arrondissement. Ils donnent leur avis sur telle ou telle question affectant la vie du quartier.

La Ville de Paris, tous arrondissements réunis, a également un organe délibérant et un organe exécutif:
- Le **Conseil de Paris** est l'organe délibérant à la fois de la commune et du département. Avec 163 membres, il équivaut à la fois à un conseil municipal et à un conseil départemental. Il se réunit 8 à 10 fois par an.
- Le **maire de Paris** est l'exécutif de la commune et du Conseil de Paris. Il est élu au suffrage universel direct pour 6 ans, par les conseillers de Paris, eux-mêmes élus de chaque arrondissement.

2. Les raisons de cette spécificité

Le maire de Paris détient les mêmes pouvoirs que les autres maires, à l'exception des pouvoirs de police, exercés par le préfet de police. Il garde certaines prérogatives: salubrité, maintien de l'ordre, conservation du domaine public, bruits de voisinage.

Cette spécificité s'explique:
- pour des raisons historiques: Paris est l'emblème du pouvoir central, la capitale et le siège du gouvernement;
- pour des raisons de taille et de densité démographiques;
- pour des raisons administratives, puisque le territoire physique de Paris recouvre deux collectivités territoriales: une commune et un département.

3. Le conseil régional d'Île-de-France (CRIF)

La région Île-de-France est créée par la loi du 6 mai 1976.

Elle compte historiquement 8 départements : Paris, 3 départements de première couronne, (Val-de-Marne, Seine-Saint-Denis, Hauts-de-Seine), 4 départements de grande couronne (Yvelines, Val d'Oise, Seine-et-Marne et Essonne). Le conseil régional compte 209 membres élus pour six ans.

Comme toutes les autres régions, l'Île-de-France a obtenu un **statut de collectivité territoriale autonome** par la loi de décentralisation.

Elle est à la fois une collectivité territoriale et une circonscription de l'État avec un préfet. Le préfet de Paris est en même temps le préfet de la région Île-de-France.

À la différence des autres régions, l'Île-de-France a des **compétences supplémentaires** : les espaces verts, certains équipements collectifs, la circulation et le transport de voyageurs.

Elle dispose de ressources particulières : des taxes diverses (ex. : redevance pour la création de bureaux) ; des dotations de l'État ; des remboursements provenant de prêts accordés à certaines entreprises ou collectivités (ex. : RATP, SNCF) ; des recettes d'origines diverses telles que des versements du Fonds social européen pour des opérations menées en matière de formation professionnelle.

FICHE 13 Le Grand Paris

Projet lancé depuis 2007, l'ambition du Grand Paris est de faire de la région parisienne une métropole dynamique, qui puisse relever le défi de la compétition économique européenne.

1. Qu'est-ce que le Grand Paris?

Il s'agit d'un projet sur 30 ans qui s'appuie notamment sur la redimension à l'échelle régionale de la politique de transport dans le but de valoriser les pôles économiques majeurs de la région Île-de-France, de les relier entre eux et au cœur de Paris.
L'objectif premier est de donner à Paris et à sa région élargie un dynamisme favorable au développement économique.
Le projet souhaite aussi donner des réponses à la crise du logement en Île-de-France, améliorer le cadre de vie des citoyens, construire des villes dans des objectifs de développement durable et réduire les inégalités territoriales en rompant l'isolement de certaines banlieues.

2. De quoi parle-t-on exactement?

On utilise le terme « Grand Paris » pour désigner plusieurs entités ou projets, qui sont en fait des choses bien différentes, quoique participant aux mêmes objectifs.

✔ La société de transport, appelée la « Société du Grand Paris » (SGP)

Elle est chargée de concevoir et de réaliser le réseau de transport du Grand Paris (RTGP), connu aussi sous le nom de « Grand Paris Express » (75 nouvelles gares créées avec 200 km de nouvelles voies).

✔ La collectivité territoriale, « métropole du Grand Paris » (MGP)

Établissement public de coopération intercommunale (EPCI) à fiscalité propre et à statut particulier, la métropole regroupe principalement la commune de Paris ainsi que l'ensemble des communes des départements des Hauts-de-Seine, de la Seine-Saint-Denis et du Val-de-Marne.

3. Une modification de la structure administrative de l'Île-de-France

Cet établissement public, créé au 1er janvier 2016, regroupe la commune de Paris ainsi que l'ensemble des communes des départements des Hauts-de-Seine, de la Seine-Saint-Denis et du Val-de-Marne, soit au total 132 communes.
La métropole du Grand Paris respecte le périmètre des communes et se substitue aux intercommunalités préexistantes.
Comme toutes les métropoles, la métropole du Grand Paris exerce de plein droit, en lieu et place des communes membres, certaines compétences en matière de développement économique, d'aménagement de l'espace, de politique locale de l'habitat, de politique de la ville, de gestion des services d'intérêt collectif ou encore de protection de l'environnement.

FICHE 14 Le système éducatif français

Les systèmes éducatifs existent depuis l'Antiquité pour guider le développement de connaissances et l'intégration de valeurs et normes.
En France, au cours de l'Histoire, l'enseignement s'est largement démocratisé, vers une école publique, laïque, gratuite, qui est toujours en évolution.

1. Le schéma national de l'enseignement

L'enseignement est organisé par le **ministère de l'Éducation nationale.** Il élabore la politique nationale de l'enseignement, la réglementation et les programmes d'enseignement. Il gère la formation et la répartition du personnel.

Il y a 30 académies, composées d'inspecteurs, et placées sous l'autorité des recteurs. Les inspecteurs d'académie mettent en œuvre la politique éducative dans les départements de l'académie.

Une académie est organisée en « circonscriptions » qui regroupent plusieurs écoles maternelles et écoles élémentaires. Chaque circonscription est sous la responsabilité d'un inspecteur de l'Éducation nationale (IEN). Il évalue notamment les enseignements et inspecte les enseignants environ tous les 3 ans.

Les conseils de l'Éducation nationale existent au niveau national, régional, académique, départemental.

Le conseil départemental de l'Éducation nationale (CDEN) est sollicité pour avis pour certaines décisions comme l'organisation de l'enseignement, les finances, les emplois, la répartition des classes. Il est composé du président du conseil départemental, du préfet, de représentants des collectivités territoriales, de délégués des parents d'élèves et de toutes les instances décisionnaires sur le département.

Le conseil académique de l'Éducation nationale (CAEN), consulté au niveau de l'académie, est compétent pour toutes les questions relatives à l'enseignement.

L'organisation paritaire : les représentants élus des fonctionnaires participent à l'organisation des services d'enseignement. Ils siègent dans différentes commissions paritaires locales, départementales ou régionales.

2. Les enjeux de l'école actuelle

Aujourd'hui et depuis quelques années, l'école doit faire face à de nouveaux défis imposés par la société :
- l'intégration de tous les enfants au sein de la République ;
- l'égalité des chances et l'accès de tous à l'ascenseur social ;
- la laïcité ;
- le manque de moyens humains et financiers ;
- l'absentéisme et le décrochage scolaire ;
- la violence scolaire et l'insécurité ;
- la remise en question de l'autorité des enseignants.

FICHE 15 Les rythmes scolaires

En 2013, l'introduction de la réforme sur les « nouveaux » rythmes scolaires avait bouleversé le modèle de la journée type pour les enfants, pour les enseignants et pour les ATSEM. Aujourd'hui, on constate le retour progressif à la semaine de 4 jours.

1. Les rythmes scolaires, version 2013

Le décret n° 2013-77 du 24 janvier 2013 relatif à l'organisation du temps scolaire dans les écoles maternelles et élémentaires a commencé à être appliqué par les communes dès la rentrée scolaire 2013-2014.

La semaine scolaire se déroule sur **24 heures d'enseignement réparties en 8 demi-journées avec 5 matinées obligatoires par semaine**, ce qui permet une journée d'enseignement allégée avec du temps libre dédié à d'autres activités éducatives, contiguës au temps de classe.

Les heures d'enseignement sont organisées les lundi, mardi, jeudi et vendredi et le mercredi matin (ou le samedi matin par dérogation du directeur académique des services de l'Éducation nationale), à raison de 5 heures 30 maximum par jour et de 3 heures 30 maximum par demi-journée. La durée de la pause méridienne ne peut être inférieure à 1 heure 30.

2. Les TAP : temps d'activités périscolaires

À ces 24 heures d'enseignement hebdomadaires s'ajoutent des activités pédagogiques complémentaires qui se déroulent en groupes restreints, les TAP.

Les TAP doivent être contigus au temps de classe et peuvent se dérouler avant, après ou pendant la pause de midi.

Les TAP sont organisés par la commune et se déroulent sous sa responsabilité. Chaque commune est donc libre d'organiser les TAP comme elle le souhaite dans le cadre défini par la loi. Concrètement, chaque commune décide d'un modèle d'emploi du temps hebdomadaire.

L'animation du TAP peut être confiée aux ATSEM, aux animateurs de loisirs ou à tout autre type de personnel éducatif que la commune juge compétent.

Les TAP ne sont pas une garderie et doivent avoir une plus-value éducative pour l'enfant sans reproduire à l'identique les enseignements scolaires.

Ces TAP sont facultatifs : le parent peut venir chercher l'enfant dès la fin de l'enseignement scolaire.

Les TAP se déroulent dans un espace qui doit être contigu à la classe. Bien souvent c'est la salle de classe elle-même qui est utilisée.

3. Les rythmes scolaires, version 2017

À partir de la rentrée 2017, à la faveur d'une nouvelle majorité gouvernementale, la donne a changé. L'organisation de la semaine scolaire sur 4 jours dans les écoles maternelles et élémentaires publiques a été rendue possible par dérogation au cadre général de 4,5 jours. Le décret visant à permettre cette nouvelle organisation a été publié le 29 juin 2017.

Concrètement, les communes qui le souhaitent sont restées sur 4,5 jours, tandis que les autres sont revenues à 4 jours. Il convient donc, pour chaque ville et chaque école, de vérifier le rythme adopté.

Cette nouvelle dérogation donne davantage de souplesse aux acteurs locaux pour répondre le mieux possible aux singularités de chaque contexte local.

À la rentrée 2017, un tiers des écoles sont revenues à la semaine de 4 jours.

FICHE 16 L'école maternelle

Premier niveau du système scolaire, les premiers apprentissages de l'école maternelle sont déterminants pour la suite du cursus, et pour le rapport de l'enfant à l'école et à la vie en société.

1. Généralités

Un peu plus de 2 225 000 élèves de 2 à 6 ans sont accueillis dans les écoles maternelles publiques françaises.

L'école maternelle est ouverte à tous les enfants de 2 à 6 ans qui résident en France. Elle est publique et gratuite. Elle n'est pas obligatoire.

Elle comprend en général 3 classes, ou sections, par tranches d'âges : la petite section pour les enfants de 2/3-4 ans, la moyenne section pour les 4-5 ans, la grande section pour les 5-6 ans.

À noter : L'âge d'entrée est de 3 ans. Les enfants peuvent également être admis dans la limite des places disponibles s'ils ont atteint l'âge de 2 ans au jour de la rentrée scolaire, à condition qu'ils soient physiquement et psychologiquement prêts à fréquenter l'école.

Elle accueille les enfants tous les jours de la semaine, y compris, selon les communes, le mercredi matin ou le samedi matin.

2. Les acteurs de l'école maternelle

✔ À l'extérieur de l'école

Les agents du ministère de l'Éducation nationale (le recteur et les inspecteurs d'académie, les inspecteurs de l'Éducation nationale) et les employés communaux (service des affaires scolaires, personnels techniques pour l'entretien du bâtiment, etc.).

✔ À l'intérieur de l'école

L'équipe éducative est composée de deux sortes de personnels :

Personnels de l'Éducation nationale	Personnels communaux
Le directeur de l'école est un enseignant choisi pour superviser le fonctionnement de l'école. Il a des responsabilités administratives, pédagogiques, mais n'occupe pas une fonction d'autorité. Il n'est pas le supérieur hiérarchique des enseignants et autres personnels.	**Les animateurs de loisirs, ou animateurs périscolaires.** Fonctionnaires publics territoriaux employés par la commune, ils proposent aux enfants des activités de loisirs éducatifs sur le temps périscolaire (temps du midi, avant ou après la classe selon l'emploi du temps choisi).

Personnels de l'Éducation nationale	Personnels communaux
Les enseignants appartiennent au corps des professeurs des écoles. L'inspecteur de l'Éducation nationale est le supérieur hiérarchique direct des enseignants.	**Le gardien de l'école** vérifie les entrées et sorties à l'intérieur de l'école et peut éventuellement aider à de petites réparations dans les locaux.
Les membres du RASED (réseaux d'aides spécialisées aux élèves en difficulté) C'est un service public gratuit composé de psychologues, rééducateurs, enseignants d'adaptation favorisant l'intégration scolaire des enfants en difficulté. Leur aide peut être pédagogique, rééducative, sur le comportement de l'enfant ou psychologique.	**Les cuisiniers et agents de restauration scolaire** Ils ont notamment en charge la préparation des repas, qui peuvent être préparés sur place ou livrés depuis une cuisine centrale et réchauffés dans l'école.
Les accompagnateurs d'élèves en situation de handicap, AESH (ex AVS) aident les enfants en difficulté pour se déplacer, et accompagnent l'intégration d'un élève handicapé.	
Les personnels médico-sociaux : infirmiers, médecins scolaires, psychologues.	

À noter : D'autres intervenants extérieurs, venant du secteur associatif par exemple, peuvent être recrutés par la commune pour l'encadrement des activités périscolaires.

3. Les missions de l'école maternelle

L'école maternelle constitue un socle éducatif sur lequel s'appuient et se développent les apprentissages qui seront systématisés à l'école élémentaire.

Ses objectifs :

– « offrir aux enfants un cadre de vie et une organisation d'activités favorisant son autonomie » ;
– « permettre aux enfants de vivre une première expérience scolaire réussie » ;
– « permettre aux enfants de s'approprier les compétences et connaissances nécessaires au cours préparatoire » ;
– « les aider à acquérir un langage oral riche, organisé, et compréhensible par l'autre » ;
– « les aider à établir des relations avec d'autres enfants et adultes » ;
– « les amener à découvrir l'univers de l'écrit » ;
– « favoriser leur développement » ;
– « inciter l'enfant à de nouvelles acquisitions tout en lui laissant vivre ses premières expériences, notamment de jeux, de recherches libres ou guidées qui vont enrichir sa personnalité et son éveil culturel. »

4. Les enseignements de l'école maternelle

L'objectif de l'école maternelle est d'amener l'enfant à « apprendre à apprendre ».

Les enseignements de la maternelle sont organisés en un cycle unique depuis la rentrée 2015.

Ce cycle est organisé autour de cinq grands domaines d'apprentissage :

- mobiliser le langage dans toutes ses dimensions (l'oral et l'écrit) ;
- agir, s'exprimer, comprendre à travers l'activité physique ;
- agir, s'exprimer, comprendre à travers les activités artistiques ;
- construire les premiers outils pour structurer sa pensée (découverte des nombres, formes, grandeurs) ;
- explorer le monde (se repérer dans le temps, l'espace, explorer le monde du vivant, des objets et de la matière).

FICHE 17 Les instances de l'école maternelle

La vie de chaque école maternelle est régie par des instances qui se réunissent et décident de son fonctionnement particulier.

1. Le conseil d'école

Il se réunit au moins une fois par trimestre pour discuter de la vie et du fonctionnement de l'école, et décider du règlement intérieur. Il examine et adopte le projet d'école rédigé par le conseil des maîtres.

Sa composition est la suivante :
- le directeur de l'école ;
- le maire ou son représentant ;
- les enseignants de l'école ;
- des enseignants du réseau d'aides spécialisées (RASED) intervenant dans l'école ;
- les représentants des parents d'élèves ;
- le délégué départemental de l'Éducation nationale chargé de visiter l'école ;
- l'inspecteur de l'éducation nationale de la circonscription assiste de droit aux réunions ;
- les ATSEM peuvent y être invités pour donner leur avis.

2. Le conseil des maîtres

Il se réunit au moins une fois par trimestre. Il élabore le projet d'école, avec les représentants de la communauté éducative, dont les ATSEM et ASEM font partie.

Il est composé du directeur, des enseignants et de tous les autres personnels éducatifs.

3. Le projet d'école

Il fixe l'orientation de l'école pour les 3 à 5 ans à venir et définit les axes d'amélioration prioritaires du travail pédagogique à mener avec les enfants.

Il est obligatoire. Il peut contenir par exemple des projets de sorties, d'actions éducatives et culturelles, etc.

Il comprend des volets particuliers répondant aux besoins spécifiques de certains enfants :
- intégration d'un enfant porteur de handicap dans une école ;
- projet d'aide spécialisé pour l'aide aux élèves en difficulté ;
- projet d'accueil individualisé (PAI) pour l'accueil à l'école des enfants atteints de troubles de la santé, etc.

4. Le règlement intérieur

Affiché dans l'école et remis aux parents, il détermine les droits et les obligations des élèves, parents, équipe pédagogique.

Il contient :
- les conditions et les modalités d'inscription des enfants ;
- les conditions d'admission (propreté de l'enfant), et de fréquentation (assiduité exigée dans certaines écoles) ;
- les règles de fonctionnement : horaires, conditions d'accueil et de sortie des enfants, procédures à suivre en cas de maladie, à qui remettre l'enfant à la sortie, etc.

5. La caisse des écoles

Il ne s'agit pas d'une instance propre à l'école maternelle.

La caisse des écoles est un établissement public communal ou intercommunal, qui prend en charge les besoins sociaux ou culturels de tous les enfants de l'enseignement primaire et secondaire.

Elle est présidée par le maire, à la tête d'un conseil d'administration composé de conseillers municipaux, et de représentants de l'État (inspecteurs de l'Éducation nationale, représentés généralement par les directeurs d'école, délégués du préfet).

La création d'un tel établissement est obligatoire.

À noter : La caisse des écoles ne doit pas être confondue avec la notion de coopérative scolaire.

FICHE 18 L'ATSEM en action

Au sein de l'école maternelle, les missions de l'ATSEM se traduisent en actions. Il est nécessaire de discerner les gestes indispensables des réactions inadaptées et inopportunes.

À FAIRE	À NE PAS FAIRE/À ÉVITER
DANS L'ASSISTANCE DE L'ENSEIGNANT POUR LA RÉCEPTION, L'ANIMATION ET L'HYGIÈNE DES TRÈS JEUNES ENFANTS	
L'habillage, le déshabillage, le changement de vêtements des enfants	L'administration de médicaments ou de produits pharmaceutiques
La toilette, les petits soins	Remplacement de l'enseignant dans la classe
L'accompagnement aux toilettes, dans la cour, à la cantine	Prise en charge seul des enfants sur le temps scolaire
L'aide à la manipulation d'objets	Prise en charge d'un enfant en dehors de l'école
L'accueil attentif et chaleureux des enfants et des parents L'information des enfants et des parents	Accueil des enfants en cas de grève des enseignants
La surveillance des enfants	
L'aide de l'enseignant à l'animation d'ateliers, ou pendant la sieste	
DANS LA PRÉPARATION ET LA MISE EN ÉTAT DE PROPRETÉ DES LOCAUX ET DU MATÉRIEL SERVANT DIRECTEMENT À CES ENFANTS	
La préparation du matériel (peinture, pâte à modeler)	Faire le ménage dans les parties privatives, faire des courses à l'extérieur
Rangement et nettoyage des locaux et du matériel après l'activité	Utiliser du matériel personnel pour faire le ménage
Préparation des activités par de petits travaux (découpages, collages, photocopies)	Ramasser les feuilles dans la cour de l'école
L'aide à la préparation des fêtes scolaires	Enlever la neige
De petits travaux relatifs au linge de l'école	Faire des travaux
Tenir les locaux dans un état de propreté	Déplacer des charges lourdes
DANS LA SURVEILLANCE DES ENFANTS DANS LES CANTINES OU DANS LES ACCUEILS DE LOISIRS	
Inciter les enfants à se laver les mains	Se faire remplacer par une personne extérieure à l'école
Expliquer les règles de l'équilibre alimentaire	Contraindre les enfants à manger de force
Faire respecter le calme pendant le repas	Encaisser les frais de cantine
DANS L'ASSISTANCE AUX ENSEIGNANTS DANS LES CLASSES OU ÉTABLISSEMENTS ACCUEILLANT DES ENFANTS HANDICAPÉS	
Contribuer à l'intégration des élèves handicapés dans l'école	Ne s'occuper que d'un enfant handicapé
Aider à monter les matériels spécifiques, ou aider à l'aménagement de la classe en fonction du handicap de l'enfant accueilli	S'occuper seul et de manière prolongée d'un enfant handicapé

L'accueil des familles à l'école maternelle

L'ATSEM joue un rôle fondamental dans l'accueil des familles, aux côtés de l'enseignant et du reste de l'équipe éducative.

1. Instaurer un lien de confiance

Pour les familles, l'ATSEM est une figure de référence à laquelle elles remettent leurs enfants et en qui elles doivent avoir confiance.

Comme le reste de l'équipe éducative, l'ATSEM doit inspirer la confiance en ayant un comportement accueillant, chaleureux et doit œuvrer pour créer un lien avec les parents, indispensable au bien-être de l'enfant au sein de l'école.

L'ATSEM veillera à :
- se présenter à eux, les saluer, écouter leurs demandes ;
- ne pas émettre de jugement personnel sur leur choix d'éducation ;
- ne pas stigmatiser un enfant ou une famille ;
- ne pas communiquer des informations sur un autre enfant à l'interieur comme à l'extérieur de l'école ;
- favoriser le dialogue autour de questions éventuellement problématiques ;
- communiquer de façon neutre et non agressive en cas de problème.

2. Informer les parents

Les parents sont souvent soucieux des conditions matérielles d'accueil de leurs enfants.

Il s'agit donc :
- de répondre aux questions des parents : Comment la journée s'est-elle passée ? L'enfant a-t-il bien mangé, bien dormi ? Comment s'est-il comporté au long de la journée ?
- d'informer les familles sur les événements notables constatés pendant la journée ;
- de ne jamais se prononcer sur les questions liées au travail en classe : aptitudes de l'enfant, apprentissages scolaires, facilités à effectuer telle ou telle activité, qui relèvent exclusivement de la compétence de l'enseignant ;
- de ne pas contredire l'enseignant ou le directeur devant un parent, et ce même si vous n'êtes pas d'accord. Il sera toujours temps d'en discuter au sein de l'équipe pédagogique par la suite ;
- de ne pas sortir du cadre professionnel en montrant une curiosité pour certaines situations familiales ou personnelles.

FICHE 20 Le binôme ATSEM-enseignant

L'ATSEM est membre d'une équipe éducative plurielle, composée de l'enseignant, du directeur, des autres ATSEM, mais éventuellement d'autres personnels éducatifs, (animateurs de loisirs, AESH, éducateurs sportifs) avec laquelle il est nécessaire de travailler en concertation, en visant des objectifs communs et cohérents pour le bien-être de l'enfant.

L'enseignant et l'ATSEM forment un binôme, avec des **missions différentes et complémentaires.**

L'ATSEM doit renseigner les parents sur la « vie pratique » de l'enfant à l'école, tandis que l'enseignant est chargé des questions pédagogiques.

L'ATSEM assiste l'enseignant de manières diverses à des moments clés de la journée :
– **pendant l'accueil du matin et celui du soir** qui doivent être un moment privilégié pour échanger avec les parents, s'informer de l'état de santé ou des problèmes éventuels de l'enfant, évoquer des questions importantes, l'ATSEM aide l'enseignant qui ne peut accueillir tous les parents en même temps.

– **pendant la mise en place d'ateliers**, où les enfants ont besoin de l'aide d'adultes dans la manipulation d'objets ou l'accomplissement de certains gestes.

– **lors de travaux en « sous-groupes »**, dans l'encadrement de certaines activités selon les consignes de l'enseignant.

– **durant les sorties scolaires**, où la réglementation impose un ratio de un adulte pour huit enfants. Votre présence est obligatoire si les sorties se déroulent pendant le temps scolaire ; facultative en dehors du temps scolaire.

– **en accompagnant les enfants aux toilettes, en les aidant à se laver les mains, s'habiller ou se déshabiller, en leur prodiguant de petits soins.**

– **pour l'aménagement de la classe.**

– **pour la préparation d'une activité**, l'installation des matériels et le nettoyage, le rangement après les activités.

– **dans un rôle d'observation et d'alerte** de comportements ou d'événements anormaux ou inquiétants.

L'ATSEM et le directeur de l'école

Le directeur est le responsable de l'école. Il exerce à l'égard de l'ATSEM une « hiérarchie fonctionnelle », car toutes les questions relatives à l'organisation du travail des personnels communaux dans les locaux scolaires sont placées sous son autorité.
Cependant, c'est bien l'administration municipale qui est compétente pour toute question relative à la carrière, au statut, aux congés, au recrutement, etc., de l'ATSEM.

1. Le rôle de l'ATSEM

Il doit :
- respecter les consignes que le directeur lui donne ;
- prévenir le directeur de tout dysfonctionnement, les enfants étant en effet placés sous sa responsabilité, le directeur est décisionnaire de la marche à suivre en cas d'incident ;
- informer le directeur de toute décision susceptible d'avoir des conséquences sur le fonctionnement ou l'organisation de l'école.

2. Le rôle du directeur

Il doit :
- organiser le travail, répartir les tâches et clarifier au sein de l'équipe les missions de chacun ;
- informer les parents du rôle attribué aux membres de l'équipe ;
- veiller à la bonne exécution des tâches confiées à chacun ;
- réguler la vie de l'équipe, les conflits, les dysfonctionnements ;
- veiller à la sécurité et au confort des enfants dans le cadre scolaire, et à la sécurité des personnels ;
- informer l'équipe des différentes dispositions réglementaires ;
- inviter le personnel à assister au conseil d'école et à prendre part à la vie de l'école, notamment sur les questions qui l'impliquent directement.

FICHE 22

Entre ATSEM

Si la concertation est le maître mot dans une équipe pluridisciplinaire, elle l'est aussi entre les ATSEM de l'école.

– Les autres ATSEM de l'école peuvent avoir des tâches similaires ou complémentaires.

– Les ATSEM sont parfois affectés collectivement à une classe ou effectuent des rotations.

– Il peut également y avoir un contingent d'ATSEM remplaçants, mobilisables par la ville.

Malgré une hétérogénéité de situations, de types de contrat, de types de grade, etc., il n'existe pas de hiérarchie entre les ATSEM. L'ancienneté et les diplômes ne doivent pas justifier la prévalence d'un membre au sein de l'équipe. En revanche, depuis le 1er mars 2018, les agents de maîtrise territoriaux justifiant de trois ans de services accomplis comme ATSEM peuvent être chargés de la coordination des autres et participent, le cas échéant, à la mise en œuvre des missions de ces agents.

Certaines villes ont recours à un **coordinateur des ATSEM**, dont le rôle est de chapeauter l'ensemble des ATSEM d'une commune. À ce titre, il peut être chargé de :
- organiser et surveiller les « gros ménages » ;
- gérer les produits d'entretien ;
- organiser les remplacements, les congés, les stages de formation ;
- gérer le temps périscolaire.

Une journée à l'école maternelle

Une journée à l'école maternelle est ponctuée de rituels, c'est-à-dire d'activités régulièrement reproduites, ou identiques, qui fournissent aux enfants des repères dans le temps, dans l'espace, mais aussi en matière d'apprentissage scolaire.

La journée est rythmée par des phases, dont le retour quotidien offre à l'enfant un cadre rassurant.

La garderie du matin	Avant l'ouverture de l'école, c'est-à-dire avant l'heure officielle du début de la classe pour les parents qui travaillent tôt.
L'accueil du matin	Sous la responsabilité de l'enseignant, avant l'entrée en classe. L'ATSEM aide au déshabillage de l'enfant, l'installe dans la classe, dialogue avec les parents.
Les activités scolaires	L'ATSEM assiste l'enseignant et encadre certaines activités, selon les consignes de l'enseignant.
La récréation	L'ATSEM est présent dans la cour et surveille les jeux des enfants aux côtés de l'enseignant, et peut y prendre part dans un but éducatif. L'ATSEM informe l'enseignant et le directeur en cas d'incident.
La collation	Elle peut être organisée par l'école. L'ATSEM la prépare et la distribue, et veille à l'hygiène et au respect des règles alimentaires des enfants allergiques.
La pause méridienne	L'ATSEM surveille le repas et effectue de petites tâches pour aider les enfants : couper du pain, servir de l'eau, etc. Il peut lui être demandé de servir à table ou éventuellement d'animer des activités éducatives périscolaires (TAP) pendant la pause méridienne d'au moins 1 h 30 et plus selon les organisations hedbdomadaires.
La sieste	L'ATSEM surveille le sommeil des enfants sous la responsabilité de l'enseignant, les aide à se détendre (écoute de musique, lecture d'histoires).
Les temps d'activités périscolaires, sous la responsabilité de la commune	Avant et après le temps de la classe, c'est un temps dédié à des activités ludiques qui sont différentes des enseignements scolaires tout en ayant une portée éducative bénéfique aux enfants.
La sortie des classes, où l'enfant retrouve sa famille	L'ATSEM remet l'enfant aux parents et échange sur le déroulement de la journée.
La garderie du soir	Même principe que pour la garderie du matin, dans l'attente du retour des parents.

FICHE 24 Les responsabilités de l'ATSEM

Les règles de responsabilités civile ou pénale s'appliquent dans l'enceinte de l'école comme partout ailleurs. L'ATSEM a un rôle d'alerte mais ne peut en revanche être tenu responsable d'un accident survenu pendant le temps scolaire, sauf si cet accident est induit par une faute intentionnelle de sa part.

1. Les règles de base

Pendant le temps scolaire (ensemble de la journée hors temps périscolaires du matin et du soir et temps du midi), la responsabilité des enfants incombe au directeur de l'école, sous l'autorité du ministère de l'Éducation nationale.

Pour assurer la sécurité des enfants, le rôle du directeur et des enseignants est d'éviter les incidents de toute nature et de garantir la sécurité des locaux, en veillant à leur entretien et au bon état des matériels utilisés par les enfants.

2. La responsabilité civile

Il s'agit de l'obligation de réparer le dommage, ou préjudice, que l'on a causé à autrui.

Si les enfants confiés subissent des préjudices **pendant le temps scolaire** (y compris hors de la classe, dans la cour de récréation et durant les sorties scolaires), et voient leur droit à réparation reconnu par une cour de justice, **c'est à l'État d'indemniser la victime et sa famille.**

En effet, dans le cadre du droit de protection, l'État se substitue aux fonctionnaires devant les tribunaux, pour toute faute survenue dans l'exercice de leurs fonctions

Cependant si une faute professionnelle grave a été commise, l'État se substitue aux agents mais peut se retourner ensuite contre eux pour demander remboursement des sommes versées.

Si le dommage est occasionné par un ATSEM en dehors du temps scolaire, c'est alors la commune qui est responsable, et prend en charge les réparations financières des dommages causés.

3. La responsabilité pénale

La responsabilité pénale est l'obligation de répondre des infractions commises, en subissant la ou les peine(s) prévue(s) par le texte qui les réprime.

Tout citoyen peut être poursuivi pour des infractions, ce qui comprend les fautes personnelles, mais également les fautes commises dans le cadre des activités professionnelles.

Les ATSEM ne dérogent pas à ce cadre.

En vertu du code pénal, **des condamnations à des amendes ou à des peines d'emprisonnement peuvent être prononcées.** Cela peut se produire en cas de blessures volontaires ou involontaires infligées à un enfant, ou en cas d'accident imputable à la négligence d'un agent.

Là encore, les fonctionnaires bénéficient de **la protection juridique** de l'État. Celui-ci peut notamment prendre en charge les frais de justice, et en particulier les frais d'avocats.

FICHE 25 L'actualité des collectivités territoriales

En bref, voici les sujets majeurs au cœur de l'actualité des collectivités :

1. Une **contrainte budgétaire** importante qui pèse sur les collectivités : baisse de recettes, dépenses constantes voire en hausse. Une difficile équation qui implique partout de mutualiser des ressources, d'optimiser les moyens, de ne pas remplacer les personnels sortis des effectifs. Des difficultés budgétaires qui peuvent expliquer, ça ou là, l'abandon ou le report de certains projets et des réticences à l'investissement.

2. La **réforme de l'organisation administrative**, qui est en fait un corrollaire des difficultés budgétaires. L'ensemble des collectivités territoriales est jugé trop coûteux et obsolète, avec la présence de « doublons » de compétences, d'où une volonté de réorganiser les collectivités de manière plus efficace, dans un objectif d'économie (en supprimant des niveaux) mais également de compétitivité économique européenne (en privilégiant des échelons plus vastes et plus économiquement dynamiques).

3. L'essor de la **coopération intercommunale**, notamment au sein de métropoles dont le nombre ne cesse de croître chaque année (en lien avec les deux points précédemment cités).

4. L'**égalité** des collectivités selon leur taille et situation géographique, et la péréquation (mécanisme de redistribution des richesses entre les collectivités).

5. L'**accessibilité** des lieux publics et l'accueil des personnes en situation de handicap.

6. La **fracture numérique**, la dématérialisation des procédures du service public et l'ensemble des enjeux liés au développement d'Internet.

QCM

45 min **Cochez la ou les bonne(s) réponse(s).**

À noter: Les questions suivantes permettent de préparer les concours d'ATSEM externe et d'ASEM.

1. L'école maternelle fait partie de:

- ❑ **a.** la commune
- ❑ **b.** l'Éducation nationale
- ❑ **c.** le département
- ❑ **d.** l'inspection académique

2. L'organe délibérant de la région est:

- ❑ **a.** la préfecture
- ❑ **b.** le conseil départemental
- ❑ **c.** le conseil régional
- ❑ **d.** le président du conseil régional

3. Un fonctionnaire a le droit de cumuler deux emplois.

- ❑ **a.** Vrai
- ❑ **b.** Faux

4. Le maire est élu pour:

- ❑ **a.** 6 ans
- ❑ **b.** 5 ans
- ❑ **c.** 7 ans
- ❑ **d.** 4 ans

5. Le directeur de l'école maternelle:

- ❑ **a.** est hiérarchiquement moins important que le maire
- ❑ **b.** est hiérarchiquement plus important que le maire
- ❑ **c.** n'a pas de lien hiérarchique avec le maire
- ❑ **d.** est d'importance hiérarchique égale avec le maire

6. En France il y a:

- ❑ **a.** 22 régions
- ❑ **b.** 13 régions
- ❑ **c.** 18 régions
- ❑ **d.** 16 régions

7. Par qui est élu le maire?

- ❑ **a.** Les citoyens
- ❑ **b.** Le conseil municipal
- ❑ **c.** Les adjoints au maire
- ❑ **d.** Le bureau municipal

8. Comment s'appellent les décisions du conseil municipal?

- ❑ **a.** Les délibérations
- ❑ **b.** Les décrets
- ❑ **c.** Les arrêtés
- ❑ **d.** Les procès-verbaux

9. Qui nomme les ATSEM?

- ❑ **a.** Le directeur de l'école
- ❑ **b.** L'inspecteur d'académie
- ❑ **c.** Le maire
- ❑ **d.** L'inspecteur de l'Éducation nationale

10. Qui vote le budget de la commune?

- ❑ **a.** Le maire
- ❑ **b.** Les conseillers municipaux
- ❑ **c.** Le conseil départemental
- ❑ **d.** Les préfets

11. Quelle(s) mission(s) ne fait (font) pas partie de celles de l'ATSEM?

- ❑ **a.** L'assistance au personnel enseignant pour l'hygiène des très jeunes enfants
- ❑ **b.** L'assistance au personnel enseignant pour l'enseignement pédagogique et l'animation des très jeunes enfants
- ❑ **c.** La surveillance des très jeunes enfants dans les accueils de loisirs en dehors du domicile parental des très jeunes enfants
- ❑ **d.** L'assistance aux enseignants dans les classes ou établissements accueillant des enfants handicapés

12. Quelle(s) entité(s) n'appartien(nen)t pas à l'administration centrale?

- ❑ **a.** La préfecture
- ❑ **b.** L'office public HLM
- ❑ **c.** Pôle Emploi
- ❑ **d.** L'inspection académique

13. Que signifie CCAS?

- ❑ **a.** Coopérative Communale pour l'Action Solidaire
- ❑ **b.** Coopérative Communale d'Action Santé
- ❑ **c.** Coopérative Communale d'Action Sociale
- ❑ **d.** Centre Communal d'Action Sociale

14. Qu'est-ce que n'est pas la décentralisation?

- ❑ **a.** Le transfert de compétences de l'État aux collectivités
- ❑ **b.** Le transfert de ressources des collectivités à l'État
- ❑ **c.** Le transfert de moyens de l'État aux collectivités
- ❑ **d.** Le transfert de compétences des collectivités à l'État

15. Le conseil d'école:

- ❑ **a.** rédige le projet d'école
- ❑ **b.** rédige le règlement intérieur
- ❑ **c.** rédige les projets d'accueil individualisés
- ❑ **d.** ne rédige rien

16. Qu'est-ce qu'un EPCI?

- ❑ **a.** Une forme d'intercommunalité
- ❑ **b.** Un établissement public commercial et industriel
- ❑ **c.** La fusion de plusieurs communes
- ❑ **d.** Un établissement public à fiscalité propre

17. Quel est le rôle des AESH?

- ❑ **a.** L'accompagnement des élèves porteurs de handicap
- ❑ **b.** L'animation d'ateliers artistiques
- ❑ **c.** La surveillance des cantines
- ❑ **d.** Le renfort général de l'équipe éducative

18. Le Conseil de Paris:

- ❑ **a.** est l'organe délibérant de la Ville de Paris
- ❑ **b.** est l'organe délibérant de la Ville et du département de Paris
- ❑ **c.** est l'organe exécutif de la Ville de Paris
- ❑ **d.** est l'organe délibérant de la région Île-de-France

19. Le maire de Paris:

- ❑ **a.** est élu par les conseillers de Paris
- ❑ **b.** est élu par les citoyens
- ❑ **c.** est élu par les conseillers de quartiers
- ❑ **d.** est élu par les conseillers d'arrondissement

20. La récréation est placée sous l'autorité:

- ❑ **a.** de l'enseignant
- ❑ **b.** du maire
- ❑ **c.** du directeur de l'école
- ❑ **d.** de tous les adultes qui surveillent dans la cour

→ *Retrouvez les corrigés en p. 62*

EXERCICES

Lisez le texte ci-dessous et répondez aux questions s'y rapportant.

À noter : Les QRC suivantes permettent de préparer le 3e concours d'ATSEM.

Texte du CR-DSU, Centre de ressources sur le développement social urbain, sur le site de la MRIE Rhône-Alpes (Mission régionale d'information sur l'exclusion)

Ce matin-là n'est pas tout à fait ordinaire à l'école maternelle de la Darnaise, l'un des quartiers les plus démunis des Minguettes à Vénissieux. Les mamans qui entrent à l'école avec leurs enfants y restent et, à l'intérieur, les enfants s'en donnent à cœur joie dans une salle remplie de jouets. Ensuite, c'est l'heure de la gymnastique : les petits vélos, les ballons ou les jeux à escalader ont un grand succès. Puis vient le temps de la pâte à modeler et de la peinture. C'est leur première matinée d'école, nous sommes au mois de mai et la rentrée scolaire n'est pas avant septembre. Comme chaque année depuis 1994, c'est le pré-accueil à l'école.

Des structures « petite enfance » insuffisantes provoquent une rentrée à l'école maternelle difficile

Selon une étude de l'Atelier petite enfance du Rhône réalisée en 1992, il manque de structures "petite enfance" aux Minguettes et celles qui existent profitent peu aux plus défavorisés. Pour les mamans de la Darnaise, la halte-garderie est trop éloignée. Dans ce quartier où 90 % des femmes ne travaillent pas, les enfants fréquentent rarement une structure "petite enfance" et font donc peu l'expérience de la séparation avec leur mère avant l'école maternelle. C'est pourquoi l'équipe des enseignants de l'école maternelle Saint-Exupéry a réfléchi à ce qu'elle pourrait faire pour favoriser la première année de scolarisation.

Lors de la rentrée scolaire, les parents étaient inquiets, les enfants peu préparés et il était difficile d'éviter les pleurs des petits les premiers jours de classe. Souvent, les parents restaient dehors et regardaient par la fenêtre. Les enseignantes avaient du mal à identifier tous les enfants et leurs parents le premier jour, et il était donc impossible de répondre aux questions spécifiques des parents, de repérer rapidement une difficulté particulière.

Le pré-accueil permet d'informer et de sécuriser

L'équipe pédagogique a donc mis en place ce pré-accueil. Il consiste à inviter les parents ayant inscrit leur enfant à l'école pour la rentrée prochaine à participer à une réunion d'information accompagnés de leur enfant. C'est l'occasion de visiter les lieux, de faire connaissance, de regarder ensemble une cassette vidéo présentant les activités des enfants à l'école, etc. Cette réunion est suivie de demi-journées en demi-groupe où parents et enfants expérimentent des activités de l'école, une proposition pas toujours comprise par certaines familles et les enseignantes ont parfois l'impression que certains parents souhaiteraient "se débarrasser" de leur enfant. Un échange entre parents et enseignant est alors nécessaire pour que puisse s'exprimer l'importance de la présence des parents en tenant compte de l'appréhension de certains parents à rester avec les enfants sous le regard des enseignants. Lors des demi-journées suivantes (deux ou trois selon les années), l'enfant peut rester avec l'enseignant sans ses parents, s'il semble prêt.

Le pré-accueil crée donc des conditions sécurisantes : la première approche de l'école par l'enfant et ses parents est concrète et conviviale. Elle permet ainsi aux enfants de deux à trois ans de repérer l'école et d'avoir envie d'y venir, et aux parents de confier progressivement leur enfant. Pour les enseignants, les activités vécues en commun à l'école facilitent une implication des parents et valorisent leur rôle d'éducateur aux côtés de l'école.

Cette rencontre favorise des échanges ultérieurs entre les parents et l'école

Ce pré-accueil permet aussi de mieux comprendre ce qui se vit en famille. Ces activités peuvent aussi favoriser la parole et des échanges entre les adultes et les enfants. Grâce à une meilleure connaissance des enseignants et du fonctionnement de l'école, les parents ont moins de réticence à s'adresser à l'enseignant en cours d'année scolaire.

Selon la directrice de l'école, depuis la mise en place du pré-accueil, les parents sont plus en confiance, plus sécurisés, moins perdus le jour de la rentrée, ils savent mieux quelle place prendre. Ce pré-accueil est maintenant connu et attendu par beaucoup de parents du quartier.

L'école a la volonté de s'ouvrir sur le quartier. Une assistante sociale de l'antenne sociale de la Caisse d'allocations familiales de Lyon (CAFAL) collabore à cette action. Lors de permanences effectuées dans le quartier, elle informe les parents de l'existence de ce pré-accueil et les incite à y venir. Elle est présente aux rencontres, avec le souci que les parents, qu'elle connaît, puissent bien trouver leur place. Cette année, l'École des parents est présente aussi lors de chaque rencontre afin d'aider les enseignantes à évaluer l'action.

L'accueil des parents s'inscrit dans une politique plus globale

Ce pré-accueil est financé par le contrat “petite enfance” engagé par la ville de Vénissieux avec la CAFAL depuis trois ans. Il s'inscrit dans une politique visant à renforcer la communication avec les familles, notamment autour de projets menés avec les enfants. Ces actions permettent une valorisation de l'image de l'école auprès des familles.

La directrice s'efforce d'être le plus disponible possible pour les parents. Bien qu'elle ait la charge d'une classe, elle les accueille lorsqu'ils se présentent pour la rencontrer, même sans rendez-vous ; sauf dit-elle, “lorsqu'ils sont en colère, je leur donne alors un rendez-vous au moment qui les arrange”. Expliquer aux parents la place importante qu'ils ont à tenir auprès de leurs enfants fait partie de son rôle. “On peut se permettre d'aller assez loin sur ce sujet avec eux”, et les effets positifs se font souvent sentir.

Elle est très aidée par toute l'équipe éducative ainsi que par les agents techniques spécialisés pour les écoles maternelles qui acceptent volontiers de s'occuper des enfants lorsqu'elle a une visite. L'ensemble de l'équipe est attentive à ce que l'école s'adapte aux besoins du quartier et à ce qu'elle reste très ouverte, même si “en termes de partenariat avec les familles, nous en sommes encore aux balbutiements”.

EXERCICE 1 ★☆☆ 10 min

D'après ce texte, quels sont les facteurs principaux ayant rendu difficile l'accueil à l'école maternelle lors de la première rentrée scolaire ?

EXERCICE 2 ★☆☆ 10 min

Quelles sont les difficultés rencontrées par l'équipe pédagogique lors de ce premier jour de scolarisation ?

EXERCICE 3 ★☆☆ 10 min

Quelle solution a été mise en place pour pallier ces difficultés ? En quoi consiste-t-elle ?

EXERCICE 4 ★★☆ 15 min

Expliquez le rôle de l'ATSEM dans le cadre de ce dispositif.

→ *Retrouvez les corrigés en p. 62*

CORRIGÉS

QCM

CORRIGÉ

1. a.	2. c.	3. a.	4. a.	5. c.
6. c.	7. b.	8. a.	9. c.	10. b.
11. b.	12. b et c.	13. d.	14. b et d.	15. d.
16. a. et d.	17. a.	18. b.	19. a.	20 c.

Pour aller plus loin

1. a. L'école maternelle fait partie de l'Éducation nationale. La gestion du bâtiment relève cependant des compétences de la commune.

3. a. Un fonctionnaire a le droit de cumuler deux emplois, sous certaines réserves : pas de possibilité de cumul avec une société privée servant des intérêts particuliers, sous réserve d'un accord de l'employeur, (sauf activités artistiques ou littéraires) et dans le respect de certaines conditions de rémunération.

5. c. Le directeur de l'école maternelle n'a pas de lien hiérarchique avec le maire. Le maire est élu de la commune tandis que le directeur de l'école est un fonctionnaire agent de l'Éducation nationale, donc de l'administration centrale.

6. c. En France il y a 18 régions, en comptant l'outre-mer.

9. c. Le maire nomme et peut également révoquer les ATSEM.

10. b. Le budget de la commune est voté par l'organe délibérant de la commune, à savoir le conseil municipal.

11. b. Attention à la forme interro-négative de la question. Si certaines réponses proposées sont partiellement vraies et fausses, elles sont considérées fausses. Ici par exemple, bien que l'ATSEM assiste en effet l'enseignant dans l'animation des enfants, il n'est en aucun cas question de l'enseignement pédagogique. La réponse b est donc fausse.

12. b. et **c.** L'office public HLM est un établissement public administratif crée par la commune ou le département. Le Pôle Emploi, quant à lui, est un établissement public à caractère administratif (EPA).

14. b. et **d.** La décentralisation est le processus de transfert de compétences et de moyens dédiés de l'État aux collectivités, et non l'inverse.

15. d. Le conseil d'école ne rédige pas le projet d'école, il l'examine et l'adopte. Le projet d'école est rédigé par le conseil des maîtres.

16. a. et **d.** Un EPCI, ou établissement public de coopération intercommunale, est une forme d'intercommunalité. L'intercommunalité approfondie se caractérise par des EPCI ayant une fiscalité propre, bien que de nombreuses EPCI fonctionnent sans fiscalité propre et avec les ressources de chacune des communes-membres.

20. c. La récréation est placée sous l'autorité du directeur de l'école, à qui l'ATSEM doit référer des incidents et faits notables.

EXERCICES

EXERCICE 1

L'accueil à l'école maternelle lors de la première année de scolarisation est difficile car les enfants n'ont pas eu préalablement une première expérience de séparation avec leur mère, qui aurait pu se faire par exemple en structures petite enfance. Or, ces enfants n'ont pu fréquenter ces structures, faute d'un nombre suffisant d'accueil petite enfance sur le territoire où ils vivent. D'où de grandes difficultés lors de la première séparation à la première rentrée scolaire de maternelle.

EXERCICE 2

L'équipe pédagogique était confrontée à un accueil chaotique lors de la rentrée scolaire, en raison d'une inquiétude des parents ayant du mal à laisser leurs enfants, des pleurs des enfants peu préparés à vivre ce moment. Les enseignantes ne parvenaient pas à identifier tous les enfants et leurs parents, ce qui les empêchait de réparer des difficultés ou de répondre aux questions spécifiques des parents.

EXERCICE 3

La solution mise en place pour pallier ces difficultés lors de la rentrée scolaire est un pré-accueil. Il s'agit d'un accueil des parents des futurs nouveaux élèves de petite section, en amont de la rentrée scolaire. Les familles sont conviées avec leurs enfants afin de faire connaissance avec l'école et ses activités. Le pré-accueil consiste en une journée de visite des lieux et d'information, suivie de demi-journées d'activités où il est proposé aux parents de faire les activités avec leurs enfants. Le pré-accueil permet de sécuriser parents et enfants, et de créer des conditions propices à un bon échange ultérieur entre l'équipe pédagogique et les familles.

EXERCICE 4

Le rôle de l'ATSEM, en tant que membre de l'équipe éducative, est de participer à l'accueil des parents et des enfants au sein de l'école, notamment en répondant à leurs sollicitations pour les questions qui le concernent directement.

PARTIE 1

Préparation aux épreuves

CHAPITRE 2
Connaissance de l'enfant de 2 à 6 ans

Fiches de cours

Entraînements

FICHE 1 Besoins et rythmes spécifiques de l'enfant

L'enfant a des besoins spécifiques conscients ou inconscients, vitaux ou secondaires, qu'il est nécessaire de satisfaire. L'enfant a également un rythme biologique particulier, différent des adultes.

1. Les besoins de l'enfant

✔ Qu'est-ce qu'un besoin ?

La notion de besoin caractérise ce qui est indispensable à l'homme.

On peut en distinguer trois sortes :
- les besoins **primaires** ou **vitaux** sont nécessaires à la survie, comme manger, dormir, respirer. Ne pas y répondre, c'est mourir ;
- les besoins **fondamentaux** sont d'ordre affectif, intellectuel et social : se sentir en sécurité, être autonome, se savoir aimé, etc. Ne pas y répondre c'est entraver son développement ;
- les besoins **secondaires**, ou besoins matériels, sont en général créés par la personne elle-même, en lien avec son environnement. Il s'agit par exemple du désir de consommation. Ne pas y répondre, c'est simplement frustrer un désir qui n'est pas vital.

✔ Comment y répondre ?

Le rôle de l'ATSEM est de permettre au jeune enfant de satisfaire ses besoins primaires et fondamentaux, en répondant à ses sollicitations par des réponses adaptées (types d'activités proposées, prise en compte des demandes des enfants, explications, etc.).

2. Les rythmes de l'enfant pour une journée adaptée

✔ Le rythme circadien

Sous l'influence de notre organisme et de certains phénomènes naturels, notre horloge biologique régule l'attention et la fatigabilité selon les moments de la journée.

Notre état de forme sur 24 heures est appelé le « rythme circadien » (une journée + une nuit).

Le rythme circadien des enfants est spécifique : en « dents de scie », il présente plus de pics et de creux que chez un adulte. Plus fatigable, l'enfant sera naturellement beaucoup plus en éveil selon l'heure de la journée :
- le matin, entre 6 heures et 8 heures : l'enfant est en phase d'éveil intense ;
- l'éveil décroît progressivement jusqu'à 11 heures ;
- l'horaire du déjeuner jusqu'à 14 heures est une phase de fatigue ;

– l'enfant retrouve une vitalité de 14 heures jusqu'aux environs de 17 heures, où son état va stagner;
– vers 20 heures, l'enfant est fatigué et doit amorcer la phase d'endormissement.

✔ Le sommeil de l'enfant est fondamental

La nuit d'un enfant est composée de 3 à 6 cycles :
– phase d'endormissement : somnolence et bâillements ;
– phase de sommeil lent léger : endormissement progressif, le corps reste sensible à l'environnement ;
– phase de sommeil lent profond : on est profondément endormi ;
– phase de sommeil lent très profond : on récupère de la fatigue physique ;
– phase de sommeil paradoxal : le cerveau «recharge les batteries», et enregistre ce qu'il a appris dans la journée.

3. La fatigabilité du jeune enfant

Elle se manifeste par:
– des « **baisses de régime** », de courte durée, où l'enfant fatigué s'isole ou cesse de parler;
– une **attention de courte durée** ne pouvant excéder cinq minutes. D'où la nécessité de pauses fréquentes et de changements d'activité;
– des **humeurs changeantes** en fonction de l'état de fatigue;
– des **jours de semaine inégaux**, les débuts et fins de semaine étant plus difficiles, pour des questions d'adaptation et de fatigue accumulée.

FICHE 2 Interagir avec les enfants

Pour mener à bien son rôle, l'ATSEM doit satisfaire les besoins de l'enfant en apportant des réponses adaptées à ses besoins.

1. Répondre aux besoins de l'enfant

✔ Construire une relation affective stable

L'enfant a besoin de personnes « repères » qu'il connaît et retrouve chaque jour. Cela répond à un besoin de sécurité affective.

L'ATSEM doit rassurer l'enfant au moment inquiétant de la séparation d'avec ses parents lors de l'accueil du matin, ou pour tous les moments anxiogènes qu'un jeune enfant peut traverser durant une journée.

✔ Porter attention à l'enfant

L'enfant a besoin d'être un individu à part entière, que l'on s'intéresse à lui, qu'on le connaisse, que l'on remarque ce qui le concerne.

L'ATSEM doit l'écouter et construire une relation qui prenne en compte l'enfant dans son individualité.

✔ Assurer la sécurité matérielle

L'enfant a besoin d'évoluer dans un cadre matériel structuré et structurant.

L'ATSEM et l'enseignant doivent organiser la classe autour de repères : photos, étiquettes, objets personnels de l'enfant.

✔ Assurer la sécurité physique

L'enfant n'a pas encore conscience du danger et des risques qu'il encourt.

L'ATSEM doit veiller à la sécurité des enfants dans la cour de récréation ou dans la rue, lors des sorties scolaires.

✔ Accompagner le développement moteur

L'enfant a besoin d'explorer son corps, de découvrir ses capacités et ses limites.

L'ATSEM doit accompagner l'enfant dans la découverte des espaces, des objets, de ses possibilités physiques, tout en veillant à sa sécurité.

✔ Accompagner l'apprentissage de la langue

L'enfant développe son langage.

L'ATSEM doit avoir un langage clair, correct et compréhensible, qui va servir de modèle à la parole que l'enfant est en train de construire.

✔ Accompagner l'enfant à l'autonomie

L'enfant a besoin d'apprendre à se gérer tout seul.

L'ATSEM doit accompagner l'enfant dans l'apprentissage des gestes simples de la vie quotidienne, comme l'habillage, le déshabillage, la toilette mais aussi dans la précision des gestes ou la manipulation des objets.

✔ Accompagner la sociabilité de l'enfant

L'enfant a besoin d'apprendre à vivre en société.

L'ATSEM doit expliquer aux enfants les règles de vie en société, gérer les conflits et les tensions au sein du groupe.

2. Adopter une attitude professionnelle

✔ Avoir conscience d'être une référence

L'enfant imite les comportements des adultes qui l'entourent et dont l'ATSEM fait partie. D'où une attention particulière à porter au comportement et aux paroles prononcées devant l'enfant.

✔ Se servir des diverses situations rencontrées dans la journée dans un but éducatif

Chaque situation vécue par l'enfant peut être l'occasion d'un apprentissage dont l'ATSEM doit se saisir pour transmettre à l'enfant des savoirs, savoir-faire, savoir-être, comme les règles d'hygiène, les règles de vie en société, l'acquisition du langage, etc.

✔ Observer, écouter, alerter

L'ATSEM est tenu à une extrême vigilance et doit relayer ses observations à l'enseignant et au directeur de l'école, ou les alerter en cas de situation « anormale » ou inquiétante.

FICHE 3

Le temps périscolaire : animer les TAP

Nous vous proposons quelques conseils pour vous aider à animer les temps d'activités si vous devez les encadrer seul et si l'école dans laquelle vous travaillez propose des TAP.

1. Les objectifs des TAP

Il s'agit de proposer aux enfants une activité qui leur soit bénéfique, avec une plus-value éducative :

– Ne pas reproduire à l'identique ce que fait l'enseignant.

– Expliquer aux enfants votre rôle et les activités proposées : vous n'êtes pas leur deuxième maîtresse !

– Proposer des ateliers complémentaires aux enseignements scolaires.

– Se concerter avec l'enseignant, lui demander de vous orienter.

– Ne pas imposer les ateliers aux enfants. Sur le TAP, l'enfant est libre de prendre part aux activités mais peut également jouer seul.

– Proposer des ateliers et ne pas laisser les enfants uniquement en jeu libre : le TAP ne doit pas être de la garderie.

2. Quels ateliers proposer ?

Vous pourrez trouver des idées dans la liste des activités suivantes :

- Lecture d'histoire avec un groupe.
- Jeux de société (pour les plus grands).
- Chants, comptines et rondes.
- Marionnettes.
- Jeux de construction.
- Jeux d'identification de couleurs, de formes, etc.

Quoi qu'il en soit, pensez à adapter l'activité en fonction de l'âge des enfants.

FICHE 4 Entre 2 et 6 ans

Un grand nombre de professionnels de l'enfance ont émis l'idée que « tout se joue avant l'âge de 6 ans ». La période de 2 à 6 ans est donc déterminante dans la structuration de l'individu.

1. Une tranche d'âges spécifique

Le développement neurologique, participant de la construction de l'individu, se fait entre 2 et 6 ans, avec la création des différentes connexions du cerveau. D'où un impact très important, voire irréversible, des faits survenant durant cette période sur la personnalité, les capacités intellectuelles ou encore l'équilibre affectif de l'enfant.

Le rôle de l'ATSEM est de stimuler les jeunes enfants par le jeu, en sollicitant leurs sens, leur mémoire ou leur raisonnement, avec juste mesure et dans le respect du rythme et des possibilités de chacun.

2. Ce qui se joue de 2 à 6 ans

Les caractéristiques de cette période sont les suivantes :

- L'enfant ne peut accepter l'idée de transformation ou de nuances.
- Il ne perçoit pas la frontière entre le réel et l'imaginaire, et tend à fabuler.
- Il joue à faire semblant.
- Il est égocentrique.
- Dès 2 ans, il peut imaginer un objet non visible.
- Il consolide sa maîtrise du temps, de l'espace, des quantités.
- Il développe son vocabulaire et sa capacité au dialogue.
- Il a besoin d'expliquer le monde en trouvant une raison à tout.
- Il s'imagine que tout est une œuvre humaine, y compris les éléments naturels.
- Il pense que les choses ou les animaux ont une âme et des intentions.

3. Accompagner l'autonomie de l'enfant

L'ATSEM doit trouver la juste mesure entre « intervenir » et « laisser faire ».

Le rôle de l'ATSEM est d'« aider à faire » et non de « faire à la place ».

FICHE 5 Le développement de l'enfant

Le développement recouvre l'ensemble des transformations affectant les êtres humains au cours du temps, avec des « stades » de développement correspondant à des phases caractéristiques. D'où l'importance de les identifier pour mieux les accompagner chez l'enfant.

1. Les différentes facettes du développement

Elles peuvent être réparties en quatre types :
– **physique et psychomoteur** : les capacités motrices de l'enfant (savoir marcher, courir), en lien avec son développement neurologique et la précision des gestes (fluidité des mouvements, coordination des gestes en lien avec la vision) ;
– **psycho-affectif,** avec la construction de la personnalité et les relations affectives aux autres ;
– **cognitif et intellectuel,** c'est-à-dire, entre autres, le développement du raisonnement ;
– **social,** dans les relations créées avec les autres, impactées par l'image que l'enfant a de lui-même.

2. Les théories du développement de l'enfant

Le développement et les stades de développement des enfants ont été conceptualisés notamment par les psychologues Freud, Piaget et Wallon. Voici, de manière très résumée, les apports majeurs de ces théories.

✔ Freud

Le processus de construction psycho-affectif s'effectue à travers l'évolution de la sexualité, en 3 stades :
– oral, jusqu'à 18 mois, avec un plaisir de l'enfant de tout porter à sa bouche ;
– anal, de 18 mois à 3 ans, avec la phase de propreté autour de 2 ans et un vif intérêt pour la défécation, qui a une dimension affective dans le rapport à la mère (satisfaire la mère ou s'y opposer en se souillant par exemple) ;
– phallique, de 3 à 7 ans, avec un intérêt pour le corps et celui des autres, en lien avec le développement de la sociabilité. Ce stade est celui du développement du complexe d'Œdipe (attrait pour le parent de l'autre sexe et hostilité pour le parent de même sexe).

✔ Piaget

Il y 4 stades de développement, de 0 à 16 ans (0-2 ans ; 2-6 ans ; 6-10 ans et 10-16 ans), en lien avec le développement de l'intelligence, l'acquisition du langage ou la capacité d'appréhender des concepts abstraits.

✔ Wallon

L'enfant se construit en traversant 5 stades jusqu'à l'adolescence, qui sont caractérisés par une prévalence de l'affect ou de l'intelligence. Chaque passage est marqué par une crise. Entre environ 3 et 6 ans, se produit la phase d'opposition, où l'enfant refuse et dit « non » pour s'affirmer, tout en commençant à vouloir imiter les adultes.

3. Le développement de l'enfant selon les âges

	2-3 ans	4 ans	5-6 ans
DÉVELOPPEMENT PSYCHOMOTEUR	L'enfant marche et explore son corps. Il ne peut pas, ou difficilement, s'habiller seul. Ses dessins ne sont pas réalistes et pas affinés (pas de détails, traits grossiers).	L'enfant court, saute et commence à maîtriser son corps. Il peut s'habiller seul. Il fait des pauses lorsqu'il est fatigué. Les gestes et les dessins se précisent mais restent maladroits.	L'enfant a des gestes maîtrisés, il tape dans un ballon, vise, fait du vélo. Ses dessins sont fins, réalistes et détaillés avec des volumes, proportions, perspectives, etc.
DÉVELOPPEMENT AFFECTIF	L'enfant a une conscience limitée de la réalité. Il est en crise d'opposition, et dit « NON » à tout. Il est dans la phase « pipi, caca ».	L'enfant est de plus en plus curieux et pose des questions. Il commence à imiter les adultes et notamment le parent du même sexe que lui.	L'enfant manifeste un intérêt pour l'autre sexe, pour les différences entre les individus. Il amorce ou termine selon les cas, la crise d'Œdipe.
DÉVELOPPEMENT INTELLECTUEL	L'enfant parle avec un vocabulaire limité. Il commence à avoir de la mémoire et peut reconnaître deux objets identiques. L'enfant n'a conscience que du temps immédiat et ne peut pas mesurer les durées.	L'enfant mène une conversation simple et essaie d'écrire. Il ne maîtrise pas les règles temporelles de « demain » ou « hier ». Il distingue mal le réel et l'imaginaire et explique le monde par des phénomènes magiques.	L'enfant a un niveau de langage plus élaboré. Il se repère dans l'espace et dans le temps. Il se représente symboliquement un objet absent. Sa pensée est de plus en plus rationnelle.
DÉVELOPPEMENT SOCIAL	L'enfant commence à entrer en contact avec les autres. Il aime rendre service aux adultes, en effectuant de petites tâches.	L'enfant construit des relations avec les autres enfants. Il comprend des questions ou directives et y répond.	L'enfant est de plus en plus en relation avec tout ce qui l'entoure, avec les enfants et les adultes, dont il comprend les rôles et qui constituent un modèle à imiter.

FICHE 6

Le temps et l'espace chez l'enfant

L'espace et le temps sont deux constructions mentales abstraites qui ne sont pas innées mais que l'on acquiert par l'expérience.

1. La perception du temps

Le temps est une notion abstraite qui n'a aucun sens pour les jeunes enfants.

De 2 à 6 ans, les enfants ne sont pas en capacité de comprendre :
- la chronologie des faits : ils ne perçoivent pas le temps comme empilement de moments successifs ;
- la non-réversibilité du temps : pour un enfant, l'ordre des faits est changeable et aléatoire ;
- les durées ;
- les notions d'âge ou de retard, etc. ;
- les phases du jour et de la nuit ;
- les saisons, dates, jours ;
- les manipulations mentales du temps : anticipation, projection dans le futur (avant 5 ans), souvenirs.

2. La perception de l'espace

Les jeunes enfants ne distinguent pas les espaces.

Le corps est le premier espace que l'enfant apprend à maîtriser, ce qui survient à l'âge de 3 ans. Avant cet âge, il ne peut faire la différence entre son propre corps et le monde extérieur. Après 3 ans, l'enfant est en mesure d'avoir une représentation mentale de son propre corps : c'est le schéma corporel.

Entre 2 et 6 ans, l'enfant a des besoins contradictoires quant à l'espace :
- il a, à la fois, un besoin de mouvements dans un espace non contraint, et de repli dans un espace dimensionné à sa mesure, pour répondre à son besoin de sécurité affective. Un espace trop grand a tendance à générer chez lui de l'angoisse ;
- il a, à la fois, besoin d'isolement dans un espace accueillant et clos, et de communication dans un espace collectif et ouvert ;
- il a besoin d'un univers familier, constitué de repères identifiés et rassurants.

L'ATSEM et l'enseignant peuvent aménager la classe pour prendre en compte ces besoins. L'espace doit être morcelé en petites zones dédiées à certaines activités.

La distinction des espaces, lorsqu'elle est faisable, est d'autant plus importante lorsque la classe est utilisée pour le scolaire et le périscolaire, afin d'aider l'enfant à se repérer dans la finalité de chaque activité et le rôle de chaque adulte référent.

FICHE 7

L'acquisition du langage

Le langage de l'enfant est un reflet du stade de son développement intellectuel.
L'école maternelle fixe l'acquisition du langage comme un objectif prioritaire. L'ATSEM, par son attitude et ses réponses à l'enfant, concourt à cette acquisition fondamentale.

1. Caractéristiques du langage de l'enfant entre 2 et 6 ans

Elles se manifestent ainsi:
- l'enfant a recours à une communication non verbale importante: expressions faciales ou corporelles, des pleurs, des cris;
- il parle beaucoup, en lien avec son développement intellectuel, social et affectif;
- il n'est pas toujours cohérent;
- il pose beaucoup de questions;
- il a tendance à fabuler: il ne fait pas la différence entre le réel et l'imaginaire;
- il parle parfois tout seul;
- ses propos ne s'adressent pas à quelqu'un de précis;
- il ne cherche pas nécessairement un échange;
- il parle pour manifester sa présence et s'affirmer.

2. Le rôle de l'ATSEM

En tant que professionnel éducatif, l'ATSEM doit, afin d'accompagner cette acquisition:
- être à l'écoute;
- s'exprimer dans un français correct, éviter les mots d'enfant;
- corriger les erreurs de français de l'enfant en reformulant la phrase;
- répondre lorsque cela est nécessaire, mais non systématiquement;
- ne pas réprimer constamment le besoin d'expression de l'enfant;
- ne pas ignorer l'enfant ni le stimuler outre mesure;
- ne pas le punir lorsqu'il fabule: il imagine, mais ne ment pas.

3. Caractéristiques du langage de l'enfant en fonction de l'âge

Âge	L'enfant	Les adultes autour de l'enfant, dont l'ATSEM
2-3 ANS	– Connaît et répond à son nom. – Comprend jusqu'à 800 mots, mais en utilise moins. – Écoute une histoire simple d'une durée limitée à 5 minutes. – Fait des gestes symbolisant des mots (au revoir, bisou). – Fait des phrases courtes (en général deux mots). – Pose des questions sur ce qui l'entoure.	– Décrivent ce qu'ils sont en train de faire. – Nomment les objets. – Encouragent l'enfant à apprendre de nouveaux mots. – Ne parlent pas devant l'enfant comme si celui-ci était absent.
3-4 ANS	– Développe son vocabulaire. – Fait des phrases complètes avec les articles, des adverbes et des adjectifs. – Peut se figurer des choses invisibles ou abstraites. – Comprend les notions de temps simples (avant, après). – Parle tout le temps sans s'adresser à un interlocuteur spécifique. – Commence à dire «je».	– Écoutent l'enfant qui parle. – Répondent aux erreurs de l'enfant en reformulant la phrase. – Incitent l'enfant à parler. – Lisent des histoires à l'enfant. – S'assurent que l'enfant comprend. – Continuent d'enrichir le vocabulaire de l'enfant.
4-5 ANS	– Fait des phrases complexes de plus de cinq mots. – Utilise les pluriels, noms féminins et masculins. – Utilise la forme négative, le passé ou le futur. – Tient une conversation. – Il pose des questions sur les causes ou les finalités (pourquoi, pourquoi faire).	– Accompagnent la progression avec des structures grammaticales complexes. – Répondent aux questions et sollicitations de l'enfant.
5-6 ANS	– Connaît presque 3 000 mots. – Comprend les notions abstraites d'antériorité, postériorité, simultanéité, éloignement, proximité. – Comprend les notions de contraire ou d'identique. – Commence à pouvoir expliquer les mots et l'usage des objets. – Peut utiliser des temps verbaux complexes comme le subjonctif.	– Accompagnent l'enfant dans son apprentissage des utilités du langage : expliquer, argumenter, raconter, déduire, supposer, etc. – Continuent d'être vigilants au langage de l'enfant encore en phase de consolidation.

FICHE 8

Le jeu chez l'enfant

Le jeu chez l'enfant n'est pas un simple loisir ou une occupation, mais relève de l'apprentissage de notions fondamentales.
L'ATSEM doit inciter, favoriser, accompagner le jeu.

1. La fonction du jeu

Le jeu tient une **place prépondérante** dans la vie de l'enfant : il passe en moyenne un quart de son temps à jouer.

L'enfant ne fait aucune distinction entre un jeu et un apprentissage plus classique : pour lui, tout est jeu.

L'enfant entre 2 et 6 ans a, à la fois, besoin que l'on suscite son intérêt en lui faisant découvrir une activité, et besoin de jouer librement seul.

– Le jeu est un **outil de développement** intellectuel, affectif, moteur, social.

– Le jeu permet à l'enfant de **se construire**, de développer sa personnalité et d'entrer en relation avec les autres. Jouer lui permet d'acquérir des compétences de collaboration, de communication et de créativité. Le jeu développe la confiance en soi et en les autres.

– Le jeu permet à l'enfant d'exprimer des émotions et de **se débarrasser de certaines angoisses** : colère, jalousie, anxiété.

Les jeux évoluent avec l'âge : les premiers jeux sont d'ordre locomoteur et corporel puis deviennent progressivement des jeux collectifs ou des jeux de simulation.

2. Les types de jeux

On peut citer :

– **les chansons et comptines**, qui permettent d'enrichir le vocabulaire et sollicitent l'imagination de l'enfant ;

– **les jeux de simulation**, où l'enfant imite les situations du réel et les rôles sociaux ;

– **les jeux collectifs**, à partir de 4 ans, impliquant plusieurs participants, et une règle à respecter ;

– **les jeux corporels ou moteurs**, qui permettent à l'enfant d'explorer son corps, ou de découvrir les matières et objets qui l'entourent ;

– **les jeux de logique ou de réflexion**, qui permettent à l'enfant de structurer sa pensée ;

– **les jeux solitaires, ou jeux parallèles,** où les enfants jouent à côté, mais non ensemble, vers 2-3 ans ;

– **les jeux de langage**, où dès 2 ans, l'enfant s'amuse tout seul de certains mots, certaines sonorités, les mélanger, en crée, les répète.

3. L'ATSEM dans le jeu

L'ATSEM doit favoriser et accompagner le jeu sans l'entraver ni le contraindre.

Son rôle est de surveiller la sécurité des enfants pendant leurs jeux, en créant les conditions propices à celui-ci : classe aménagée et propre, cour sécurisée, environnement rassurant, etc.

En accord avec l'enseignant, l'ATSEM doit moduler ses modalités d'intervention dans le jeu selon les moments, les désirs de l'enfant, l'environnement.

✔ Participer au jeu des enfants, en tant que joueur, dans un but éducatif

L'ATSEM respecte la règle et régule le jeu.

✔ Mettre en œuvre le jeu

Proposer un jeu, fixer la règle, contrôler le respect de la règle. L'ATSEM joue le rôle d'arbitre, avec un rôle actif mais en retrait.

✔ Favoriser le jeu

L'ATSEM propose un cadre propice au jeu et suscite l'envie de jouer des enfants : mise à disposition des accessoires, attractivité des espaces.

L'ATSEM n'intervient alors que sur sollicitation de l'enfant ou en cas de problème.

✔ Laisser les enfants jouer tout seuls, en surveillant leur sécurité

Le jeu doit également être libre. La présence d'un adulte n'est pas indispensable, et peut entraver la fonction d'apprentissage du jeu.

✔ Ne pas forcer à jouer un enfant qui n'en manifeste pas le désir

L'ATSEM peut l'inciter en lui faisant découvrir un jeu. Contraindre l'enfant à jouer est inutile et inefficace.

✔ Laisser l'enfant « s'ennuyer »

Un enfant ponctuellement inactif ou isolé est en fait en phase de « rêve éveillé », qui lui permet de régler des conflits intérieurs ou d'affronter des angoisses. Si cela n'est pas récurrent et systématique, il faut le laisser faire.

FICHE 9

Les enfants porteurs de handicap(s)

L'enfant porteur de handicap, comme tous les enfants, dispose d'un droit à l'éducation. De plus en plus sont intégrés en milieu scolaire ordinaire, avec un accueil dès la maternelle.

L'école rompt l'isolement lié à la pathologie et favorise l'intégration sociale des enfants.

1. Qu'est-ce que le handicap?

Le handicap est une limitation de l'activité ou une restriction de participation à la vie en société, subie par une personne en raison d'une altération d'une ou plusieurs fonctions physiques, sensorielles, mentales, cognitives ou psychiques.

Chez les enfants, les handicaps sont en général congénitaux ou néonatals, ou dus à une maladie survenue dans les premières années de la vie.

✔ Le handicap peut être défini comme:

- **une déficience,** c'est-à-dire une altération d'une fonction physiologique ou anatomique;
- **une incapacité**, c'est-à-dire le fait de ne pouvoir accomplir, complètement ou partiellement, une action;
- **une limitation des possibilités d'action**.

✔ Les handicaps sont:

- **moteurs,** s'ils concernent une fonction locomotrice (bras, jambes, dos, muscles, etc.). Le handicap sera alors plus visible, l'enfant pouvant se déplacer à l'aide d'un fauteuil roulant, par exemple, d'une canne, ou d'un appareil;
- **sensoriels**;
- **intellectuels**, avec des retards de développement, plus ou moins légers;
- **psychiques**, avec des troubles de l'ordre de la maladie mentale;
- **causés par des maladies invalidantes**.

✔ Les enfants handicapés ont des besoins spécifiques:

- ils se fatiguent plus vite que les autres enfants;
- ils peuvent avoir besoin de plus de temps pour accomplir les actes de la vie courante;
- ils ont besoin d'une aide extérieure plus importante;
- ils ont besoin que l'on s'adapte à eux: un enfant en fauteuil a besoin que vous vous baissiez à son niveau pour lui parler; un enfant qui entend mal a besoin de consignes simples et clairement articulées pour lire sur vos lèvres; un enfant non voyant a besoin que l'on veille au non-encombrement de l'espace pour pouvoir circuler.

2. Interagir avec les enfants porteurs de handicap(s)

Être confronté au handicap peut générer des incompréhensions et sentiments complexes (peur, gêne, pitié, rejet, crainte de mal faire, etc.), que l'ATSEM, en tant que professionnel, doit tenter d'analyser et de maîtriser.

- L'ATSEM, avec l'ensemble des professionnels éducatifs, doit favoriser l'intégration des enfants handicapés au sein du collectif, en veillant notamment à ce que leurs besoins spécifiques soient satisfaits, sans les stigmatiser.
- L'ATSEM ne doit ni ignorer la spécificité de l'enfant ni le surprotéger en raison de cette spécificité.
- L'ATSEM ne doit pas se substituer à la famille ni à l'AESH dans l'accompagnement de l'enfant.
- L'ATSEM ne doit pas prendre en charge seul l'enfant.
- L'ATSEM n'a pas le droit d'administrer un traitement médical ou d'effectuer des soins médicaux à un enfant porteur de handicap, même si la famille le demande.

L'observation et l'écoute sont essentielles pour trouver un juste positionnement et des modalités de réponses adaptées aux besoins de l'enfant.

CHE 10

La scolarisation de l'enfant porteur de handicap(s)

Les enfants porteurs de handicap peuvent être scolarisés dans des établissements médico-sociaux spécialisés.

Leur scolarisation en milieu ordinaire et au plus près de leur domicile est un droit, qui permet aux élèves une scolarité stable, continue, adaptée.

Chaque année, le nombre d'élèves porteurs de handicap accueillis en milieu ordinaire s'accroît et avoisine les 200 000 élèves, dès l'âge de 3 ans.

1. Une scolarisation individuelle ou collective

✔ Individuelle

L'enfant est scolarisé dans une classe ordinaire, et, en fonction des cas:
- ne bénéficie d'aucune aide particulière;
- bénéficie d'aménagements adaptés à ses besoins;
- bénéficie de l'aide d'un accompagnant d'elèves en situation de handicap(s) (AESH) (anciennement AVS) et/ou des matériels adaptés.

✔ Collective, avec intégration dans une classe spécifique

Les classes pour l'inclusion scolaire (CLIS) accueillent des enfants avec un handicap mental, auditif, visuel ou moteur, pour lesquels on considère qu'une intégration en milieu scolaire ordinaire est bénéfique. Les élèves qui reçoivent un enseignement adapté au sein de la CLIS bénéficient aussi d'une scolarisation individuelle dans une autre classe de l'école.

Les unités localisées pour l'inclusion scolaire (ULIS) sont encadrées par un enseignant spécialisé. Les élèves reçoivent un enseignement adapté à un degré de handicap jugé trop important pour une scolarisation classique.

2. Les AESH : qui sont-ils ?

Depuis 2014, les accompagnants d'élèves en situation de handicap (AESH) remplacent les anciens AVS (auxiliaires de vie scolaire). La principale nouveauté est l'obligation pour les AESH d'être titulaire d'un diplôme professionnel d'aide à la personne : le diplôme d'État d'accompagnant éducatif et social (DEAES).

Tous les anciens AVS, ou EVS (emploi vie scolaire), sont à terme appelés à basculer sous ce nouveau statut.

Ils apportent une aide physique (soutien pendant les activités sportives, aide à la manipulation d'objets, au déplacement), un renfort durant les activités éducatives et les ateliers, mais également un soutien psychologique à un ou plusieurs enfants en situation de handicap(s).

À noter: Le rôle de l'AESH n'est pas de combler le manque d'effectifs de l'école en effectuant d'autres missions que les siennes (remplacement de collègues absents, animation d'un atelier, etc.) mais bien de se consacrer uniquement au soutien des elèves en situation de handicap(s).

3. Le projet personnalisé de scolarisation (PPS)

Pour répondre aux besoins particuliers des élèves handicapés, un projet personnalisé de scolarisation (PPS) organise la scolarité de l'élève.

Ce document identifie les besoins spécifiques de l'enfant, exprimés par l'ensemble de l'équipe pédagogique, la famille, l'enfant lui-même, et la manière dont l'école doit y répondre.

Il précise les conditions d'accueil nécessaires, les matériels adaptés, les accompagnements à prévoir ou le recours éventuel à un AESH. Les nécessités d'aménagement de l'école en réponse aux difficultés de l'enfant doivent y être inscrites.

Le PPS est suivi et ajusté par un enseignant référent.

Les troubles de la santé chez l'enfant

L'ATSEM peut être amené à s'occuper d'enfants de santé fragile, ou ayant des pathologies chroniques, comme le diabète, l'asthme, l'épilepsie.
Un nombre croissant d'enfants sont allergiques ou présentent des intolérances alimentaires, qu'il faut connaître et prévenir par la plus grande vigilance.

1. Les maladies chroniques fréquentes

✔ Le diabète

C'est un dysfonctionnement du système de régulation de la glycémie. Les conséquences peuvent être lourdes pour la santé avec des risques de complication, de maladies cardiovasculaires, d'insuffisance rénale, de cécité, etc.

Un enfant diabétique doit contrôler et réguler fréquemment son taux de glycémie.

✔ L'asthme chronique

C'est une maladie du système respiratoire, définie comme une gêne respiratoire à l'expiration, se manifestant par des crises répétées ou des bronchites sifflantes chroniques. Les enfants asthmatiques en majorité doivent utiliser un bronchodilatateur (type Ventoline).

✔ L'épilepsie

C'est une affection neurologique se caractérisant par une hyperactivité cérébrale et se manifestant par des crises convulsives, une perte de conscience ou des hallucinations, déclenchées plus facilement par la fatigue, le manque de sommeil, une lumière intermittente, des bruits permanents ou anormaux, le stress.

Chez l'enfant, la crise peut se manifester sans convulsions, par moment d'absence avec rupture de contact et fixité du regard.

Une crise dure en moyenne une dizaine de secondes. Il est nécessaire de s'assurer que l'enfant ne puisse pas se blesser, en écartant les objets autour de lui et en maintenant sa tête. Il doit être éloigné des sources de lumière ou de bruit.

Après la crise, l'enfant doit reprendre ses esprits et répondre. Si ce n'est pas le cas, le mettre en position latérale de sécurité et appeler les secours.

À noter : L'ATSEM doit être informé qu'un projet d'accueil individualisé (PAI) est en place pour tel ou tel enfant.

2. Les allergies

L'allergie peut être d'ordre respiratoire, cutané ou alimentaire.

Il s'agit d'une réaction immunitaire excessive de l'organisme, déclenchée par une substance dite allergène. L'allergène bien toléré par la plupart de la population va déclencher chez des personnes plus sensibles une réaction.

Cette réaction se manifeste par des démangeaisons, apparition de plaques, rougeurs, gonflement, irritation, eczéma, asthme ou la sensation de manquer d'air.

✔ L'œdème de Quincke

Il s'agit d'un gonflement rapide de la peau et des muqueuses, observé dans les cas d'allergies. La peau du visage autour de la bouche et de la gorge ou les mains enflent rapidement, s'accompagnant de démangeaisons ou d'urticaire.

L'œdème de Quincke peut entraîner une obstruction des voies aériennes et une suffocation et nécessite d'être pris en charge immédiatement par les secours.

✔ Le choc anaphylactique

C'est un état de choc généralisé sérieux se produisant après ingestion d'un aliment allergène.

✔ Les allergies alimentaires

Elles sont de plus en plus fréquentes.

Elles sont variées mais concernent généralement les œufs, les protéines de lait, les arachides et l'huile d'arachide.

Un enfant allergique ne doit pas du tout ingérer une substance allergène, même en quantité infime.

À noter: Les substances allergènes sont notamment présentes et parfois indécelables dans un grand nombre de produits industriels (par exemple, l'huile d'arachide est présente dans les desserts lactés). D'où la nécessité de bien vérifier les étiquettes.

3. Le projet d'accueil individualisé (PAI)

Le PAI est un document identifiant les besoins thérapeutiques de l'enfant et organisant les modalités particulières de sa vie quotidienne au sein de l'école.

Le PAI précise:
- les aliments autorisés ou le régime alimentaire approprié;
- les conditions des prises de repas;
- les interventions médicales, paramédicales ou de soutien;
- le rôle précis de chaque membre de l'équipe éducative;
- les traitements médicamenteux et les modalités d'administration du traitement médical à l'enfant;
- le contenu de la trousse d'urgence et ses modalités d'utilisation.

L'ATSEM peut administrer à l'enfant le médicament figurant dans le PAI, selon les modalités inscrites et seulement si le PAI l'y autorise.

En dehors de ce qui figure au PAI, cela est formellement interdit, même sur présentation d'une ordonnance ou suite à la demande de la famille.

À la cantine, tout enfant qui a besoin d'un régime alimentaire particulier pour raisons médicales doit pouvoir profiter des services de restauration collective.

Les services municipaux doivent prendre les dispositions nécessaires pour garantir l'accueil de cet enfant, selon les modalités indiquées dans le PAI, auquel d'ailleurs ils peuvent collaborer (au moment de la rédaction).

FICHE 12

Les comportements difficiles de l'enfant

L'agressivité de l'enfant et la violence à l'école sont des phénomènes réels bien que sans doute parfois exagérés par effet de leur surexposition dans les médias.
La violence est une réaction naturelle que l'enfant doit apprendre à canaliser. Le rôle de l'ATSEM est de distinguer les comportements excessifs, mais normaux, des comportements réellement pathologiques qui nécessitent une réponse médicale adaptée.

1. La violence de l'enfant

✔ La violence d'un enfant envers les autres enfants

Elle peut être induite par une recherche de contact physique, de jeu.

Elle est naturelle chez les jeunes enfants qui vivent leur première expérience de la frustration.

✔ La violence d'un enfant comme réponse à celle de l'institution

L'intégration des contraintes et de la norme sociales (horaires, obéissance à des règles, rester assis, parler chacun son tour, etc.) réprime les désirs de l'enfant.

L'agressivité de l'enfant est parfois une réponse à la propre agression qu'il ressent.

✔ La violence « anormale »

Lorsqu'elle est systématique, récurrente, injustifiée, la violence est l'expression d'une souffrance. Elle révèle généralement des troubles psychologiques ou une carence affective, voire de la maltraitance.

L'ATSEM doit alors en informer l'enseignant et le directeur de l'école.

Dans tous les cas, les situations de tension ou de conflit doivent être régulées par l'adulte. L'ATSEM doit poser des interdits à l'enfant et lui en expliquer les raisons.

2. Les troubles du comportement

Certains enfants présentent des troubles psychomoteurs, en lien avec des troubles d'ordre affectif, qui sont à signaler s'ils n'ont pas déjà été diagnostiqués.

✔ Les troubles de la propreté

L'enfant ne possède pas le contrôle de ses sphincters et ne peut se retenir d'uriner ou de déféquer.

Le contrôle sphinctérien (la propreté) est lié à la maturité physiologique et est variable selon les enfants. En général, cela se déroule entre 2 et 3 ans. En petite section, « les accidents » sont encore cependant nombreux, et tout à fait « normaux ».

Dès 4 ans, la maturité physiologique étant complètement atteinte, les pipis au lit sont généralement causés par une préoccupation d'ordre affectif: angoisse, changement de situation dans la vie de l'enfant, etc.

La fréquence et la durée dans le temps de ce symptôme traduisent probablement un désordre affectif, caractéristique d'un trouble de la propreté. On parle d'énurésie pour les pipis involontaires de l'enfant et d'encoprésie pour les défécations involontaires.

✔ Les troubles moteurs

Ils se manifestent par une imprécision de gestes, des incapacités ou difficultés à faire certains mouvements et s'accompagnent souvent de troubles du langage, de comportements hyperactifs, d'agressivité.

Les troubles moteurs peuvent être le signe de relations conflictuelles dans la famille ou être liés à des pathologies plus profondes (retards mentaux, autisme) qui doivent faire l'objet d'un diagnostic médical.

✔ L'hyperactivité

Elle se caractérise par un comportement colérique, et par une incapacité d'attention, de concentration, de communication.

L'hyperactivité est une pathologie sérieuse avec des symptômes très précis: tous les enfants vifs ou agités ne sont pas hyperactifs.

Contrairement aux idées reçues, l'hyperactivité est très peu répandue, avec seulement 3 à 5 % des enfants atteints.

✔ Les troubles du langage

L'enfant peut présenter un retard ou des dysfonctionnements dans l'acquisition du langage, un bégaiement ou zozotement.

Les troubles du langage peuvent être diagnostiqués à un âge où la structuration du langage est plus ou moins consolidée (grande section):
- si le vocabulaire de l'enfant n'est pas assez développé;
- s'il a du mal à se faire comprendre;
- s'il ne formule pas, ou difficilement, des phrases grammaticalement correctes;
- si son langage est dysphasique: réduit au minimum.

Tous ces troubles peuvent être réglés par un orthophoniste, ou un psychologue s'ils sont liés à des désordres plus importants.

FICHE 13 La relation affective à l'enfant

L'ATSEM est une figure dont la présence rassure l'enfant au sein de l'école. Il joue un rôle affectif important. Pour autant, l'ATSEM doit adopter une attitude professionnelle et trouver la juste mesure afin de ne pas entraver le développement émotionnel de l'enfant en donnant « trop » ou « pas assez ».

1. La bonne distance

L'ATSEM n'est ni un parent, ni un membre de la famille : il ne doit pas développer un lien affectif trop fort avec l'enfant.

L'ATSEM doit répondre aux besoins naturels d'attention et de contacts physiques des enfants : il ne doit pas rejeter les manifestations d'affection spontanées des enfants.

L'ATSEM ne doit pas considérer un ou plusieurs élèves comme son ou ses propres(s) enfant(s) ou des enfants de sa famille, en reproduisant les règles éducatives en vigueur à la maison.

L'ATSEM ne doit pas stigmatiser un enfant parce que celui-ci est agité, moins obéissant ou pour quelque autre raison que ce soit.

L'ATSEM ne doit pas favoriser un enfant par rapport au reste du groupe.

2. Écoute et bienveillance

L'ATSEM doit faire preuve d'attention et de bienveillance à l'égard de tous les enfants.

L'ATSEM ne doit pas fuir la présence des enfants.

L'ATSEM ne doit pas ignorer ce que l'enfant exprime mais doit observer et répondre en fonction des demandes des enfants. Certains ont besoin de jouer seuls par exemple, d'autres sollicitent plus souvent les adultes.

L'ATSEM ne doit ni inciter ni rejeter les manifestations d'affection des enfants à son égard.

L'ATSEM doit écouter les parents et communiquer avec eux de manière neutre et efficace, afin de créer les conditions d'une bonne entente avec la famille et avec l'équipe pédagogique.

14 Les punitions et sanctions

L'ATSEM est une figure naturelle de l'autorité, respectée et écoutée par les enfants. Pourtant, les enfants sont avant tout guidés par leurs propres désirs. D'où la nécessité de faire preuve d'une autorité éducative légitime et nécessaire.

1. L'autorité

✔ Un acte éducatif

Faire preuve d'autorité éducative, c'est aider l'enfant à grandir et à devenir autonome. Il ne s'agit pas d'imposer sa volonté sur l'enfant sans raison, mais de guider son comportement, en lui expliquant pourquoi et comment il doit agir.

Frustrer le désir d'un enfant n'est pas le rendre malheureux ; tout lui permettre n'est pas lui rendre service.

✔ Une nécessité pour le développement de l'enfant et son intégration sociale

Le jeune enfant est égocentré. Il n'a pas conscience de ce qui l'entoure et se trouve dans ce que l'on appelle « la toute-puissance infantile » : le jeune enfant ne fait que ce qu'il a envie de faire, de la manière dont il l'entend et n'est pas en capacité de tenir compte d'autrui.

C'est en prenant conscience et en acceptant les limites que l'enfant peut s'intégrer à la société.

Pour le jeune enfant, les règles n'ont aucun sens. Il s'agit simplement d'une restriction de sa liberté imposée par l'adulte. L'enfant se soumet d'abord aux règles de l'adulte sans savoir pourquoi. Mais il comprend progressivement, si on le lui explique correctement, que ce qu'on lui demande est dans son propre intérêt.

D'où l'intérêt du travail éducatif à mener dans ce sens.

2. La punition

La punition signale à l'enfant la transgression des règles : c'est pourquoi il est nécessaire d'expliquer préalablement les règles. On ne peut pas punir un enfant parce qu'il n'a pas respecté des règles qu'il ne connaissait pas.

Elle a pour objectifs :
- de faire prendre conscience à l'enfant des conséquences de ses actes, en les lui faisant appréhender directement (par exemple nettoyer ce que l'on a délibérément sali) ;
- de mettre un « coup d'arrêt » à un comportement inapproprié, et non pas « faire payer » à l'enfant un comportement inapproprié ;
- d'être juste et mesurée. L'enfant ne doit être ni humilié, ni corrigé physiquement. Gifler ou mettre une fessée à un enfant est une faute professionnelle grave ;

– d'être individuelle, le principe des « bons qui paient pour les mauvais » est injuste et inadapté ;
– d'être expliquée ;
– de porter sur un acte que l'enfant a commis, et non sur sa personne tout entière. Ce n'est pas lui qui est mauvais, mais simplement ce qu'il vient de faire qui ne doit pas être fait.

L'enfance en danger

Bleus, marques de coups, comportements inhabituels ou signes de négligences graves sont causés par de mauvais traitements.

En cas de suspicion d'une situation de maltraitance, il est nécessaire d'en faire part au directeur de l'école et à l'enseignant.

1. Enfant maltraité, en danger, à risque

Il existe une différence entre un enfant maltraité et en enfant en danger.

✔ L'enfant maltraité

Il est victime de violences avérées physiques, psychologiques, sexuelles, mais également victime de négligences lourdes qui entraînent des conséquences graves sur son développement physique ou psychologique.

La maltraitance peut aussi prendre la forme de comportements plus difficiles à mettre en évidence, car ne laissant pas de trace physique.

✔ L'enfant en danger ou en risque de l'être

Il n'est pas forcément maltraité, mais vit dans des conditions d'existence qui mettent en danger sa sécurité, sa moralité, son éducation, son entretien.

Son environnement ne peut pas répondre à ses besoins vitaux et/ou est inapproprié à son développement : carences affectives, relationnelles ou éducatives, manque d'attention, négligences nuisant à son équilibre.

2. Que faire ?

Ces deux situations de terrain appellent des réponses bien différentes. Si la maltraitance envers un enfant entraîne une réponse judiciaire avec des suites pénales (elle doit être signalés au procureur de la République, les situations criminelles étant du ressort de la police), le cas d'un « enfant en danger ou en risque de l'être » est du ressort de l'aide sociale (il doit donc être signalé aux services de l'Aide sociale à l'enfance), chargée d'apporter un accompagnement aux parents et de trouver des réponses adaptées à la situation problématique.

✔ Rester vigilant

Si l'ATSEM estime, en raison par exemple de signes répétés, que la situation est préoccupante, il est tenu de signaler les mauvais traitements présumés.

Le doute est un élément suffisant. Il n'est pas nécessaire d'être le témoin direct d'une scène de violence à l'encontre de l'enfant pour effectuer un signalement. Cependant ce doute ne doit pas être une intuition sans aucun fondement et doit être basé sur des éléments concrets vus, observés, entendus.

L'obligation d'alerter est inscrite dans le code pénal, qui punit de peines d'emprisonnement et d'amendes les faits suivants :
- avoir connaissance d'un crime qui pourrait être empêché et ne pas en informer les autorités ;
- avoir connaissance de privations, de mauvais traitements ou d'atteintes sexuelles infligées à un mineur [...] et ne pas en informer les autorités ;
- être un officier public ou fonctionnaire qui, dans l'exercice de ses fonctions, acquiert la connaissance d'un crime ou d'un délit, et ne pas en informer les autorités.

Dans tous les cas de figure, vous devez en référer au directeur de l'école, qui fera un signalement aux autorités compétentes.

QCM

45 min

Cochez la ou les bonne(s) réponse(s).

À noter : Les questions suivantes permettent de préparer les concours d'ATSEM externe et d'ASEM.

1. À quel moment les enfants sont-ils susceptibles d'être le plus fatigués ?

- ❑ **a.** Le matin, à leur arrivée à l'école
- ❑ **b.** Le soir, lors de la sortie des classes
- ❑ **c.** Après le déjeuner
- ❑ **d.** Après la sieste

2. Que signifie le sigle PAI ?

- ❑ **a.** Projet d'Accueil Individualisé
- ❑ **b.** Programme Alimentaire Individuel
- ❑ **c.** Prévention des Accidents Infantiles
- ❑ **d.** Projet d'Accueil Intermédiaire

3. À la garderie du soir, un parent n'est pas venu récupérer son enfant.

- ❑ **a.** Vous appelez le parent sur son téléphone portable pour lui demander d'arriver au plus vite
- ❑ **b.** Vous reconduisez l'enfant à son domicile
- ❑ **c.** Vous appelez la police ou la gendarmerie
- ❑ **d.** Vous ne pouvez pas laisser l'enfant seul et l'emmenez chez vous

4. Le petit Paul vient vous faire un câlin.

- ❑ **a.** Vous le laissez faire
- ❑ **b.** Vous le repoussez en lui expliquant pourquoi
- ❑ **c.** Vous prolongez ce moment privilégié
- ❑ **d.** Vous le punissez

5. Lors de la toilette, vous remarquez des bleus sur les bras de Léa.

- ❑ **a.** Vous en parlez à ses parents
- ❑ **b.** Vous appelez immédiatement les services municipaux pour le signaler
- ❑ **c.** Vous en parlez discrètement avec l'enseignant
- ❑ **d.** Vous écrivez une lettre au maire avec les circonstances de cette découverte

6. Qu'est-ce que l'encoprésie ?

- ❑ **a.** Un handicap moteur
- ❑ **b.** L'impossibilité pour l'enfant de se retenir d'uriner
- ❑ **c.** L'impossibilité pour l'enfant de se retenir de déféquer
- ❑ **d.** Une maladie nerveuse avec troubles cérébraux

7. Théo vient de faire pipi sur lui pendant la classe.

- ❑ **a.** Vous le punissez, car il aurait dû vous demander pour aller aux toilettes
- ❑ **b.** Vous en parlez à ses parents pour qu'ils le mettent en garde de ne plus recommencer
- ❑ **c.** Vous nettoyez la chaise et faites sécher les vêtements de l'enfant
- ❑ **d.** Vous changez les vêtements de l'enfant en lui expliquant qu'un accident peut arriver

8. Kevin ne veut pas manger la pomme proposée au goûter.

- ❑ **a.** Vous lui faites remarquer que tous les enfants en mangent, sauf lui
- ❑ **b.** Vous lui demandez de manger la pomme en lui promettant des bonbons s'il la finit
- ❑ **c.** Vous le laissez faire, il a le droit de ne pas aimer les pommes
- ❑ **d.** Vous lui demandez d'y goûter

9. Une petite fille qui a le syndrome d'Œdipe :

- ❑ **a.** souffre d'épilepsie
- ❑ **b.** est hostile envers sa maman
- ❑ **c.** est proche de son papa
- ❑ **d.** a une maladie des yeux

10. Lili vient de renverser l'eau dédiée à l'activité peinture.

- ❑ **a.** Vous criez sur Lili en lui disant qu'elle n'est pas gentille
- ❑ **b.** Vous lui demandez de ramasser et la mettez au coin
- ❑ **c.** Vous annulez l'activité peinture pour tous les enfants
- ❑ **d.** Vous expliquez à Lili que c'est une bêtise

→ *Retrouvez les corrigés en p. 97*

11. De quoi les enfants ont-ils besoin pour bien grandir?

- ❑ **a.** De sécurité
- ❑ **b.** De limites
- ❑ **c.** De jouets
- ❑ **d.** De camarades

12. Le jeune enfant est:

- ❑ **a.** égocentrique
- ❑ **b.** excentrique
- ❑ **c.** concentrique
- ❑ **d.** narcissique

13. À quel âge, en moyenne, l'enfant commence-t-il à jouer à des jeux symboliques?

- ❑ **a.** 12 mois
- ❑ **b.** 18 mois
- ❑ **c.** 3 ans
- ❑ **d.** 4 ans

14. À quel âge l'enfant commence-t-il à parler à la première personne du singulier?

- ❑ **a.** 18 mois
- ❑ **b.** 2 ans
- ❑ **c.** 3 ans
- ❑ **d.** 4 ans

15. Vous venez de dire un gros mot devant les enfants.

- ❑ **a.** Vous ne réagissez pas, en espérant qu'aucun n'ait remarqué ce que vous venez de dire
- ❑ **b.** Vous vous excusez et demandez aux enfants de ne rien répéter à leurs parents
- ❑ **c.** Vous demandez aux enfants de ne pas répéter ce mot
- ❑ **d.** Vous vous excusez et reformulez votre phrase avec un mot approprié

16. La maman d'Antoine vient de déposer celui-ci à l'école. L'enfant pleure à chaudes larmes et ne veut pas lâcher la main de sa mère.

- ❑ **a.** Vous l'entraînez vers la classe en demandant à la maman de partir rapidement
- ❑ **b.** Vous demandez à la mère d'Antoine de rester encore un peu, le temps que celui-ci se calme
- ❑ **c.** Vous consolez Antoine et lui proposez un jeu
- ❑ **d.** Vous attendez qu'Antoine cesse spontanément de pleurer

17. Un enfant se montre systématiquement agressif envers vous.

- ❑ **a.** Vous le punissez afin d'affirmer votre autorité
- ❑ **b.** Vous cessez de vous occuper de lui
- ❑ **c.** Vous demandez à l'enseignant de gérer spécifiquement le comportement de cet enfant
- ❑ **d.** Vous observez l'enfant et tentez de comprendre les causes de son agressivité

18. À quoi sert un PPS?

- ❑ **a.** À définir les règles de sécurité de l'école
- ❑ **b.** À définir les besoins spécifiques de l'enfant handicapé dans une école
- ❑ **c.** À définir les besoins spécifiques de l'enfant allergique
- ❑ **d.** À organiser les horaires et conditions de travail de l'équipe éducative

19. Comment traiter l'hyperactivité?

- ❑ **a.** Par des punitions
- ❑ **b.** Par un suivi psychologique
- ❑ **c.** Par un traitement médical
- ❑ **d.** Par un placement de l'enfant dans une institution spécialisée

20. Quelle phrase un enfant de 3 ans est-il susceptible de ne pas comprendre?

- ❑ **a.** «Ta maman vient te chercher tout à l'heure»
- ❑ **b.** «C'est mal de taper ses camarades»
- ❑ **c.** «Il ne faut pas jouer avec la nourriture»
- ❑ **d.** «Tu dois prêter tes jouets»

EXERCICES

Lisez le texte ci-dessous et répondez aux questions s'y rapportant.

À noter : Les QRC suivantes permettent de préparer le 3e concours d'ATSEM.

Extrait de « la scolarisation des élèves en situation de handicap » sur http://www.education.gouv.fr

Parcours de formation

Tout est mis en œuvre pour construire un projet personnalisé de scolarisation aussi opérationnel que possible dès lors que la famille a saisi la MDPH.

Première étape : l'analyse des besoins

L'analyse des besoins de l'élève handicapé est déterminante pour amorcer dans les meilleures conditions une scolarité. L'école, la famille, l'enseignant référent doivent agir en partenariat.

La bonne marche des opérations est d'autant plus indispensable qu'elle s'inscrit dans la durée. Ainsi doivent être assurés :
- l'inscription et l'accueil dans l'école de référence ;
- la mobilisation et la mise en place de l'accompagnement nécessaire pendant toute la période d'instruction du dossier ;
- une première évaluation de l'élève en situation scolaire par l'équipe éducative ;
- l'appui et le relais de l'enseignant référent ;
- l'analyse des besoins et l'élaboration du projet personnalisé de scolarisation par l'équipe pluridisciplinaire de la MDPH.

Projet personnalisé de scolarisation

C'est à partir des besoins identifiés que l'équipe pluridisciplinaire va élaborer le projet personnalisé de scolarisation (PPS) de l'élève handicapé, en tenant compte des souhaits de l'enfant ou de l'adolescent et de ses parents.

Le PPS définit les modalités de déroulement de la scolarité en précisant :
- la qualité et la nature des accompagnements nécessaires, notamment thérapeutiques ou rééducatifs ;
- le recours à une aide humaine ;
- le recours à un matériel pédagogique adapté ;
- les aménagements pédagogiques.

Le PPS assure la cohérence d'ensemble du parcours scolaire de l'élève handicapé. C'est sur la base de ce projet que la commission des droits et de l'autonomie des personnes handicapées (CDAPH) prend les décisions nécessaires.

Suivi et ajustements

Une équipe de suivi de la scolarisation facilite la mise en œuvre du PPS et assure, pour chaque élève handicapé, un suivi attentif et régulier.

C'est l'enseignant référent de chaque élève qui veille à la continuité et à la cohérence de la mise en œuvre du PPS, puisqu'il est l'interlocuteur privilégié des parties prenantes du projet. Présent à toutes les étapes du parcours scolaire, il est compétent pour assurer le suivi des élèves scolarisés dans les établissements du 1er et du 2nd degrés ainsi que dans les établissements médico-sociaux. Il réunit les équipes de suivi de la scolarisation pour chacun des élèves dont il est le référent et assure un lien permanent avec l'équipe pluridisciplinaire de la MDPH.

Aménagement des parcours

Les aides humaines

L'aide individuelle assurée par un AESH (ex AVS)

La commission des droits et de l'autonomie des personnes handicapées (CDAPH) peut décider, après évaluation des besoins de l'élève en situation de handicap par l'équipe pluridisciplinaire, d'attribuer **une aide humaine individuelle pour la scolarisation**, selon une quotité horaire déterminée par la commission des droits et de l'autonomie des personnes handicapées (CDAPH), qui définit également les activités principales de la personne chargée de l'aide.

→ *Retrouvez les corrigés en p. 97*

L'AIDE MUTUALISÉE ASSURÉE PAR UN AESH (EX AVS)

La commission des droits et de l'autonomie des personnes handicapées (CDAPH) peut décider, après évaluation des besoins de l'élève en situation de handicap par l'équipe pluridisciplinaire, d'attribuer **une aide humaine mutualisée pour la scolarisation**. Ses activités principales sont définies par la CDAPH. Cette aide permet d'offrir aux élèves qui ne nécessitent pas une attention soutenue et continue **une aide souple, disponible à proximité immédiate en fonction de leurs besoins.**

FORMATION D'ADAPTATION À L'EMPLOI DES ACCOMPAGNANTS DE VIE SCOLAIRE

Tous les accompagnants, quel que soit leur statut, doivent recevoir une formation au plus près de leur prise de fonction.

Une formation d'adaptation à l'emploi leur est proposée. D'une durée de 60 heures, elle est mise en œuvre principalement par les équipes de circonscription, inspecteurs des premier et second degrés. Afin d'accompagner les équipes, des ressources, conçues et réalisées par l'Institut national supérieur de formation et de recherche pour l'éducation des jeunes handicapés et les enseignements adaptés (INSHEA) sous la forme de 20 modules de 3 heures correspondant aux compétences attendues chez ces personnels, ont été mises à disposition des académies en janvier 2014. En outre, une formation d'insertion professionnelle d'une durée de 60 heures sur deux ans est réalisée par le réseau des Greta.

DES PERSONNELS MIEUX FORMÉS POUR ACCOMPAGNER LES ÉLÈVES

La formation de tous ceux qui interviennent auprès des élèves en situation de handicap est la clé d'une scolarisation de qualité, qui réponde aux besoins de ces enfants. Le ministère de l'Éducation nationale, de l'Enseignement supérieur et de la Recherche, en relation avec le secrétariat d'État en charge du handicap, a engagé un vaste plan de formation qui concerne toutes les catégories de personnels sur la base des référentiels d'activité et de compétences rénovés et dans le cadre d'une filière professionnelle identifiée.

- **Les nouveaux enseignants et les autres personnels de l'éducation reçoivent des formations spécifiques dispensées dans les Écoles supérieures du professorat et de l'éducation (Éspé)** : des modules consacrés au handicap en général ainsi que des formations plus particulièrement consacrées à tel type de handicap ou à tel niveau d'enseignement.

EXERCICE 1 ★★☆ 15 min

Expliquez ce qu'est un PPS et définissez son contenu et ses finalités.

EXERCICE 2 ★☆☆ 10 min

Donnez trois des étapes préalables à l'accueil de l'enfant handicapé au sein de l'école, mentionnées dans le texte.

EXERCICE 3 ★☆☆ 10 min

Expliquez ce qu'est « l'aide humaine » dont peuvent bénéficier les enfants handicapés en milieu scolaire.

CORRIGÉS

QCM

CORRIGÉ

1. b. et c.	2. a.	3. c.	4. a.	5. c.
6. c.	7. d.	8. d.	9. b. et c.	10. d.
11. a., b. et c.	12. a.	13. b.	14. c.	15. d.
16. c.	17. d.	18. b.	19. b. et c.	20. a et b.

Pour aller plus loin

1. b. et **c.** La courbe de forme des enfants présente des «creux» tout de suite après le déjeuner, et le soir.

3. c. Si un parent n'est pas venu récupérer son enfant, vous devez appeler les forces de police ou les gendarmes, qui sont seuls habilités à reconduire l'enfant chez lui.

4. a. Vous devez laisser l'enfant manifester son affection sans le rejeter ni l'inciter.

5. c. Si vous suspectez un cas de maltraitance, vous devez d'abord en parler à l'enseignant et/ou au directeur, en dehors de la présence des enfants ou d'autres adultes étrangers à l'équipe éducative.

9. b. et **c.** Le syndrome d'Œdipe se manifeste chez le jeune enfant par une très grande affection pour le parent du sexe opposé et une hostilité envers le parent du même sexe.

10. d. Il faut expliquer à l'enfant pourquoi ce qu'il vient de faire perturbe l'activité en évitant de crier ou de le punir, si ce geste n'a pas été fait dans l'intention délibérée de nuire ou transgresser les règles de la classe.

11. a., **b.** et **c.** Afin de permettre leur développement affectif et social, les enfants ont besoin de se sentir en sécurité, d'avoir des règles et d'apprendre à les respecter, et d'interagir avec autrui.

12. a. Le jeune enfant a une tendance naturelle à être égocentrique, c'est-à-dire à ne pas prendre en considération les autres et son environnement général, sa conduite étant uniquement dictée par ses propres désirs.

13. b. L'enfant commence à jouer à des jeux symboliques, qui font appel à des objets absents et dont l'enfant simule la présence, à partir de l'âge de 18 mois.

16. c. La séparation avec le parent est un moment douloureux, dans lequel l'ATSEM doit intervenir en se montrant rassurant auprès de l'enfant, et en créant les conditions propices pour dissiper ce moment d'angoisse. Inviter l'enfant à faire un jeu ou à retrouver ses camarades dans la classe peut contribuer à calmer son anxiété.

17. d. Si vous estimez qu'un enfant est agressif, vous ne devez pas être hostile en retour mais devez tenter de comprendre ce qui cause ce comportement, afin de trouver une réponse adaptée. Il est utile dans ce cas d'en discuter au sein de l'équipe éducative.

19. b. et **c.** L'hyperactivité de l'enfant est une pathologie, qui doit être diagnostiquée par un médecin et qui ne se résume pas à un comportement vif ou agité. En général, ces enfants sont suivis par un psychologue, et peuvent dans certains cas soigner leurs troubles par un traitement médical adapté.

20. a. et **b.** Un enfant de 3 ans ne maîtrise pas tout à fait la notion de temps. «Tout à l'heure» est une formulation qui n'a aucun sens pour lui et dont il est incapable d'estimer la durée. De même, à cet âge, l'enfant n'a pas encore de sens moral à proprement parler et est encore trop jeune pour percevoir clairement les notions de bien et de mal.

EXERCICES

EXERCICE 1

Le PPS est le projet personnalisé de scolarisation. Il définit les modalités de déroulement de la scolarité de l'enfant porteur de handicap(s), en prenant en compte les besoins spécifiques exprimés par l'enfant et sa famille, et est élaboré avec l'ensemble des acteurs impliqués: enfants, parents, ensemble de l'équipe éducative.

Il contient des éléments précis tels que la qualité et la nature des accompagnements thérapeutiques ou rééducatifs de l'enfant, le recours à une aide humaine ou à un matériel pédagogique adapté et les aménagements pédagogiques nécessaires.

L'objectif du PPS est de permettre l'analyse des besoins spécifiques de l'enfant handicapé afin d'adapter sa scolarisation au sein de l'école et favoriser son intégration au sein de l'école, ainsi que la cohérence d'ensemble de son parcours scolaire.

CORRIGÉS

EXERCICE 2

Avant l'accueil de cet enfant dans une école, il est nécessaire de s'assurer de l'inscription et de l'accueil dans l'école de référence, de la mise en place de l'accompagnement nécessaire pendant toute la période d'instruction du dossier, et d'une première évaluation de l'élève en situation scolaire par l'équipe éducative.

EXERCICE 3

« L'aide humaine » mentionnée dans le texte est l'accompagnement des élèves handicapés par des personnels spécifiques : les AESH (ex AVS) et les assistants de scolarisation (ASCO). (Attention, depuis 2014, le statut d'AVS est progressivement remplacé par celui d'AESH)

PARTIE 1

Préparation aux épreuves

Chapitre 3
Hygiène et sécurité

Fiches de cours

Entraînements

FICHE 1

Les maladies infantiles

Les enfants sont sujets à un certain nombre de pathologies bénignes, et notamment à des maladies infantiles.
Lorsque l'ATSEM remarque l'apparition de certains symptômes, il doit en informer l'enseignant, qui relaiera à son tour auprès des parents.

1. Les maladies courantes

✔ La rhinopharyngite

C'est une maladie fréquente chez les enfants. Il s'agit d'une inflammation du nez et de la gorge. L'enfant demande souvent à se moucher.

La rhinopharyngite peut évoluer en bronchite, c'est-à-dire en une inflammation des bronches, avec une toux grasse, des maux de gorge, des courbatures et de la fièvre.

✔ L'otite

Il s'agit d'une infection de l'oreille, caractérisée par des douleurs vives et de la fièvre.

✔ La varicelle

C'est une maladie qui se caractérise par une éruption de boutons rouges accompagnés de démangeaisons. La varicelle est très contagieuse, avec une période d'incubation de 2 semaines.

✔ La rougeole

Il s'agit d'une maladie éruptive qui se manifeste par une invasion de plaques rouges sur tout le corps.

✔ Les oreillons

C'est une maladie infantile virale, qui atteint les glandes parodites (glandes salivaires en avant des oreilles). Les oreillons se manifestent par des douleurs vives au niveau des oreilles.

À noter : L'enfant peut également contracter des affections courantes qui touchent aussi les adultes : grippe, angine, grippe intestinale ou gastro-entérite.

2. Les vaccins

Tout enfant doit être vacciné pour pouvoir être admis, en crèche, à l'école, en garderie, etc. Depuis peu, le nombre de vaccins obligatoires dépend de la date de naissance de l'enfant.

Pour les enfants nés avant 2018, les vaccins obligatoires sont le DTP (diphtérie, tétanos et poliomyélite), tandis que d'autres, comme le vaccin ROR (rougeole, oreillons, rubéole), sont recommandés.

En revanche, pour les enfants nés à partir de 2018, 11 vaccinations sont obligatoires :
- diphtérie, tétanos et poliomyélite (DTP) ;
- coqueluche ;
- infections invasives à haemophilus influenzae de type b ;
- hépatite B ;
- infections invasives à pneumocoque ;
- méningocoque de sérogroupe C ;
- rougeole, oreillons et rubéole (ROR).

FICHE 2

Les affections cutanées

Les enfants peuvent être sujets à des affections de la peau.

1. L'eczéma

Il prend la forme de plaques sur la peau qui démangent les enfants.

2. L'impétigo

Il se manifeste sous forme de pustules ou de croûtes jaunes, essentiellement sur le visage, autour du nez et de la bouche. Ces pustules apparaissent en raison d'une infection superficielle d'origine bactérienne. Une bactérie (streptocoque ou staphylocoque) se niche au sein de petites lésions de la peau. Contrairement à une croyance répandue, l'impétigo n'est pas lié au manque d'hygiène.

3. Les poux

Il s'agit de parasites de cheveux, avec 6 pattes et des crochets qui mesurent entre 2 et 4 mm. Les poux engendrent une maladie de peau appelée pédiculose.

Accroché au cuir chevelu, le pou se nourrit du sang et a une durée de vie pouvant aller jusqu'à 8 semaines.

Il se reproduit en pondant des œufs (les lentes). Il s'attrape par contact de la tête ou des vêtements (bonnets, par exemple).

L'ATSEM doit vérifier la chevelure des enfants et prévenir l'enseignant, mais ne peut pas écarter ou isoler l'enfant du reste de la classe (décision qui revient au médecin scolaire).

4. Les oxyures

Les jeunes enfants peuvent également être sujets à d'autres parasites du système digestif, que l'on appelle oxyures ou plus communément « vers blancs ».

Ces vers, présents dans les selles, provoquent des démangeaisons au niveau du rectum et peuvent s'accompagner d'impétigo, de douleurs abdominales ou de diarrhée. Les œufs peuvent survivre jusqu'à 2 semaines en dehors de l'organisme. Ils se placent sous les ongles des mains des enfants infestés lorsqu'ils se grattent : c'est ainsi que les œufs se transmettent.

FICHE 3
Incidents et premiers secours

En cas d'incident, l'ATSEM doit d'abord rassurer l'enfant et lui parler. Il doit estimer la situation et appeler les secours immédiatement en fonction de la gravité, puis procéder aux soins.

1. Chute, glissade, choc

Après un choc, l'enfant peut avoir un hématome (bleu).

Une compresse fraîche ou un glaçon apaise la douleur. Le glaçon ne se met pas au contact direct de la peau car il pourrait la brûler. Glisser le glaçon dans un tissu propre et appliquer sur le bleu.

Après une chute, ne pas tenter de mettre debout un enfant qui ne se relève pas de lui-même. Surveiller son état de conscience en lui parlant. Appeler immédiatement les secours puis prévenir le directeur.

Les conséquences peuvent ne pas être immédiates : surveiller tout endormissement, vomissement, évanouissement ou convulsion, et donner l'alerte en prévenant les secours puis le directeur.

2. Position latérale de sécurité (PLS)

Si l'enfant respire mais est inconscient, le placer sur le côté, en « chien de fusil », et maintenir sa tête en bascule, la bouche dirigée vers le bas.

Le but est de faire arriver l'air dans ses poumons et d'éviter qu'il ne s'étouffe avec ses fluides corporels.

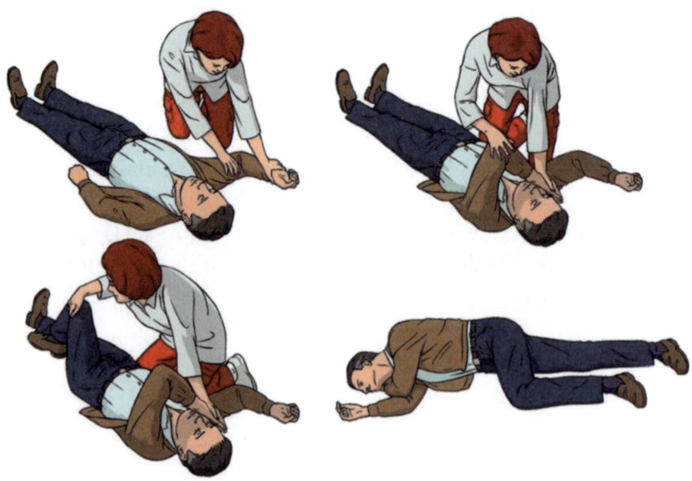

3. Petite plaie

Consoler l'enfant, se laver les mains, puis désinfecter avec un antiseptique et appliquer un pansement.

Surveiller que la plaie ne s'infecte pas.

Les antiseptiques incolores font partie des produits autorisés par le service de santé scolaire de la DSDEN. Cependant, dans la plupart des cas, notamment pour des petites plaies, les ATSEM nettoient juste la plaie avec de l'eau.

4. Vomissements

Soutenir l'enfant en lui tenant la tête par exemple, le débarbouiller ou éventuellement le changer.

Ne pas donner à manger ou à boire après.

En cas de vomissements répétés, mettre l'enfant en position latérale de sécurité (PLS).

En cas de vomissements simultanés de plusieurs enfants, prévenir le directeur et les secours. Il peut s'agir d'une intoxication alimentaire.

5. Intoxication alimentaire

Mettre l'enfant au lit. Ne pas lui donner à boire ou à manger. Prévenir les secours et le directeur.

6. Étouffement

En cas d'étouffement, taper vigoureusement entre les omoplates, dans le dos, avec le talon de la main ouverte et, avec l'autre main, maintenir l'enfant par le thorax.

En cas d'ingestion d'objet ou d'étouffement prolongé, procéder à la **manœuvre de Heimlich**. Il s'agit d'une méthode de compression abdominale, qui vise à comprimer l'air contenu dans les poumons de l'enfant pour l'aider à expulser le corps étranger:

1. Expliquer brièvement à l'enfant ce que l'on s'apprête à faire.
2. Se mettre derrière lui, à sa hauteur.
3. Le faire se pencher en avant.
4. Mettre ses mains l'une sur l'autre, entre le nombril et le thorax de l'enfant.
5. Donner des coups secs depuis l'arrière vers le haut. Si l'objet n'est pas expulsé, recommencer cinq fois.

7. Saignement de nez

Faire asseoir l'enfant et lui faire pencher la tête en avant (jamais en arrière).

Appuyer sur la narine qui saigne.

Ne jamais faire allonger l'enfant sur le dos.

8. Asthme

Une crise d'asthme est caractérisée par des sifflements lors de l'expiration et une difficulté à parler. Demander à l'enfant de respirer calmement ; au besoin, montrez-lui comment faire.

Un enfant asthmatique doit avoir sur lui son traitement (inhalateur). Il s'agit d'un bronchodilatateur (de type Ventoline).

9. Ingestion de produit toxique

Demander à l'enfant quel produit il a avalé et en évaluer la quantité pour indiquer ces informations aux secours.

Ne faire ni vomir ni boire l'enfant car cela accélérerait le passage du produit dans le sang.

10. Convulsions

Les convulsions se manifestent par des spasmes musculaires. Le corps de l'enfant est agité de manière involontaire.

Écarter les objets dangereux autour de l'enfant, le mettre en position latérale de sécurité et appeler les secours.

Veiller à ce que l'enfant ne s'étouffe pas, notamment dans le cas où il vomirait.

11. Fièvre

L'enfant fiévreux peut avoir des rougeurs, être somnolent.

Prendre sa température.

Déshabiller l'enfant, le mettre au lit et lui donner à boire fréquemment.

12. Venin et piqûre

En cas de piqûre, ôter le dard à l'aide d'une pince à épiler, désinfecter avec un antiseptique et appliquer sur la plaie une poche de glace pour atténuer la douleur.

Surveiller les réactions allergiques éventuelles de l'enfant et appliquer, en fonction, un traitement local antihistaminique.

13. Brûlure

En cas de brûlure simple (eau chaude par exemple), mettre la plaie de l'enfant sous l'eau froide pendant au moins 5 minutes et l'envelopper d'un linge mouillé.

À noter : Avant de soigner tous les petits maux, se laver les mains ou mettre des gants, et rassurer l'enfant.

FICHE 4

Les traitements

Le traitement est mis en place à partir des indications du médecin traitant de l'enfant, en lien avec le médecin de l'Éducation nationale.

1. Le projet d'accueil individualisé (PAI)

Le PAI doit définir les modalités du traitement : où ranger les médicaments, quand et comment donner le médicament à l'enfant, qui donne le médicament, etc.

Tous les médicaments des élèves sous traitement dans le cadre d'un PAI doivent être stockés dans l'armoire à pharmacie de l'école ou dans un meuble fermé à clé et doivent porter une étiquette avec le nom de l'enfant afin d'être clairement identifiés.

2. Le protocole d'urgence

Un protocole d'urgence, établi par le médecin traitant de l'enfant, doit être défini lorsque la maladie est susceptible de provoquer des crises ou de mettre en jeu le pronostic vital de l'enfant.

Le protocole d'urgence doit préciser clairement :
- les signes qui doivent vous alerter ;
- les mesures à prendre ;
- les informations à donner au médecin ou aux services d'urgence.

3. Les injections

En situation d'urgence, dans le cas d'une maladie chronique à risque vital immédiat, et lorsque le protocole de soins d'urgence établi par le médecin préconise une injection d'un traitement médicamenteux, tous les adultes encadrant l'enfant doivent être en capacité d'injecter le traitement en attendant l'arrivée des secours.

Ils doivent pour cela avoir été informés en amont et disposer de toutes les informations nécessaires pour pouvoir intervenir de manière adéquate et dans le respect du secret médical.

FICHE 5

Le temps du repas : un temps de détente ?

Les missions de l'ATSEM durant le temps de la cantine sont variables selon les écoles : service, surveillance, animation. Certaines écoles ne demandent pas aux ATSEM d'y prendre part.
Dans un nombre très important d'écoles, il s'agit toujours d'un moment problématique.

1. Difficultés majeures constatées

Plusieurs facteurs concourent à faire du repas un moment de stress et de tension pour les enfants et les professionnels :
- les enfants sont agités, se lèvent, jouent, se disputent, etc. ;
- les enfants refusent de manger ou ne mangent que très peu ;
- les adultes en charge du service sont très sollicités et ne peuvent répondre à tous les besoins.

2. Causes

✔ Pour des raisons affectives

Notre état affectif et émotionnel détermine nos conduites alimentaires. Pour le jeune enfant, l'alimentation est directement associée à la relation à la mère.

Le moment du repas est un rappel pour les plus petits de la séparation avec la mère et de la sensation de manque.

De manière inconsciente, devoir manger en dehors du contexte familial est pour le jeune enfant une source importante d'angoisse.

✔ Autres facteurs de stress

Plusieurs raisons peuvent générer du stress :
- le nombre d'enfants ;
- le bruit ;
- le rythme trop rapide du repas ;
- de nouveaux aliments ou plats avec lesquels l'enfant n'est pas familiarisé ;
- l'injonction ou l'insistance des adultes qui peuvent « forcer à manger » ;
- la qualité de la cuisine scolaire, parfois peu appétissante, en raison notamment de budgets alimentaires insuffisants ;
- un aménagement de l'espace du réfectoire peu adapté, avec des espaces trop grands et un nombre d'enfants trop important. Un jeune enfant se sent rassuré dans un petit espace et y mange mieux.

3. Comment réagir ?

✔ Le repas : un moment important

L'ATSEM doit contribuer à faire du repas un moment serein. Il permet à l'enfant un certain repos pour continuer la journée scolaire.

D'autre part, le repas est un temps qui contribue au développement de l'enfant :
- développement social : notions de partage, convivialité ;
- éducation au goût, découverte des aliments ;
- notions d'équilibre alimentaire.

✔ Adopter un comportement apaisant

L'ATSEM peut être « dépassé » par les événements mais ne doit pas :
- crier pour calmer le bruit ;
- obliger l'enfant à manger ;
- obliger l'enfant à finir son assiette ;
- punir un enfant qui ne veut pas manger en créant un rapport conflictuel à la nourriture.

L'ATSEM peut au contraire :
- solliciter la curiosité de l'enfant en l'invitant à goûter à de nouveaux plats, sans le forcer ;
- intéresser l'enfant au repas en lui donnant de petites responsabilités : distribuer le pain, servir l'eau ;
- laisser l'enfant choisir lorsque cela est possible ;
- transmettre aux enfants les règles de bienséance autour de la table : comment se tenir, comment se servir des couverts, etc.

FICHE 6

Alimentation et prévention santé chez l'enfant

Avec l'évolution des sociétés occidentales, le nombre de pathologies liées à une mauvaise alimentation surviennent de plus en plus tôt dans l'âge. Les pouvoirs publics ont engagé des campagnes de prévention pour la santé de l'enfant, y compris dans les écoles et en lien avec le personnel éducatif.

1. État des lieux

On observe les faits suivants :

- une diminution de l'activité physique liée à une évolution des modes de vie : télévision, ordinateur, développement des moyens de transport ;
- une baisse de la qualité nutritionnelle des repas servis aux enfants (restauration scolaire) ;
- un apport quotidien de lipides trop important ;
- une augmentation du nombre d'enfants souffrant de surpoids, voire d'obésité.

2. Le programme national nutrition santé (PNNS)

Il s'agit d'un dispositif élaboré pour remédier à ces constats de santé publique alarmants.

Il vise à améliorer l'état de santé de la population, à travers la nutrition et l'activité physique.

Les objectifs du PNNS sont déclinés en messages publicitaires, diffusés à la télévision, à la radio, en affiches, etc.

Ces messages rappellent les règles de la composition d'un repas équilibré et les bases élémentaires de la nutrition que l'ATSEM peut également transmettre ou rappeler aux enfants :

- au moins 5 fruits et légumes par jour : 5 « portions » de 80 à 100 grammes de fruits et/ou de légumes, qui apportent des fibres, de l'eau et des éléments nutritifs ;
- des féculents à chaque repas selon son appétit. Il est conseillé de varier les féculents et de favoriser les céréales complètes. Les féculents contiennent des glucides (sucres lents) qui apportent de l'énergie ;
- 3 produits laitiers par jour, source de calcium, en privilégiant les moins gras ;
- 1 fois par jour : de la viande, du poisson ou des œufs. Riches en protéines et en fer, ils sont bons pour les os et pour le maintien de la masse musculaire ;

– limiter la consommation de matières grasses, de sucre, de sel, responsables du surpoids et du développement des maladies cardiovasculaires. Ils sont très souvent cachés, notamment dans les produits industriels ;
– faire au moins 30 minutes d'exercice par jour.

FICHE 7 L'alimentation de l'enfant de 3 à 6 ans

Entre 3 et 6 ans, en raison de leur croissance, les enfants ont besoin d'un apport calorique important, et d'une importante diversité alimentaire. À la maternelle, leur ration calorique est estimée entre 1 200 et 1 600 kcal par jour, soit presque celle d'un adulte. C'est pourquoi le respect de l'équilibre alimentaire, permettant d'éviter les carences et les excès est primordial.

1 . Quelques repères

Il n'est jamais évident d'évaluer si un enfant mange assez, ni d'évaluer si ce qu'il mange couvre l'ensemble de ses besoins en protéines, glucides, vitamines, fibres, etc.

Or, s'il existe bien entendu des recommandations sur les quantités minimales et celles à ne pas dépasser afin d'atteindre un équilibre alimentaire, il n'y a pas vraiment de « normes », chaque enfant étant différent. C'est pourquoi il faut :

– **faire confiance à l'enfant** : le dicton populaire dit qu'un enfant ne se laisse jamais mourir de faim. Et il est vrai qu'en la matière, chaque enfant va réguler sa consommation en fonction de son appétit et de ce que lui dicte son corps, sachant que comme chez les adultes, il y a des petits et des gros mangeurs ;

– **ne pas conflictualiser la nourriture**, sous peine de provoquer chez l'enfant des troubles alimentaires. Il ne faut pas forcer l'enfant, ni punir un enfant qui ne mange pas. À l'inverse, ne félicitez pas un enfant qui a fini son assiette ;

– **veiller à la diversité alimentaire.** Proposez à l'enfant un plat et incitez-le à gouter en suscitant sa curiosité, en lui expliquant d'où viennent les légumes, comment ils sont cuisinés, etc.

2. Les recommandations journalières

✔ Les glucides complexes, ou « sucres lents »

Les **féculents** pour leur apport en glucides complexes doivent être présents à chacun des repas. Il s'agit des céréales, pâtes, riz et féculents tels que les pommes de terre. Ce sont les glucides qui apportent l'énergie, et doivent être consommés selon l'appétit. Les céréales complètes sont par ailleurs plus intéressantes nutritionnellement car elles se digèrent plus lentement et apportent ainsi de l'énergie tout au long de la journée.

✔ Les protéines

Elles sont présentes dans la viande, le poisson, les œufs. La portion totale journalière ne doit pas dépasser 10 g par année d'âge en cours. Par exemple, pour un enfant de 3 ans, cela représente 30 grammes par jour, pour un enfant de 4 ans, 40 grammes et ainsi de suite. En pratique, 1 œuf représente 50 grammes, et une cuillère à soupe contient 15 grammes de viande ou de poisson (mixé.) Il est recommandé de consommer du poisson deux fois par semaine, qu'il soit maigre (merlan, cabillaud, sole, etc.) ou gras (saumon, maquereau, sardine, etc.) car ils contiennent des acides gras bons pour la croissance cérébrale.

✔ Les fruits et légumes

Ils sont riches en fibres et en vitamines, et peuvent se consommer sans modération, cuits ou crus, sachant que la recommandation de 5 portions est toujours d'actualité. Attention aux produits dérivés du fruit (jus, nectars ou arômes aux fruits) qui sont en fait du sucre aromatisé, sans apport nutritionnel.

✔ Le calcium

Le calcium est indispensable dans l'apport nutritionnel journalier, nous le trouvons dans les **produits laitiers**. Il peut être consommé à raison d'un demi-litre de lait par jour, ou sous formes de yaourts, fromages blancs, petits suisses, fromages. Pour les portions, sachez que deux yaourts sont équivalents à un bol de 250 ml de lait, ou 30 g de fromage.

✔ L'eau

Enfin, l'eau est indispensable pour l'hydratation, la consommer à volonté.

3. Les problématiques alimentaires et les troubles de l'alimentation

✔ Consommation excessive

En raison d'une consommation excessive de **produits industriels**, ou d'excès de **sédentarité**, la plupart des personnes, enfants comme adultes, consomment trop :
- de sucre ;
- de lipides de mauvaise qualité (du mauvais gras, en résumé) ;
- de protéines animales, et notamment de viande, avec des rations trop importantes ;
- et enfin de sel.

D'où les messages des pouvoirs publics, notamment à destination des enfants, que nous avons tous entendus lors des pages publicitaires, pour qu'ils ne mangent pas « trop gras, trop sucré, trop salé ».

Ces mauvaises habitudes de consommation peuvent en effet entraîner :
- un surpoids, voire, à terme, de l'obésité ;
- des carences ;
- du diabète ;
- et divers problèmes de santé, notamment cardiovasculaires.

✔ Troubles alimentaires

Concernant les troubles alimentaires chez l'enfant de 3 à 6 ans, ils peuvent se manifester sous différentes formes :

La néophobie : tous les enfants ont à peu près les mêmes réactions :
- ils n'aiment pas les légumes, et en particulier, ce qui est vert, acide ou amer ;
- ils aiment ce qui est gras et sucré ;
- ils préfèrent les aliments avec une densité forte, c'est-à-dire qu'ils peuvent croquer ou mâcher, à ceux à faible densité (comme les poireaux ou la salade par exemple).

Cette néophobie, ou peur de tout nouvel aliment qui ne rentre pas dans les catégories préalablement citées, se manifeste par une sélectivité, qui dans certains cas, peut être développée à outrance, jusqu'à entraver l'équilibre alimentaire de l'enfant.

L'opposition et le refus de manger

Le jeune enfant comprend rapidement le pouvoir exercé sur les adultes grâce à l'alimentation et notamment par le refus de nourriture. Ce phénomène est très répandu et prend fin rapidement, dès lors que la faim est plus forte ! Pour autant, dans certains cas, ce refus peut être poussé à son paroxysme, car plus l'adulte répond par la contrainte, plus l'opposition s'affirme, plus le conflit autour de la nourriture s'enracine et devient sérieux.

L'opposition peut également dans certains cas manifester une phobie, comme la peur de l'étouffement par exemple chez les enfants anxieux.

4. Les allergies alimentaires

Une allergie se déclenche lorsque le système immunitaire traite une substance comme s'il s'agissait d'un envahisseur indésirable. L'organisme tente de se protéger en libérant un produit chimique, l'histamine, dans l'organisme. Ce produit chimique est responsable des symptômes désagréables ou même dangereux, pouvant toucher diverses parties du corps, qui se manifestent sous la forme :
- de démangeaisons dans la bouche et la gorge ;
- d'éruption cutanée (urticaire) ;
- de maux d'estomac (diarrhée, crampes, nausées, vomissements) ;
- une enflure du visage ou de la langue ;
- de difficultés à respirer ;
- plus gravement, sous la forme d'œdème de Quincke, c'est-à-dire d'un gonflement des tissus pouvant entraîner l'obstruction des voies aériennes et la suffocation, ou encore de chocs anaphylactiques.

Si les allergies alimentaires peuvent en théorie concerner tous les aliments, certains allergènes sont responsables en effet de 90 % des cas d'allergies, notamment les crustacés, les arachides, les fruits à coque, le lait de vache, etc. D'autres aliments sont plus rarement en cause, par exemple les fruits exotiques (ananas, banane, kiwi,), le soja, le blé.

À noter : L'intolérance alimentaire est différente d'une allergie. Elle n'est pas causée par une réaction immunitaire. Elle provoque des malaises, ou des effets désagréables (selles molles, gaz, gonflements) mais ne présente pas de dangers.

Pour les enfants allergiques, un Plan d'accueil individualisé (PAI), est élaboré sur demande de la famille, à partir des données transmises par l'allergologue de l'enfant, précisant les besoins spécifiques et le protocole de soins d'urgence en cas de besoin.

FICHE 8

Les grands principes de l'hygiène

L'hygiène est un ensemble de mesures destinées à prévenir les infections et les maladies contagieuses.

1. Microbes et saletés

On distingue :
- des saletés de type **organique**, issues d'organismes vivants, comme les aliments, les excréments, les urines, les cellules mortes de la peau, etc. ;
- des saletés de type **minéral**, comme la poussière, la boue, les résidus ;
- des saletés de type **vivant**, c'est-à-dire les microbes, micro-organismes, parasites, etc.

✔ Les microbes

Ils sont à l'origine de la propagation des maladies.
Ils sont de différentes sortes :
- les bactéries ;
- les levures ;
- les moisissures ;
- les virus.

Ils sont véhiculés de plusieurs manières :
- par l'air ou l'environnement ;
- par les mains ;
- par les vêtements ;
- par l'eau ;
- par le matériel ;
- par les « nuisibles » (insectes ou rongeurs, souvent porteurs de maladies) ;
- par l'homme, porteur de nombreux germes : staphylocoques, streptocoques, germes putréfiants, qu'il transporte par la bouche, le nez, la gorge et qu'il dissémine en parlant, toussant, crachant. Les intestins hébergent de nombreux micro-organismes, parfois même des salmonelles.

✔ La prolifération microbienne

Elle intervient en fonction de la température, du temps, de l'oxygène.

Elle est rapide : les microbes se multiplient vite.

– Au-dessus de 63 °C, on constate un arrêt de la multiplication microbienne : la cuisson stoppe la prolifération et détruit les microbes.

– Entre 4 et 63 °C, les microbes prolifèrent.

– Entre –18 et 4 °C, le froid ralentit la prolifération mais, contrairement à l'idée reçue, il ne tue pas les microbes.

2. Les principes d'hygiène

Voici quelques définitions.
- Le **nettoyage** : permet d'enlever toutes les matières indésirables visibles.
- La **détersion** : à l'aide d'un détergent, elle consiste à enlever les salissures qui adhèrent à l'objet.
- La **désinfection** : consiste à tuer les bactéries.
- L'**antisepsie** : c'est la désinfection d'un tissu vivant.

✔ Le lavage des mains

Il est primordial car il limite la transmission de microbes. Il fait partie de l'hygiène vitale enseignée à l'enfant.

Il faut se laver les mains :
- avant les manipulations alimentaires ;
- avant de nettoyer une plaie, d'effectuer des soins ;
- avant et après être allé aux toilettes ;
- avant et après avoir effectué la toilette d'un enfant ;
- après avoir pratiqué le ménage, la manipulation de produits ;
- avant et après avoir ouvert une porte ou manipulé un robinet.

Le lavage des mains doit durer, au moins pendant 30 secondes, en faisant attention de se laver la paume, le dos de la main, les doigts et leurs interstices.

S'essuyer les mains de préférence avec une serviette en papier jetable. Avoir de préférence les ongles des mains courts et éviter de les porter à la bouche.

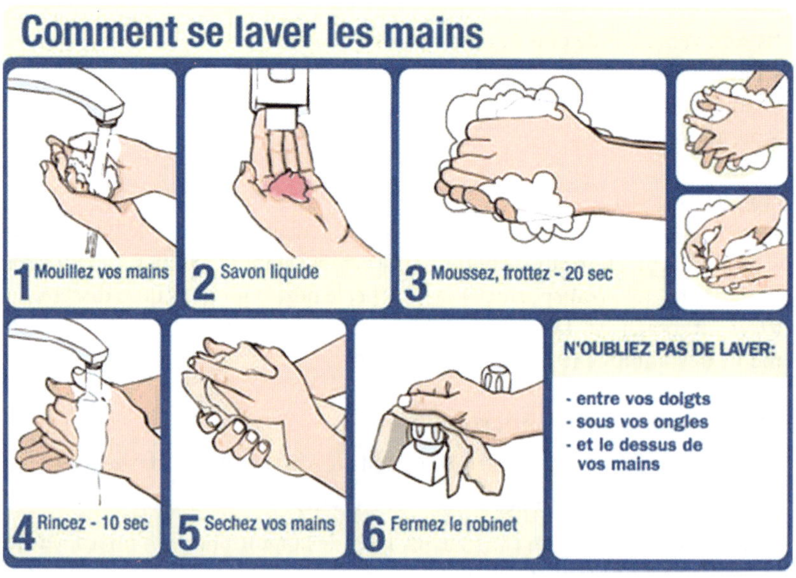

Les savoir-être de l'ATSEM

En tant que modèle de l'enfant, l'ATSEM est tenu au respect de certaines règles quant à son apparence et à son comportement général.

1. Apparence

Une bonne hygiène corporelle ainsi qu'une tenue vestimentaire décente et adaptée sont nécessaires.

Pour les travaux salissants ou lors d'un changement d'activité, il est nécessaire de changer de vêtements.

L'ATSEM doit se laver régulièrement les mains surtout avant un contact alimentaire ou après un passage aux toilettes.

2. Langage, comportement

L'ATSEM, s'il veut que les règles qu'il édicte soient respectées, doit respecter lui-même les règles de politesse envers les autres adultes et envers les enfants.

Ponctualité et assiduité sont deux qualités indispensables.

Écoute et disponibilité le sont aussi : les jeunes enfants sont très en demande. Ils ont un grand besoin d'attention, qu'il est nécessaire de satisfaire par une attitude démontrant à l'enfant qu'il est pris en considération.

L'ATSEM doit avoir un niveau de langage correct, ainsi qu'un vocabulaire et un ton adaptés, en évitant d'infantiliser le langage en ayant recours fréquemment à des mots d'enfants.

Toute grossièreté ou comportement indélicat est à proscrire.

3. Gestes et attitudes adaptés

Il s'agit pour l'ATSEM :
- d'éviter les gestes brusques ;
- d'expliquer aux enfants certaines actions, certains gestes, et pourquoi on les fait ;
- de ne jamais sanctionner physiquement un enfant, même si le geste n'est que symbolique. Cela est formellement interdit et constitue une faute professionnelle grave ;
- de ne pas effectuer le ménage en présence des enfants ;
- de ne pas fumer dans l'école, même dans la cour ;
- d'être vigilant et assurer la sécurité des enfants en étant attentif, régler un conflit entre deux enfants, empêcher ou relever les transgressions de règles.

FICHE 10 L'hygiène des locaux

Voici un bref rappel des tâches de l'ATSEM relatives à l'hygiène et à l'entretien.

✔ Ce qu'il faut faire

L'ATSEM doit régulièrement :
- ranger et nettoyer le matériel (pinceaux, peinture, crayons, etc.) ;
- nettoyer et désinfecter le matériel ;
- nettoyer les sols : balayer et laver par terre ;
- nettoyer les tables et mobiliers (armoires, chaises, etc.) ;
- nettoyer la literie, changer les draps ;
- désinfecter les toilettes des enfants ;
- nettoyer les vitres, qui doivent être à une hauteur réglementaire de moins de 3 mètres ;
- vider les poubelles ;
- nettoyer les locaux avec un produit d'entretien bactéricide ;
- laver régulièrement le linge de la sieste (draps) ;
- désinfecter les jouets avec un désinfectant alimentaire, notamment parce que les enfants ont tendance à porter les jouets à la bouche.

Pendant les vacances, un « grand ménage » peut être effectué. Il permet de nettoyer en profondeur certaines parties de la classe, comme le haut des meubles, les murs, les vitres, les chaises, les interrupteurs, les plinthes, etc.

✔ Les questions à se poser

Voici des exemples de questions à se poser pour savoir si les conditions d'hygiène sont bien respectées :
- Les lavabos sont-ils munis de savons ou distributeurs ?
- Des lavabos sont-ils à disposition, à côté des toilettes ?
- Les toilettes sont-elles nettoyées plusieurs fois par jour ?
- Les enfants disposent-ils d'essuie-mains dans les sanitaires ?
- Ces essuie-mains sont-ils changés régulièrement ?
- Les toilettes sont-elles pourvues de papier hygiénique ?
- Un contrôle du lavage des mains est-il effectué à l'entrée de la cantine ?
- Les enfants mangeant à la cantine disposent-ils de serviettes de table ?

CHE 11

Les produits d'entretien

Il s'agit de produits chimiques, qui doivent être stockés hors de la portée des enfants.
L'ATSEM doit savoir comment les utiliser ou comment les doser efficacement et sans gaspillage.

1. Les différents types de produits

Type de produit	Fonction
Désinfectant	Détruit les microbes et empêche leur prolifération. Un désinfectant n'a pas d'effet sur une surface sale qu'il faut nettoyer d'abord
Bactéricide	Tue les bactéries
Fongicide	Tue les champignons
Bactériostatique	Empêche la multiplication des bactéries
Fongistatique	Empêche la multiplication des champignons
Abrasif	Décape les saletés (attention, peut détériorer)
Détartrant	Enlève le tartre
Détergent	Dissout la graisse
Solvant	Dissout les taches

2. Leur utilisation

Un bon usage des produits exige le respect des recommandations suivantes:
- toujours lire les étiquettes;
- respecter les consignes de sécurité à observer, dosages, température à laquelle le produit est actif;
- rincer à l'eau, après usage d'un produit, sauf indication contraire;
- l'utilisation de l'eau de Javel est interdite sur le sol de la classe;
- ne jamais mélanger les produits: les substances chimiques contenues ne sont pas forcément compatibles entre elles et peuvent provoquer des réactions chimiques potentiellement nocives;
- en général, les produits ne s'utilisent jamais purs, mais doivent être dilués;
- ne pas mettre les produits près d'une source de chaleur (flamme, soleil, cigarette, etc.);
- ne jamais transvaser un détergent dans un récipient alimentaire;
- stocker les produits sous clé et hors de portée des enfants;
- ne pas mettre un produit dans un récipient sans l'étiqueter.

FICHE 12 Décrypter les propriétes des produits d'entretien

Grâce à cette fiche, les pictogrammes inscrits sur les contenants de produits toxiques n'auront plus de secrets pour vous. Les connaître est indispensable.

1. Les anciens pictogrammes

E - Explosif	F - Facilement inflammable	T - Toxique	Xi - Irritant	O - Comburant

F+ - Extrêmement inflammable	T+ - Très toxique	Xn - Nocif	C - Corrosif	N - Dangereux pour l'environnement

Explosif : peut provoquer une explosion sous l'effet d'un choc, de la chaleur, d'un frottement (gaz).

Facilement inflammable et extrêmement inflammable : peut prendre feu facilement, voire très facilement et doit être manipulé loin des sources de chaleur (radiateur, soleil, cuisinière, etc.) : alcool à brûler, white-spirit.

Toxique et très toxique : tout contact avec le corps (ingestion, inhalation, pénétration cutanée) peut porter gravement atteinte à la santé, voire entraîner la mort (Naphtaline ou certains herbicides).

Irritant : peut provoquer une réaction inflammatoire (eau de Javel).

Corrosif : peut brûler et détruire les tissus vivants par simple contact (déboucheurs de canalisation ou soude).

Comburant : peut provoquer un incendie par le contact avec une autre substance : papier, bois, carton (pastilles d'eau de Javel effervescentes).

Dangereux pour l'environnement : ce produit est nocif pour la nature. Il ne faut pas le jeter dans l'évier ou la poubelle, mais l'amener à la déchetterie.

2. Les nouveaux pictogrammes

De nouveaux pictogrammes sont apparus progressivement sur les étiquettes.

SGH 01 **Ex : explosifs**	**SGH 02** **Ex : gaz inflammables**	**SGH 03** **Ex : gaz comburants**
Produits pouvant exploser au contact d'une flamme, d'une étincelle	Produits pouvant s'enflammer au contact d'une flamme, sous l'effet de frottements par exemple	Produits pouvant provoquer ou aggraver un incendie ou une explosion, en présence de produits inflammables

SGH 04 **Ex : gaz sous pression**	**SGH 05** **Ex : corrosion cutanée/ métaux**	**SGH 06** **Ex : toxique, mortel**
Gaz (comprimés, liquéfiés et dissous) pouvant exploser sous l'effet de la chaleur	Produits corrosifs pouvant ronger la peau et/ou les muqueuses, attaquer les métaux	Produits pouvant empoisonner rapidement, même à faible dose, par voie orale, par voie cutanée ou par inhalation

SGH 07 **Ex : irritant, nocif**	**SGH 08** **Ex : cancérogène**	**SGH 09** **Ex : dangereux pour le milieu aquatique**
Produits chimiques pouvant empoisonner à forte dose, irritter les yeux, la gorge, provoquer des allergies cutanées et/ou avoir des conséquences sur la couche d'ozone	Produits cancérogènes, mutagènes et/ou toxiques pour la reproduction	Produits provoquant des effets néfastes sur l'environnement

FICHE 13 La manipulation des produits d'entretien

Elle doit se faire avec précaution et dans le respect de certaines règles, pour la propre sécurité de l'ATSEM.

1. Nature des produits

Pour connaître la nocivité des produits pour la peau, on se réfère au pH.

Le pH signifie potentiel hydrogène et indique l'acidité ou la basicité d'un produit, qui peut être :
- acide : pH entre 0 et 7 ;
- neutre : pH à 7 ;
- basique ou alcalin : pH entre 7 et 14.

Les produits corrosifs ont un pH proche des extrêmes, c'est-à-dire près de 1 ou de 14.

2. Les bons réflexes

Des précautions doivent être prises :
- porter des gants, un masque ;
- porter une blouse spécifique pour le ménage, et en changer après ;
- ne pas respirer les produits, aérer la pièce avant et après utilisation ;
- ne pas mélanger les produits entre eux :
- ne pas les transvaser d'un récipient à l'autre ;
- connaître ou afficher le numéro du centre antipoison de sa région dans un endroit accessible, ainsi que les numéros d'urgence.

✔ La tenue vestimentaire

Blouses et chaussures sont fournies par la collectivité. Il est impératif de se changer selon les activités : entretien, activités avec les enfants, restauration.

En cuisine et cantine, la réglementation oblige l'ATSEM à porter une coiffe pour se protéger les cheveux.

3. En cas d'incident

Il faut agir ainsi :
- ne pas faire vomir ou se faire vomir ;
- ne rien ingérer, ni à boire ni à manger ;
- enlever les vêtements souillés ;
- en cas de contact, se rincer la peau et les yeux à l'eau claire et pendant au moins 10 minutes ;
- quitter la pièce pour éviter les inhalations nocives.

CHE 14

Les matériels d'entretien

L'école met à disposition de l'ATSEM du matériel, devant être rangé dans un local fermé à clé.

1. Matériels à utiliser

L'ATSEM doit disposer :

– d'une monobrosse ou une autolaveuse. Il s'agit de machines électriques qui dépoussièrent, nettoient, polissent. Ces techniques de nettoyage sont plus rapides, moins fatigantes et efficaces sur les sols plastiques des écoles (linoléum par exemple) ;

– d'un chariot permettant le transport du matériel ;

– d'un balai, éventuellement à franges, ou avec un support permettant de recevoir une bande de tissu jetable ;

– de lavettes à usage unique ;

– d'un aspirateur ;

– de seaux ;

– d'un escabeau.

2. Matériel à éviter

L'ATSEM ne doit pas utiliser son propre matériel pour le nettoyage de l'école.

L'ATSEM ne doit pas ramener dans l'enceinte de l'école des matériels ou produits qui n'auraient pas été fournis par la collectivité.

Le nettoyage doit respecter les surfaces. Les tampons abrasifs peuvent abîmer le mobilier ou le matériel. Les éponges sont à proscrire, car elles sont de vrais nids à microbes.

FICHE 15 Les méthodes de nettoyage

Le nettoyage doit toujours se faire plus propre au plus sale, pour ne pas répandre la saleté.

1. Dépoussiérage et balayage

Il faut procéder ainsi :
- on part du point le plus éloigné de la pièce pour nettoyer progressivement vers la sortie ;
- ne pas soulever le balai en cours d'opération ;
- ne pas faire de marche arrière pour ne pas redéposer les salissures sur le sol.

Le balayage doit être humide : il ne se fait pas à sec, pour ne pas soulever la poussière, mais avec un balai équipé d'un bandeau humidifié. Le bandeau doit reposer en permanence sur le sol afin de protéger la semelle du balai et piéger les déchets. Ce procédé très efficace permet d'éliminer 90 % des poussières.

La manipulation du balai peut s'effectuer selon deux méthodes :
- la méthode dite « au poussé », qui consiste à faire glisser en bandes parallèles le balai devant soi ;
- la méthode dite à « la godille » où l'on fait pivoter le balai en décrivant des « S » sur le sol.

Commencez par les coins, sous les meubles, puis balayez les surfaces libres et terminez par la porte d'entrée. Collectez les déchets en les enfermant dans le bandeau. Il est préférable d'en changer fréquemment.

2. Lavage du sol

Il intervient après le balayage humide, à l'aide d'eau et de détergent.

La **méthode Faubert** consiste à utiliser deux seaux : l'un contient le détergent dilué, l'autre, l'eau de rinçage.

3. La fréquence

Il faut procéder au dépoussiérage et au nettoyage :
- du **mobilier** : une fois par semaine ;
- des **tables** des enfants : tous les jours ;
- des **sols** : tous les jours ;
- des **jouets et matériels** : une fois par semaine, ou plus si nécessaire ;
- des **toilettes** : une fois par jour ;
- des **fenêtres, vitres** : pendant les vacances.

La sécurité des locaux

L'école peut être le théâtre de différents incidents. Pour pallier ces risques, la surveillance est le premier moyen de prévention.

1. Accidents, incidents

On peut en recenser de plusieurs types :
- chute (par terre, dans les escaliers) ;
- défenestration ;
- ingestion et/ou inhalation de corps étrangers ;
- ingestion et/ou inhalation de produits toxiques ;
- disparition inquiétante ;
- coupures, écorchures, fractures.

2. Prévention des risques

✔ Incendie et risques majeurs

L'école doit être conforme en termes de sécurité incendie et faire l'objet de contrôles réguliers par une commission dédiée.

Un plan particulier de mise en sûreté (PPMS) est élaboré par le directeur de l'école, avec l'appui des services de la mairie et de l'inspection académique, et prévoit les consignes à respecter en cas de risque dit « majeur » (incendie, séisme, inondation, etc.).

En cas d'alerte incendie ou d'incident majeur de ce type, le rôle de l'ATSEM est de regrouper les enfants, de les compter, et de les orienter vers les issues de secours dans le calme.

✔ Règles de l'école

Le règlement intérieur vise à limiter les risques, en définissant des interdictions pour les enfants :
- apporter des objets contondants ou dangereux dans l'enceinte de l'école ;
- sortir de l'école seuls ou sans autorisation ;
- frapper leurs camarades, etc.

✔ Formation des personnels

La prévention doit s'accompagner de la formation des personnels sur les gestes de premiers secours et sur les mesures de sécurité :
- l'entretien et la mise en sécurité des aires de jeux ;
- la mise en conformité du système électrique ;
- la mise en conformité des fenêtres (hauteur) ;
- la mise en conformité des bâtiments (escaliers, par ex.) ;

– la mise en conformité des matériels (absence de lits superposés, par ex.).

La prévention implique le respect de mesures de sécurité simples :
– le rangement des produits d'entretien hors de la portée des enfants ;
– l'absence de produits toxiques, hors produits d'entretien ;
– la connaissance des personnes exerçant une autorité parentale sur l'enfant, ou de celles autorisées à venir le chercher après la classe ;
– la fermeture à clé des portes pendant le temps scolaire ;
– la présence au minimum de 2 adultes, et d'1 adulte pour 8 enfants lors des sorties.

Le matériel de soins et l'armoire à pharmacie

Il est impératif que certains produits soient à disposition au sein de l'école, en cas d'urgence.

1. Le matériel pour les soins

Vous pouvez avoir besoin de :
- un distributeur de savon liquide ;
- un distributeur de serviettes à usage unique ;
- un distributeur de gants jetables (obligatoires pour les soins) ;
- une poubelle équipée d'un sac plastique ;
- une pince à échardes ;
- une paire de ciseaux ;
- un thermomètre frontal ;
- éventuellement, une couverture isothermique ;
- éventuellement, un coussin réfrigérant ;
- éventuellement, une lampe de poche.

2. Les produits d'usage courant

La pharmacie doit contenir :
- un flacon de savon ;
- un antiseptique ;
- des compresses individuelles ;
- des pansements adhésifs ;
- du sparadrap ;
- des bandes de gaze ;
- des filets à pansement ;
- une écharpe de 90 cm de base.

À noter : La pharmacie ne doit contenir ni alcool à 90° ni médicaments.

3. Quelques recommandations

Les produits doivent être rangés dans une armoire.

Le matériel et les produits doivent être vérifiés et renouvelés régulièrement.

Avant tout soin, il faut procéder à un lavage soigneux des mains et, si possible, mettre des gants.

4. La trousse de secours

Il est nécessaire de prévoir une trousse de secours pour les sorties scolaires, afin de pouvoir faire les premiers soins.

FICHE 18 Les numéros d'urgence

En situation d'urgence, il est impératif de garder son calme. Pour cela, ayez bien en tête les consignes données dans cette fiche.

1. Les numéros

15	SAMU
18	Sapeurs-pompiers
17	Police
112	Numéro d'urgence européen
119	Allô enfance en danger

2. Les informations à fournir

Avant d'appeler les secours, essayez de rassembler le maximum d'informations utiles sur l'accident.

Ces informations permettront au SAMU d'analyser la situation et de savoir s'il est nécessaire de prévoir une intervention.

Par exemple:
- L'enfant est-il conscient/inconscient?
- Saigne-t-il?
- Quel produit a-t-il ingéré? En quelle quantité?
- S'est-il relevé?

Les indications données au téléphone sont fondamentales pour que les secours aient une appréciation exacte de la gravité de la situation et puissent y répondre de manière adaptée.

Garder son calme, sécuriser le lieu, apprécier l'état de l'enfant en le rassurant, puis donner l'alerte.

Les risques professionnels liés au métier d'ATSEM

Dans le cadre de leurs missions, les ATSEM sont placés sous l'autorité de la collectivité territoriale qui doit veiller à la protection de leur santé. En effet, l'exercice du métier les expose à différents types de risques, pour lesquels une politique de prévention doit être mise en place.

1. Les différents types de risques

Voici les principaux types de risques rencontrés dans les missions d'ATSEM.

✔ Risques chimiques

Les risques chimiques sont liés à l'utilisation de nombreux produits ménagers et d'hygiène susceptibles de provoquer brûlures, irritations, allergies, intoxications.

✔ Risques psychosociaux

Ils sont liés à des causes diverses : manque de reconnaissance au travail, conflits possibles avec les collègues, les enseignants, les familles, missions parfois peu claires, avec une double autorité du directeur d'école et de la collectivité territoriale, bruit, etc.

✔ Risques physiques

Ce sont notamment les lésions dorsolombaires causées par une mauvaise posture, par le travail debout, par le fait de se baisser constamment à hauteur d'enfant, etc. ou encore par les actes de manutention (port et déplacement d'objets divers).

✔ Risques de chute

Ce sont les risques de chutes, et notamment de glissades sur sol mouillé. Il est à noter que les chutes de plain-pied sont la première cause d'accident chez les ATSEM.

✔ Risques infectieux

Ce sont les risques liés au contact avec le public des jeunes enfants, le personnel peut être contaminé par les maladies infantiles ou les états viraux.

2. La prévention

✔ La surveillance médicale

Les agents des collectivités territoriales sont soumis à des visites médicales :
- lors de **l'embauche** ;
- lors des **visites périodiques** qui ont lieu au minimum tous les deux ans ;

– lors de la visite de reprise dans le cas d'une maladie ou d'un accident.

Le médecin du travail va en effet déterminer l'aptitude médicale de l'agent à réaliser ses missions et s'assurer que les vaccinations obligatoires sont à jour, à savoir :
– le vaccin contre la diphtérie, tétanos, poliomyélite (DTPolio) tous les 10 ans ;
– le vaccin contre la tuberculose (via le BCG) ;
– le vaccin contre l'hépatite B ;
– le vaccin contre l'hépatite A est quant à lui, recommandé.

Plus largement, le médecin du travail est le garant du bon état de santé des agents et de l'adéquation de leurs missions avec leurs conditions physiques et psychologiques.

✔ Les protections individuelles

Pour lutter les risques de contamination, il est important de porter :
– des gants étanches à usage unique lors des soins aux enfants ;
– des gants de protection chimique contre les effets des produits d'entretien ;
– des tenues de travail différentes entre l'entretien des locaux et l'assistance aux enfants ;
– des chaussures antidérapantes contre les risques de chute et de glissade.

✔ Les formations

Plusieurs formations peuvent être proposées, notamment par le biais du CNFPT, afin de permettre aux agents d'être informés et de pouvoir agir face aux risques :

– formation de prévention des risques liés à l'activité physique ou gestes et postures ;

– formation aux premiers secours ;

– formation de manipulations et dosage des produits d'entretien, etc.

QCM

45 min

Cochez la ou les bonne(s) réponse(s).

À noter : Les questions suivantes permettent de préparer les concours d'ATSEM externe et d'ASEM.

1. L'ATSEM peut consommer de l'alcool dans l'école :

- ❑ **a.** à n'importe quel moment, si cela se déroule hors de la vue des enfants
- ❑ **b.** lors de réunions entre collègues, dans la salle de repos et lorsque l'école est fermée
- ❑ **c.** jamais
- ❑ **d.** uniquement pendant les repas

2. Il est possible de fumer dans l'école :

- ❑ **a.** lors de la pause, avec autorisation du directeur
- ❑ **b.** à l'extérieur des classes
- ❑ **c.** Il n'est jamais possible de fumer
- ❑ **d.** Il est possible de fumer en dehors de la présence des enfants

3. Le balayage à sec est plus hygiénique que le balayage humide.

- ❑ **a.** Vrai
- ❑ **b.** Faux

4. Avec quoi nettoyer de préférence les tables de la classe ?

- ❑ **a.** Une éponge
- ❑ **b.** Des lingettes jetables
- ❑ **c.** Un plumeau
- ❑ **d.** Une peau de chamois

5. Un enfant saigne du nez. Il faut :

- ❑ **a.** lui faire mettre la tête en avant
- ❑ **b.** lui faire mettre la tête en arrière
- ❑ **c.** lui comprimer la narine qui saigne
- ❑ **d.** lui mettre un coton dans la narine

6. Un pH de 7 est dit :

- ❑ **a.** acide
- ❑ **b.** neutre
- ❑ **c.** alcalin
- ❑ **d.** actif

7. Pour nettoyer efficacement un sol très sale :

- ❑ **a.** vous utilisez de l'eau de Javel
- ❑ **b.** vous utilisez un détergent spécifique et rincez à l'eau
- ❑ **c.** vous mélangez le détergent à l'eau de Javel, pour plus d'efficacité
- ❑ **d.** vous apportez du vinaigre blanc à l'école

8. Un enfant a des poux.

- ❑ **a.** Vous lui lavez immédiatement la tête pour ne pas que les poux se multiplient
- ❑ **b.** Vous le mettez à l'écart de la classe pour ne pas que les poux se répandent sur toutes les têtes
- ❑ **c.** Vous inspectez sa chevelure et celle des autres enfants pour évaluer le degré de propagation des poux
- ❑ **d.** Vous appelez le service enfance de la mairie pour les en avertir

9. Vous souhaitez appeler le SAMU. Vous devez pour cela composer :

- ❑ **a.** le 15
- ❑ **b.** le 18
- ❑ **c.** le 9
- ❑ **d.** le 118

10. Qu'est-ce que la méthode à la godille ?

- ❑ **a.** Une technique de ski
- ❑ **b.** Une méthode de dépoussiérage
- ❑ **c.** Une méthode de balayage
- ❑ **d.** Une méthode de détartrage

11. À quoi sert un solvant ?

- ❑ **a.** À dissoudre les graisses
- ❑ **b.** À enlever les taches
- ❑ **c.** À décaper les vernis
- ❑ **d.** À désinfecter

12. Quelle doit être la fréquence de lavage du sol de la classe ?

- ❑ **a.** Tous les jours
- ❑ **b.** Tous les deux jours
- ❑ **c.** Une fois par semaine
- ❑ **d.** Deux fois par semaine

→ *Retrouvez les corrigés en p. 128*

13. Le gluten est contenu dans :

- ❑ **a.** le blé
- ❑ **b.** les yaourts
- ❑ **c.** les cacahuètes
- ❑ **d.** le pain

14. Un enfant de l'école a des problèmes de surpoids.

- ❑ **a.** Vous enlevez tous les aliments gras et sucrés de son plateau
- ❑ **b.** Vous lui expliquez qu'il faut qu'il mange moins
- ❑ **c.** Vous demandez à ses parents de ne plus lui donner de goûter
- ❑ **d.** Vous expliquez à l'enfant les règles d'une alimentation équilibrée

15. Combien de fois devez vous changer de blouse ?

- ❑ **a.** À chaque changement d'activité
- ❑ **b.** Une fois par jour
- ❑ **c.** Avant d'aller à la cantine
- ❑ **d.** Avant de faire le ménage

16. La petite Jade a avalé de la peinture. Que devez-vous faire ?

- ❑ **a.** Rien, ce n'est que de la peinture à l'eau.
- ❑ **b.** Observer l'enfant et appeler les secours en cas de vomissement
- ❑ **c.** Faire vomir l'enfant
- ❑ **d.** Amener l'enfant aux urgences

17. Quels vaccins sont obligatoires pour l'ATSEM ?

- ❑ **a.** Le tétanos
- ❑ **b.** L'hépatite A
- ❑ **c.** La rougeole
- ❑ **d.** Les oreillons

18. Que signifie le sigle X sur un produit ?

- ❑ **a.** Le produit est irritant
- ❑ **b.** Le produit est corrosif
- ❑ **c.** Le produit est interdit aux moins de 18 ans
- ❑ **d.** Le produit est nocif pour l'environnement

19. Qu'est-ce que la méthode Faubert ?

- ❑ **a.** Une méthode pour apprendre à lire
- ❑ **b.** Une méthode pour laver le sol
- ❑ **c.** Une méthode pour apprendre l'anglais
- ❑ **d.** Une méthode de désinfection

20. L'alarme incendie vient de retentir dans l'école.

- ❑ **a.** Il s'agit d'un exercice, inutile de créer la cohue
- ❑ **b.** Vous demandez aux enfants de se mettre en rang avant de les compter et de les faire sortir
- ❑ **c.** Par mesure de précaution, vous demandez aux enfants de se rendre le plus rapidement possible dans la cour
- ❑ **d.** Vous allez en éclaireur inspecter les couloirs et autres classes afin de vérifier si un incendie s'est véritablement déclaré

EXERCICES

Lisez le texte ci-dessous et répondez aux questions s'y rapportant.

À noter: Les QRC suivantes permettent de préparer le 3e concours d'ATSEM.

Extrait de l'article « De la sécurité aux postes de travail », Agents territoriaux 1, février 2005, édité par le CDG 27

Tout agent d'une collectivité territoriale a pour obligation de se rendre à une visite médicale à son embauche et à une visite annuelle. Lors de ces visites, le médecin va déterminer l'aptitude médicale de cet agent à assurer ses missions dans la collectivité. Le médecin va s'assurer que les vaccinations obligatoires sont réalisées.

Pour les ATSEM, les vaccinations obligatoires, prévues par la réglementation, sont:
- le vaccin contre la diphtérie, tétanos, poliomyélite (DTP);
- le vaccin contre la tuberculose (vaccin par le BCG);
- le vaccin contre l'hépatite B.

Les vaccinations recommandées sont:
- le vaccin contre l'hépatite A;
- tout autre vaccin que le médecin du travail jugera nécessaire.

En raison des missions qui incombent aux ATSEM et de la réglementation en vigueur, plusieurs formations et/ou sensibilisations à leur poste de travail sont indispensables pour assurer leur sécurité et préserver leur protection ainsi que celles des enfants des écoles.

De plus, celles-ci participent également à la valorisation des ATSEM dans leur travail.

Les formations nécessaires sont les suivantes:
- une formation concernant la manutention manuelle appelée Formation Gestes et Postures;
- une formation aux premiers secours de type SST (Sauveteur Secouriste du Travail) ou AFPS (Attestation de Formation aux Premiers Secours);
- une formation incendie permettant la manipulation des extincteurs;
- une sensibilisation concernant l'usage des produits chimiques et leur mode de stockage;
- une sensibilisation sur les consignes d'évacuation et des moyens d'alertes;
- une formation sur les règles d'hygiène en restauration collective (CNFPT);
- une formation aux techniques d'entretien des locaux (CNFPT);
- une formation sur l'hygiène de vie des enfants de 0 à 5 ans (CNFPT).

Les agents territoriaux spécialisés des écoles maternelles devront être vêtus:
- de gants hygiéniques à usage unique contre le risque de contamination lors de la réalisation de petits soins ou au moment de la distribution des repas;
- d'une tenue de travail (blouse);
- de chaussures antidérapantes;
- d'une ceinture d'aide à la manutention si nécessaire.

EXERCICE 1 ★☆☆ 10 min

Expliquez les objectifs des visites médicales.

EXERCICE 2 ★☆☆ 10 min

D'après ce texte, comment peut-on assurer la sécurité des ATSEM à leur poste de travail?

EXERCICE 3 ★☆☆ 10 min

Quels sont les vaccins absolument nécessaires à l'ATSEM?

EXERCICE 4 ★★☆ 15 min

Citez, parmi les formations évoquées, celles qui abordent les questions de sécurité.

→ *Retrouvez les corrigés en p. 128*

CORRIGÉS

QCM

CORRIGÉ

1. c.	2. c.	3. b.	4. b.	5. a. et c.
6. b.	7. b.	8. c.	9. a.	10. c.
11. b.	12. a.	13. a. et d.	14. d.	15. a.
16. b.	17. a.	18. a.	19. b.	20. b.

Pour aller plus loin

3. b. C'est faux, car le balayage à sec soulève la poussière et permet de collecter moins efficacement les déchets.

4. b. Les tables de la classe se nettoient avec des lingettes jetables. Les éponges sont de vrais nids à microbes, et ce n'est pas l'utilité du plumeau ou de la peau de chamois.

7. b. Pour nettoyer efficacement un sol très sale, vous utilisez un détergent spécifique et rincez à l'eau. L'utilisation de l'eau de Javel est proscrite, et vous ne devez absolument jamais mélanger un détergent avec de l'eau de Javel, ni avec aucun autre détergent. Il est interdit par ailleurs d'apporter vos propres produits dans l'enceinte de l'école.

8. c. Si un enfant a des poux, vous inspectez sa chevelure et celle des autres enfants pour évaluer le degré de propagation des poux. Laver la tête sans anti-poux est inefficace, et vous ne pouvez pas isoler les enfants. Le bon réflexe est donc de vérifier les chevelures des enfants afin d'en référer à l'enseignant et au directeur, qui communiqueront officiellement l'information aux familles.

14. d. Si un enfant de l'école a des problèmes de surpoids, vous ne pouvez le stigmatiser ni le priver de manger et encore moins faire la morale à ses parents. En revanche, vous pouvez lui expliquer les règles d'une alimentation équilibrée en veillant à ce qu'il mange de tout en quantité raisonnable à midi. Vous pouvez éventuellement en discuter avec les parents si la question venait à être soulevée.

16. b. La peinture à l'eau n'est pas nocive, et il est possible que l'enfant n'ait aucune réaction. Cependant, par mesure de précaution, il faut observer l'enfant et appeler les secours en cas de vomissement.

17. a. Le vaccin contre le tétanos est obligatoire. En revanche, ne sont pas obligatoires les vaccins contre la rougeole ou les oreillons (même si fortement recommandés) ni contre l'hépatite A (c'est celui contre l'hépatite B qui est obligatoire).

20. b. Si l'alarme incendie vient de retentir dans l'école il faut toujours se prêter à l'exercice, même si vous pensez qu'il n'y a pas vraiment d'incendie, et demander aux enfants de se mettre en rang avant de les compter et de les faire sortir dans le calme.

EXERCICES

EXERCICE 1

L'objectif des visites médicales, d'embauche ou annuelles, est d'indiquer si l'agent est apte à assurer ses missions dans la collectivité, et également s'il est à jour de ses vaccins obligatoires.

EXERCICE 2

Les formations et sensibilisations des ATSEM sur des thématiques liées à leurs missions, et notamment sur les questions de réglementation, permettent d'assurer leur sécurité à leur poste de travail, ainsi d'ailleurs, que celle des enfants.

EXERCICE 3

L'ATSEM doit être obligatoirement vacciné contre la tuberculose, l'hépatite B et la DTPolio. Le médecin du travail peut décider, en fonction d'un contexte particulier, de prescrire des vaccins supplémentaires nécessaires selon les cas.

EXERCICE 4

Toutes les formations évoquées concernent des questions de sécurité, que ce soit face à des incidents potentiels, pour la sécurité des personnes (premiers secours ou gestes et postures), la sécurité alimentaire, la sécurité dans l'utilisation des produits chimiques (entretien et stockage), et même la sécurité physique et affective des enfants (formation relative à leur hygiène de vie).

PARTIE 1

Préparation aux épreuves

CHAPITRE 4
Entretien avec le jury

Fiches de méthode

Entraînements

FICHE 1 ATSEM externe et ASEM

L'épreuve orale est de coefficient 2 et dure 15 minutes.
Le but de l'entretien est essentiellement d'apprécier votre motivation, votre aptitude à remplir correctement vos missions auprès des enfants et votre capacité à travailler en équipe, notamment avec l'enseignant et les autres ATSEM, et sous l'autorité du directeur.

1. Les questions

Elles portent sur des éléments de connaissance du métier ou de l'environnement professionnel dans lequel vous allez devoir exercer :
- le fonctionnement de la fonction publique en général ;
- l'organisation d'une collectivité territoriale ou de la Ville de Paris ;
- des fonctions de l'ATSEM ;
- des cas pratiques (mises en situation) permettant au jury d'apprécier votre capacité à intervenir de manière cohérente et adaptée, et de savoir si vous avez compris la nature et l'étendue de votre rôle ;
- des questions techniques (dosage, produits à utiliser, etc.) ;
- les raisons qui vous ont conduit à choisir ce métier ;
- les modes de fonctionnement de votre propre école ou commune.

Au-delà des connaissances, est évaluée votre aptitude générale à vous occuper d'enfants.
- Êtes-vous assez renseigné ?
- Êtes-vous assez responsable ?
- Êtes-vous psychologiquement apte à encadrer des enfants ?
- Êtes-vous en mesure d'être un modèle pour un enfant (comportement, vocabulaire, attitude générale) ?

2. Le jury

Il se compose de deux ou trois personnes, en général agents de la fonction publique, compétents sur le champ de l'enfance, des collectivités territoriales, ou référents sur le métier d'ATSEM/ASEM.

En entrant dans la pièce de l'épreuve, saluez le jury et présentez-vous à lui.

3. Comment répondre ?

Répondez simplement et clairement aux questions que l'on vous pose.

Prenez le temps de réfléchir à ce que vous allez dire et tentez de structurer vos idées. Si vous ne savez pas répondre à une question ou que vous n'avez pas compris, n'hésitez pas à en faire part au jury, qui préférera une attitude franche et responsable à une stratégie de contournement de la question.

4. Se préparer

Réfléchissez à certaines questions fortement susceptibles de vous être posées, comme par exemple les motifs pour lesquels vous avez choisi ce métier.

Renseignez-vous sur votre environnement professionnel direct et sur le mode d'organisation de votre école d'affectation.

Entraînez-vous, chez vous, à répondre à des questions à voix haute ou par écrit.

Ayez en tête les qualités évaluées par le jury, notamment :
- une bonne présentation, une apparence soignée et propre, qui sera rassurante pour l'enfant ;
- de la patience et de la disponibilité, nécessaires à tous les professionnels de l'enfance ;
- une maîtrise de ses émotions et une certaine confiance en soi ;
- une attitude positive et responsable face aux difficultés potentielles ;
- une capacité à dialoguer et à travailler en équipe, etc.

FICHE 2 ATSEM interne et 3e concours

Pour ces candidats, l'entretien oral dure 20 minutes et est de coefficient 2. Il se déroule en deux parties :
- une présentation de votre parcours professionnel et de vos compétences. Cette présentation doit se faire sur la base d'un document que l'on vous remet lors de l'inscription au concours, et que vous devez remplir. Il vous aide à retracer votre parcours professionnel ;
- des questions du jury au candidat, sur ses motivations, son parcours, son environnement professionnel et sa capacité à résoudre les problèmes rencontrés sur le terrain.

La prise de parole du candidat dure 5 minutes, les questions du jury environ 15 minutes.

1. Le jury

Il cherche à établir votre capacité à exercer le métier d'ATSEM, en évaluant votre motivation, vos compétences, vos connaissances.

2. Les questions

Elles portent sur les compétences acquises durant le parcours professionnel que vous avez présenté en introduction, mais comporteront également des mises en situation professionnelle ou des questions de connaissances.

Exemples :
- Que faites-vous en cas de malaise de l'enfant ?
- Il y a un conflit dans l'équipe, comment réagissez-vous ?
- Y a-t-il des enfants handicapés dans l'école où vous travaillez, comment intervenez-vous auprès d'eux ?
- Quel décret fixe les missions des ATSEM ?

3. Se préparer

N'ayez pas l'illusion qu'il est plus facile de répondre à des questions sur son propre parcours qu'à des questions théoriques. La difficulté majeure de cet exercice est de mettre des mots sur des gestes, pour expliquer et argumenter des pratiques professionnelles qui, avec le temps et pour beaucoup d'ATSEM, sont devenues des habitudes voire des réflexes.

Afin de bien vous préparer, vous pouvez procéder ainsi :
- **Répétez chez vous à voix haute :** pour mettre en avant clairement vos compétences et la cohérence de votre parcours, il est nécessaire de vous exercer le plus possible. Pratiquer avec votre entourage des simulations d'entretien peut s'avérer très utile.
- **Essayez d'anticiper les questions** susceptibles de vous être posées le jour de l'épreuve

et entraînez-vous à y répondre.

– **Préparez vos arguments :** souvenez-vous des raisons qui vous ont conduit à effectuer tel ou tel choix au cours de votre carrière et, afin de pouvoir répondre de manière claire et efficace.

– **Évitez les réponses toutes faites :** par exemple évitez de répondre que vous êtes ATSEM « parce que vous aimez les enfants » ou pire, que vous voulez être fonctionnaire « pour la sécurité de l'emploi », etc.

– **Allez à l'essentiel :** n'évoquez que des éléments professionnels, sans vous égarer dans des histoires personnelles. Essayez de dresser un portrait synthétique, sans vous perdre dans les détails inutiles ou inadaptés à un entretien professionnel.

– **Chronométrez-vous** pour apprendre à respecter le temps imparti, qui est très court (5 minutes).

– **Soyez sincère :** évitez de surévaluer ou d'inventer une expérience. Le jury est susceptible de vous poser des questions sur tous les éléments que vous mentionnerez, et qu'il est préférable de maîtriser parfaitement.

Lors de l'épreuve orale, vous devez donner envie au jury de vous recruter.

À noter : comme pour tous les oraux, il est nécessaire de :
- maîtriser son stress ;
- être correct, poli, attentif à son langage et son comportement ;
- soigner sa présentation.

4. La présentation du parcours professionnel

Voici à titre d'exemple une présentation en 5 minutes :

« Bonjour,

Je m'appelle Marie Lambert, j'ai 37 ans et je suis ATSEM au sein de l'école Robespierre de Saint-Germain-les-Blés depuis 2007, en tant que contractuelle. J'ai en charge une classe de petite section et travaille avec une enseignante nommée depuis un an. Nous sommes six ATSEM polyvalentes pour six classes, affectées chacune à une classe.

J'ai commencé ma carrière professionnelle en étant vendeuse dans une boutique textile. Cette première expérience dans la vente m'a permis de développer un sens du service, de l'écoute, de la disponibilité, ainsi que mon sens du contact avec les clients. J'ai pu transférer ces compétences dans mes fonctions actuelles, et elles me sont très utiles aujourd'hui dans l'exercice de mes fonctions d'ATSEM, notamment en ce qui concerne l'observation et la patience. Comme il s'agit d'un poste où l'aspect relationnel avec les autres professionnels et les familles est très important, mon expérience du contact client m'a beaucoup aidé.

Pour des raisons personnelles, j'ai dû quitter le secteur de la vente, ce qui m'a contraint à ne plus travailler durant plusieurs mois. Cependant désireuse de reprendre une activité professionnelle quelle qu'elle soit, l'occasion s'est présentée d'être nounou, sans agrément, de plusieurs enfants âgés de 0 à 6 mois, pendant plusieurs mois à mon domicile. À l'occasion de cette expérience, j'ai réalisé mon intérêt pour le domaine de l'enfance et mon souhait d'encadrer des enfants. J'ai particulièrement aimé mon rôle “d’aidant” auprès des parents que j’ai trouvé très gratifiant et valorisant, ainsi que le lien particulier qui se crée avec l’enfant.

Cette expérience m’a conduite à vouloir m’occuper d’enfants un peu plus âgés, afin d’être davantage dans l’éducatif et la transmission que dans le maternage. Bien que les tâches d’hygiène et de soins ne me soient pas étrangères ou désagréables, j’avais le désir d’un aspect éducatif dans mon rôle, qui nécessitait pour cela de m’investir auprès d’enfants plus grands, au moins en âge scolaire. C’est pourquoi j’ai postulé comme ATSEM auprès de ma commune, qui m’a recrutée dans une des écoles maternelles. Je retrouve dans ce poste mon goût pour le lien avec les familles, avec un positionnement de “facilitation” et d’accompagnement de l’enfant face aux difficultés rencontrées dans le cadre scolaire, avec un rôle éducatif à part entière différent de celui de l’enseignant, et un travail en collaboration avec tous les acteurs de l’école. »

QCM

20 min

Cochez la bonne réponse.

À noter: Les questions suivantes sont susceptibles d'être posées aux oraux des concours (ATSEM externe, interne, 3e concours, ASEM).

1. Les ATSEM sont:

- ❑ **a.** un cadre d'emplois de catégorie C
- ❑ **b.** un grade de catégorie C
- ❑ **c.** un échelon de catégorie B

2. En France, qui prépare les lois?

- ❑ **a.** Le pouvoir judiciaire
- ❑ **b.** Le Parlement
- ❑ **c.** L'exécutif

3. Au moment du passage aux toilettes, vous remarquez qu'un petit garçon a de nombreux hématomes sur l'ensemble du corps:

- ❑ **a.** Il est certainement tombé ; vous le soignez en appliquant de la pommade
- ❑ **b.** Il est maltraité ; vous appelez immédiatement un numéro d'urgence pour signalement
- ❑ **c.** Il ne faut ni se précipiter ni négliger ces signes ; vous prévenez l'enseignant

4. Depuis la rentrée 2015, de combien de cycle(s) d'apprentissage est composée l'école maternelle?

- ❑ **a.** Trois
- ❑ **b.** Un
- ❑ **c.** Deux

5. La petite Lina n'aime pas partager les jouets. Lorsqu'elle voit Antoine jouer avec une peluche, elle la lui prend des mains. Quelle est votre réaction?

- ❑ **a.** Aucune, du moment qu'Antoine ne pleure pas, inutile de réagir, il faut laisser les enfants jouer en autonomie
- ❑ **b.** Vous punissez immédiatement Lina en l'envoyant au coin
- ❑ **c.** Vous lui expliquez pourquoi elle doit partager, rendez la peluche à Antoine et proposez un autre jouet à Lina

6. Une maman vient vous voir pour vous faire part de son inquiétude quant aux absences répétées de Léo, le fils de sa voisine:

- ❑ **a.** Vous la rassurez, vous savez que Léo a été un peu malade ces derniers temps mais qu'il va mieux
- ❑ **b.** Vous lui dites que vous ne savez pas, mais que vous allez vous renseigner pour lui donner l'information ultérieurement
- ❑ **c.** Vous lui dites que vous ne pouvez pas lui donner ce genre d'informations

7. Après un repas, il est impératif de:

- ❑ **a.** se laver les mains
- ❑ **b.** se reposer
- ❑ **c.** sortir s'aérer

8. Qui est le supérieur hiérarchique de l'ATSEM?

- ❑ **a.** L'enseignant
- ❑ **b.** Le directeur de l'école maternelle
- ❑ **c.** Le maire et le directeur général des services

9. Paul vient de s'écorcher au genou, que faites-vous?

- ❑ **a.** Vous vous lavez les mains et nettoyez la plaie à l'alcool
- ❑ **b.** Vous mettez des gants après vous être lavé les mains
- ❑ **c.** Vous allez chercher de la pommade dans la pharmacie

10. Si un enfant tombe sur la tête et reste par terre inconscient, vous prévenez:

- ❑ **a.** d'abord les parents de l'enfant, puis le SAMU puis la directrice
- ❑ **b.** d'abord la directrice ou l'enseignant, puis les parents puis le SAMU
- ❑ **c.** d'abord le SAMU, puis la directrice puis les parents

→ *Retrouvez les corrigés en p. 143*

EXERCICES

À noter: Les questions suivantes sont susceptibles d'être posées aux oraux des concours (ATSEM externe, interne, 3e concours, ASEM).
Durée de l'épreuve orale: 15 minutes (ce qui correspond à 3 des questions présentées ici comme exemple).

QUESTION 1 ★☆☆ 5 min

Avec quels autres professionnels serez-vous amené à travailler?

QUESTION 2 ★★☆ 5 min

Si l'enseignant vous demande d'effectuer des missions qui ne sont pas les vôtres, comment réagissez-vous?

QUESTION 3 ★★☆ 5 min

Qu'est-ce que la communauté éducative? Y appartenez-vous?

QUESTION 4 ★★☆ 5 min

Si l'on vous informe que l'école maternelle accueille un enfant allergique, quelle est votre réaction?

QUESTION 5 ★★☆ 5 min

Quels sont les différents types de jeux que vous pouvez proposer à des enfants de petite section? À quoi servent ces jeux?

QUESTION 6 ★★☆ 5 min

Qu'est-ce que le temps périscolaire?

QUESTION 7 ★☆☆ 5 min

Pourquoi avez-vous choisi d'être ATSEM plutôt qu'animatrice de loisirs, par exemple?

QUESTION 8 ★★☆ 5 min

Qu'est-ce qui vous semble le plus difficile dans votre rôle?

QUESTION 9 ★★☆ 5 min

Comment se passe la relation avec les autres ATSEM de votre école?

QUESTION 10 ★★☆ 5 min

Quelles relations entretenez-vous en général avec les familles?

QUESTION 11 ★★☆ 5 min

Si vous deviez donner un pourcentage, que représente la part des tâches d'entretien dans l'ensemble de votre poste? Qu'en pensez-vous?

QUESTION 12 ★★☆ 5 min

Quelle compétence vous semble primordiale pour travailler avec des enfants?

CORRIGÉS

QCM

CORRIGÉ

1. a.	2. c.	3. c.	4. b.	5. c.
6. c.	7. a.	8. c.	9. b.	10.c.

Pour aller plus loin

1. a. Les ATSEM sont un cadre d'emplois de catégorie C.

2. c. L'exécutif, autrement dit le président de la République et le gouvernement prépare les lois qui sont ensuite votées ou non par le Parlement et dont l'application est sanctionnée par le pouvoir judiciaire.

3. c. Il ne faut ni dramatiser, ni se précipiter, ni au contraire sous-estimer ces signes. Vous devez donc prévenir l'enseignant.

4. b. Le cycle 1, cycle des apprentissages premiers, concerne les trois sections de la maternelle.

5. c. Il faut apprendre aux enfants la valeur du partage et corriger les situations injustes en faisant preuve de pédagogie et en expliquant. Cela est valable même s'il n'y a pas forcément de pleurs, cris ou conflit entre les enfants, qui ne doivent pas être les seuls moments qui suscitent votre réaction.

6. c. Vous n'avez en effet pas à donner ce genre d'informations à un autre parent que celui de l'enfant concerné.

7. a. Après un repas, il est impératif de se laver les mains.

8. c. Le supérieur hiérarchique de l'ATSEM est le directeur général des services de la commune (DGS).

9. b. Vous devez, dans l'ordre, vous laver les mains, mettre des gants et désinfecter la plaie de l'enfant avec un antiseptique, et surtout pas à l'alcool, que vous ne trouverez de toute façon pas dans la pharmacie de l'école.

10. c. En cas d'urgence, il faut toujours prévenir les secours en premier, puis dans l'ordre la directrice et ensuite les parents, afin de ne pas perdre de temps en cas de problème grave.

EXERCICES

QUESTION 1

Dans le cadre de mes fonctions d'ATSEM, je serai amenée à travailler en binôme avec l'enseignant, puisque mon rôle consiste à l'assister dans l'accueil, la réception et l'animation, le soin et l'hygiène des enfants. Mes missions s'effectueront sous l'autorité du directeur d'école, auquel je dois référer de tous les faits notables que j'aurais constatés dans l'exercice de mes fonctions. Le métier d'ATSEM nécessite un travail de collaboration avec les autres membres de l'équipe éducative présents dans l'école, à savoir les autres ATSEM, les AESH (ex AVS) en charge de l'accompagnement des élèves handicapés, s'il y en a dans l'école, les animateurs de loisirs susceptibles d'intervenir pour des animations ponctuelles avec les enfants dans l'enceinte de l'école, le personnel médical scolaire, comme l'infirmière scolaire par exemple, les membres du RASED en charge des élèves en difficulté. Je suis susceptible d'être également en relation avec le personnel de la restauration scolaire en cuisine, ainsi que le gardien de l'école.

QUESTION 2

La base d'un travail partenarial est le dialogue. Si j'estime que les tâches qui me sont demandées n'entrent pas dans le cadre de mes missions, j'en discute calmement avec l'enseignant afin de clarifier la situation. Si le conflit venait à persister, je me renseignerais auprès de la collectivité qui m'emploie sur l'existence d'une charte des ATSEM dans la commune pour vérifier l'étendue exacte de mes tâches, telles qu'elles sont spécifiées dans la charte, afin d'avoir un élément concret à opposer à l'enseignant, et référerais de ce désaccord auprès du directeur, afin que cela soit débattu ouvertement au sein de l'équipe et tranché de manière claire.

QUESTION 3

La communauté éducative est une notion large qui regroupe tous les professionnels prenant part, d'une manière ou d'une autre, à l'éducation de l'enfant. L'ATSEM a un rôle éducatif avéré et important : je fais donc partie sans aucun doute de cette communauté, ce qui est d'ailleurs inscrit dans le décret du 28 août 1992 portant sur le rôle et les missions des ATSEM.

QUESTION 4

Si un enfant est allergique, je demande à lire le PAI (protocole d'accueil individualisé) relatif aux modalités d'accueil de cet enfant, afin de savoir de quelle allergie il souffre, quel aliment éviter, quel protocole respecter, quel est le rôle de chacun dans l'accueil de cet enfant et, en premier lieu, celui que j'aurai à tenir en tant qu'ATSEM.

QUESTION 5

Les élèves de petite section sont dans une phase de découverte de leur corps et de leurs possibilités physiques. Les jeux corporels ou moteurs leur permettant de prolonger cette découverte sont très adaptés.

Les chansons et comptines sont très appréciées des enfants, car elles les apaisent et suscitent leur imagination. Elles sont très utiles pour aider le développement de leur langage.

Enfin, les jeux de logique en solitaire, comme les cubes ou les puzzles simples favorisent le développement cognitif de l'enfant. En petite section, les jeux collectifs sont à éviter car l'enfant est encore trop petit pour comprendre une règle, la respecter et jouer à plusieurs.

QUESTION 6

Le temps périscolaire regroupe l'ensemble des moments de la journée qui se déroulent en dehors de la classe, c'est-à-dire le matin, le soir ou pendant la pause méridienne. Tous ces temps sont placés sous l'autorité du maire.

QUESTION 7

Je souhaitais agir dans le cadre scolaire, notamment parce que les enfants d'une classe y viennent tous les jours de l'année, et ce sont toujours les mêmes, ce qui n'est pas le cas d'un centre de loisirs, ouvert seulement les mercredis ou pendant les vacances, avec une irrégularité de la fréquentation. Être avec les mêmes enfants permet, au contraire, un travail de fond et de longue durée, que je trouve plus riche et plus intéressant, notamment en termes d'apprentissages. On voit l'enfant évoluer quotidiennement et on peut penser notre travail sur la durée. C'est pourquoi j'ai souhaité devenir ATSEM plutôt qu'animatrice de loisirs.

QUESTION 8

Dans mon rôle, l'assistance à l'enseignant dans les activités menées avec les enfants n'est pas toujours évidente car il faut trouver la juste place. Celle-ci dépend beaucoup des relations avec l'enseignant et de la conception que nous avons de nos postes respectifs. Bien que je pense aujourd'hui avoir trouvé ma place auprès de l'enseignante avec qui je travaille, les débuts n'ont pas toujours été faciles, et nous avons eu quelques difficultés, que nous avons heureusement su régler par le dialogue et l'ouverture réciproque.

QUESTION 9

Nos rôles sont bien définis aujourd'hui, et nous avons de très bonnes relations. Il y a eu des moments difficiles, en raison d'incompréhensions autour de changements d'affectation de classe, que certaines ATSEM ont vécus difficilement. Cependant, un travail collectif a été fait pour rappeler à l'ensemble des personnels que les ATSEM sont affectés à l'école et non à une classe spécifiquement, ce qui a apaisé les tensions.

QUESTION 10

J'essaie toujours de rassurer les parents et de les informer du mieux que je peux sur la manière dont la journée de l'enfant s'est passée à l'école. Beaucoup de familles me sollicitent le matin ou le soir, et je fais en sorte d'être toujours disponible et d'avoir un mot personnel pour chacun. Je veille à communiquer sur ce que je crois nécessaire à l'enfant pour son bien-être, sans formuler de jugements qui seraient mal pris, car mon rôle n'est pas de donner aux familles des leçons d'éducation.

QUESTION 11

Je dirais 30 %, soit un peu moins d'un tiers de mon activité. Ce n'est pas ce que je préfère dans mon rôle, mais l'entretien des locaux est important pour accueillir les enfants dans un lieu propre.

QUESTION 12

Pour travailler avec des enfants, il faut être à l'écoute, observer, être disponible pour répondre à leurs sollicitations qui sont nombreuses. Je dirais que la première des compétences est d'avoir conscience de la portée de notre rôle auprès d'eux.

Partie 2

Sujets corrigés

PARTIE 2

Sujets corrigés

CHAPITRE 1

QCM – ATSEM externe

Sujet 1 | Session 2017

45 min

ÉNONCÉ

CDG Loiret

À lire attentivement avant de traiter le sujet :

Vous ne devez faire apparaître aucun signe distinctif dans votre copie, ni votre nom ou un nom fictif, ni initiales, ni votre numéro de convocation, ni le nom de votre collectivité employeur, de la commune où vous résidez ou du lieu de la salle d'examen où vous composez, ni nom de collectivité fictif non indiqué dans le sujet, ni signature ou paraphe.

Sauf consignes particulières figurant dans le sujet, vous devez impérativement utiliser **une seule et même couleur non effaçable** pour écrire et/ou souligner. **Seule l'encre noire ou l'encre bleue est autorisée**. L'utilisation de plus d'une couleur, d'une couleur non autorisée, d'un surligneur pourra être considérée comme un signe distinctif.

Le non-respect des règles ci-dessus peut entraîner l'annulation de la copie par le jury.

L'utilisation d'une calculatrice de fonctionnement autonome et sans imprimante est autorisée.

Consignes pour répondre au sujet :

Répondez **sur la grille de réponses** en mettant une croix dans la case correspondant à chaque bonne réponse : ☒

Attention : les réponses portées sur le sujet lui-même, qui n'est pas ramassé en fin d'épreuve, ne sont jamais prises en compte.

Les feuilles de brouillon ne seront en aucun cas prises en compte.

Les réponses au **crayon à papier** ne seront **pas prises en compte**.

Toute surcharge ou **rature** rendant illisible la réponse sera considérée comme une **réponse fausse**.

Si vous souhaitez modifier votre choix, reconstituez une case à côté de celle comportant une erreur. L'usage du blanc correcteur est également autorisé. Dans tous les cas, vos réponses doivent être **clairement identifiables**.

Barème :

– Chaque question peut comporter une ou plusieurs réponse(s) exacte(s).
– Chaque question vaut 3 points, qui ne sont attribués que si la ou les bonne(s) réponse(s) est (sont) cochée(s), et uniquement celle(s)-ci.
– Une réponse incomplète vaut 0 point.
– Une absence de réponse à la question entraîne une pénalité de 1 point.
– Chaque proposition fausse cochée entraîne une pénalité de 1 point.

1. La classe dans laquelle vous intervenez comme ATSEM accueille un enfant autiste qui a du mal à supporter le groupe. Quelle(s) attitude(s) adoptez-vous ?

❑ **a.** Puisqu'il bénéficie d'une AVS, vous ne vous en occupez pas.

❑ **b.** Vous êtes mal à l'aise et demandez au directeur (à la directrice) de changer de classe.

❑ **c.** Vous essayez de créer un lien avec cet enfant et êtes attentif(ve), vous aussi, à ses besoins.

❑ **d.** Vous l'éloignez des autres enfants pour qu'il ne soit pas trop dérangé.

❑ **e.** Devant l'absence d'évolution de son comportement, vous proposez aux parents de l'inscrire dans une institution spécialisée.

2. Pour le dépoussiérage quotidien des locaux de l'école (350 m²) par balayage humide, vous utilisez des gazes pré-imprégnées. Sachant que vous utilisez 1 gaze pour 30 m² et qu'un lot de 10 gazes coûte 0,3 €, le nombre de gazes consommées sur 5 jours et le coût total des lots de gazes utilisés s'élèvent à :

❑ **a.** 58 gazes et 1,74 €

❑ **b.** 58 gazes et 17,4 €

❑ **c.** 60 gazes et 1,8 €

❑ **d.** 60 gazes et 18 €

3. Vous travaillez avec un(e) enseignant(e) débutant(e) qui commet un certain nombre d'erreurs de gestion de classe et n'arrive pas à obtenir un climat de travail serein.

❑ **a.** Vous vous contentez d'en parler avec vos collègues ATSEM.

❑ **b.** Vous en parlez avec votre responsable à la mairie pour avoir des conseils sur l'attitude à tenir.

❑ **c.** Vous ne dites rien, car vous n'avez pas à intervenir, mais cela vous pèse.

❑ **d.** Vous en parlez avec les autres enseignant(e) s qui ont plus d'expérience pour qu'ils(elles) interviennent.

❑ **e.** Vous intervenez pendant la classe quand vous voyez l'enseignant(e) en difficulté.

4. Un soir, à la fermeture de l'école, il reste un enfant qu'aucun parent n'est venu chercher. Il habite à côté de l'école. Que faites-vous ?

❑ **a.** Vous le raccompagnez chez lui.

❑ **b.** Vous le laissez rentrer seul et prévenez ses parents.

❑ **c.** Vous téléphonez à votre supérieur hiérarchique.

❑ **d.** Vous téléphonez à la police ou à la gendarmerie en l'absence de réponse de votre supérieur.

5. Vous accueillez une nouvelle collègue ATSEM dans votre école et vous lui indiquez l'attitude à adopter dans certaines situations. Cochez les affirmations exactes :

❑ **a.** L'ATSEM peut exceptionnellement participer à la surveillance du temps de récréation à condition d'être accompagné(e) d'un(e) enseignant(e).

❑ **b.** L'ATSEM est placé(e) sous l'autorité fonctionnelle de la direction de l'école, même sur les temps périscolaires.

❑ **c.** L'ATSEM ne s'occupe que des élèves de la classe dans laquelle il (elle) est affecté(e).

❑ **d.** L'ATSEM peut accueillir les élèves dans la classe et remplacer l'enseignant(e) en son absence, si celle-ci est de courte durée.

❑ **e.** L'ATSEM peut, si le (la) maire l'y autorise, accompagner les élèves à la piscine afin de les aider à se changer dans les vestiaires.

6. Vous réalisez régulièrement la décontamination des jouets des enfants. Quelle(s) est (sont) l'(les) affirmation(s) exacte(s) correspondant au mode opératoire réglementaire ?

❑ **a.** Vous préparez une solution détergente-désinfectante compatible avec l'usage alimentaire.

❑ **b.** Vous plongez les jouets immergeables dans la solution détergente-désinfectante sans les faire tremper.

❑ **c.** Vous désinfectez les jouets non immergeables avec une lavette imprégnée de détergent-désinfectant compatible avec l'usage alimentaire, en respectant le temps de contact préconisé.

❑ **d.** Les jouets non immergeables sont ensuite plongés dans l'eau afin de les rincer.

❑ **e.** Les jouets en tissu ne sont pas lavés.

❑ **f.** La fréquence de décontamination des jouets peut être augmentée en cas d'épidémie.

7. Un cas de gale a été détecté à l'école.

❑ **a.** Il s'agit d'une maladie grave liée à un manque d'hygiène.

❑ **b.** Il s'agit d'une maladie bénigne et très contagieuse.

❑ **c.** Elle se transmet principalement par contact « peau à peau ».

❑ **d.** Elle se caractérise par des démangeaisons et des lésions sur la peau.

❑ **e.** Une désinfection du linge et des vêtements est obligatoire.

❑ **f.** Une éviction scolaire de l'enfant malade pourra être décidée par le directeur.

8. Pendant le temps périscolaire du soir, vous êtes dans la cour, en train de surveiller les élèves avec un(e) collègue ATSEM, lorsque Paul trébuche et tombe violemment. Il semble avoir très mal au bras et ne veut pas qu'on le touche. Il est conscient et ne pleure pas. Quel(s) comportement(s) adoptez-vous ?

❑ **a.** Vous allez chercher le directeur (la directrice) de l'école pour qu'il(elle) vous aide à évaluer la situation.

❑ **b.** Vous restez calme et mettez en place une zone de sécurité autour de l'enfant.

❑ **c.** Vous analysez la situation et observez l'enfant tout en le questionnant sur ce qui s'est passé.

❑ **d.** Vous laissez l'enfant sous la surveillance de votre collègue avec le reste du groupe pour aller prévenir immédiatement par téléphone ses parents.

❑ **e.** Vous appelez uniquement les services de secours car ce n'est pas à vous d'évaluer la situation.

9. Léon, élève en grande section, d'ordinaire vif et enjoué, arrive en pleurs tous les jours à l'école. Il paraît de plus en plus stressé à l'approche de la récréation et des temps de restauration scolaire. Ses parents et

l'enseignant(e) s'interrogent car ils ne comprennent pas la cause de cet état soudain. Pour votre part, vous avez l'impression que Léon est harcelé par deux autres enfants. Quelle(s) attitude(s) est (sont) appropriée(s) ?

❑ **a.** Vous faites part à l'enseignant(e) de vos observations.

❑ **b.** Vous sermonnez Léon en lui disant que ce sont les petits qui pleurent en arrivant à l'école.

❑ **c.** Comme vous n'êtes pas sûr(e) de vos impressions, vous ne dites rien.

❑ **d.** Vous essayez de construire un climat de confiance autour de cet enfant dès son arrivée en classe, afin qu'il se sente bien et qu'éventuellement il puisse vous dire ce qui ne va pas.

❑ **e.** Vous évoquez avec Léon vos soupçons à l'encontre des deux élèves et lui dites que si c'est le cas, vous êtes là et que vous saurez le protéger.

❑ **f.** Vous évoquez avec Léon vos soupçons à l'encontre des deux élèves et lui expliquez que, dans la vie, il faut savoir se défendre seul.

10. Parmi les affirmations suivantes, laquelle (lesquelles) est (sont) exacte(s) ?

❑ **a.** Les entrées froides ne peuvent pas rester à température ambiante en attendant l'heure du repas.

❑ **b.** La méthode HACCP a pour but de limiter les risques d'accident du travail dans les cuisines.

❑ **c.** Il existe un risque important de prolifération des microbes dans les réfrigérateurs privés d'alimentation suite à une panne de courant.

❑ **d.** Le lavage des mains avant la préparation des plats est obligatoire.

❑ **e.** Le nettoyage des surfaces lavables en cuisine doit être hebdomadaire afin d'éviter tout risque de contamination.

11. Le service de restauration scolaire :

❑ **a.** Peut être mis en place directement par la commune ou délégué à un prestataire.

❑ **b.** Est uniquement accessible aux enfants qui sont capables de manger tout seul.

❑ **c.** Est un service public obligatoire.

❑ **d.** Peut fournir des repas spécifiques aux enfants souffrant d'allergies alimentaires.

❑ **e.** Est obligatoirement gratuit pour les enfants habitant la commune.

12. Le code de l'éducation précise que, « l'école s'enrichit et se conforte par le dialogue et la coopération entre tous les acteurs de la communauté éducative » (art. L 111-1).

❑ **a.** La communauté éducative se compose uniquement de la direction de l'école et des enseignants.

❑ **b.** La communauté éducative rassemble les élèves, les personnels des écoles et établissements, les parents d'élèves, les collectivités territoriales, les associations éducatives ainsi que les acteurs institutionnels, économiques et sociaux, associés au service public de l'éducation.

❑ **c.** La communauté éducative vote le règlement intérieur de l'école.

❑ **d.** Les ATSEM font partie de la communauté éducative.

13. L'évaluation à l'école maternelle a évolué récemment suite à la publication des nouveaux programmes de 2015.

❑ **a.** Il n'y a plus de livret d'évaluation avec une liste de compétences à valider.

❑ **b.** Les enseignant(e)s doivent observer ce que les enfants savent faire et non ce qu'ils ne savent pas faire.

❑ **c.** Ce sont uniquement les progrès et les réussites de l'élève qui sont évalués.

❑ **d.** Les enfants doivent obligatoirement être évalués en fin d'année sur une échelle de 0 à 10.

14. Dans le cadre d'activités périscolaires, vous organisez un atelier pâte à sel au cours duquel Arthur enchaîne les bêtises et se montre insolent.

❑ **a.** Vous l'isolez du reste du groupe et l'informez qu'il sera privé d'activités jusqu'à la fin de la semaine.

❑ **b.** Vous mettez fin à l'atelier et proposez aux enfants une activité plus calme autour de la lecture.

❑ **c.** Vous expliquez calmement à Arthur qu'il ne doit pas perturber l'atelier.

❑ **d.** Vous profitez de la venue de la maman d'Arthur, en fin de journée, pour lui faire part du comportement de celui-ci au cours de l'atelier.

❑ **e.** Vous devez impérativement aller chercher l'enseignant(e) afin de lui demander conseil sur l'attitude à adopter.

15. Le directeur (la directrice) de l'école vous demande de participer à la kermesse de l'école qui a lieu un samedi matin, jour normalement non travaillé.

❑ **a.** Vous avez le droit de refuser, en lui rappelant votre cadre horaire.

❑ **b.** Vous demandez à votre chef de service d'intervenir afin que la kermesse se déroule sur un jour travaillé.

❑ **c.** En fonction de vos possibilités, vous acceptez car la kermesse est un véritable moment de rencontre avec les familles dans un cadre propice aux échanges.

❑ **d.** Pour pouvoir y participer, vous demandez au (à la) maire son autorisation.

❑ **e.** Vous refusez de participer aux préparatifs prévus sur votre temps de travail car vous ne participerez pas à l'événement.

16. Nous sommes au mois de juin et Pauline n'arrive toujours pas à mettre seule son gilet et à enfiler ses chaussures.

❑ **a.** Vous estimez qu'il est temps qu'elle soit autonome et insistez pour qu'elle réalise chaque geste seule, quitte à sortir après ses camarades en récréation.

❑ **b.** Vous lui fixez de petits objectifs afin de l'aider à voir ses progrès.

❑ **c.** Découragé(e), vous finissez par l'habiller et la chausser tous les jours.

❑ **d.** Vous la félicitez vivement pour chaque réussite accomplie.

❑ **e.** Vous en parlez à ses parents en leur demandant de l'entraîner à la maison.

❑ **f.** Vous lui suggérez de demander à un(e) camarade de l'aider.

17. À propos de la dyspraxie :

❑ **a.** Il s'agit d'un trouble cognitif qui affecte le développement de l'enfant.

❑ **b.** La dyslexie, la dysphasie et la dyspraxie sont une seule et même maladie.

❑ **c.** La dyspraxie est un trouble de la coordination et de la planification des gestes.

❑ **d.** La dyspraxie est une allergie alimentaire.

❑ **e.** Les élèves dyspraxiques peuvent bénéficier d'un Plan d'Accompagnement Personnalisé.

18. Simon, un petit élève de 3 ans, nouvellement scolarisé, urine régulièrement dans sa culotte dès son entrée en classe.

❑ **a.** Vous expliquez à l'enseignant(e) que vous refuserez dorénavant de le changer car les accidents sont systématiques.

❑ **b.** Vous le grondez en lui disant que « lorsqu'on va à l'école, on est grand et on ne fait pas pipi dans sa culotte ».

❑ **c.** Vous vous inquiétez et en parlez à sa maman.

❑ **d.** Vous en parlez à l'enseignant(e) afin de trouver ensemble une solution.

❑ **e.** Vous mettez en place une petite astuce à partir d'une carte avec un pictogramme, afin que l'enfant puisse vous faire savoir s'il a envie d'aller aux toilettes, même s'il ne sait pas encore l'exprimer.

19. Dans le cadre des activités périscolaires que vous assurez, vous prévoyez d'organiser un atelier jardinage.

❑ **a.** Ce type d'activité n'est pas du tout adapté à un accueil périscolaire en maternelle notamment, car les enfants risquent de se salir.

❑ **b.** Vous choisirez pour arroser les plantations, parmi les élèves présents, ceux qui se sont bien comportés dans la journée.

❑ **c.** Vous demanderez aux enfants de vous regarder faire afin qu'ils ne se salissent pas.

❑ **d.** Vous laisserez les enfants participer aux plantations sur la base du volontariat, en laissant participer à un autre atelier ceux qui le préfèrent.

❑ **e.** Vous suggérerez aux parents d'équiper les enfants d'une tenue qui ne craint rien afin qu'ils puissent vraiment participer activement à cet atelier.

❑ **f.** Vous exclurez de cet atelier les élèves en situation de handicap car cette activité n'est pas adaptée à leur situation.

20. Pour respecter les normes d'hygiène, vous procédez au lavage de vos mains plusieurs fois dans la journée. Cochez les affirmations exactes :

❑ **a.** Le lavage régulier des mains est un moyen de lutter contre les bio-contaminations.

❑ **b.** Le lavage des mains après les activités de nettoyage n'est pas nécessaire si vous avez porté des gants pour nettoyer.

❑ **c.** Le lavage des mains s'opère après avoir retiré ses bijoux.

❑ **d.** Le lavage des mains en cuisine s'opère au poste spécifique de lavage des mains à commande non manuelle.

❑ **e.** Le lavage des mains en cuisine peut être remplacé par l'utilisation de solution hydroalcoolique.

❑ **f.** Le lavage des mains nécessite l'utilisation de savon et de papier à usage unique pour l'essuyage.

CORRIGÉ

Sujet 1 | Session 2017

Proposition de corrigé

1. c. Vous devez vous occuper d'un enfant autiste au même titre que les autres, même s'il dispose d'un(e) AESH (ou AVS), celui(le)-ci ne se substituant pas à l'ATSEM. Chacun d'entre vous à un rôle spécifique. Les enfants porteurs de handicap(s) ont besoin que vous leur prêtiez une attention particulière du fait de leur singularité, mais comme vous pourriez le faire avec tout autre enfant qui aurait une problématique particulière à prendre en compte. L'idée n'est surtout pas de l'exclure ni de le rejeter. Bien au contraire, il s'agit de l'intégrer en essayant de créer un lien avec lui. Vis-à-vis des parents, votre rôle est de faciliter l'accueil de cet enfant au sein de l'école. Il serait donc très déplacé, voire violent, que vous vous prononciez sur le bien-fondé de la présence de leur enfant dans l'établissement.

2. c. Cette question en comporte en fait deux :
– le rapport entre la surface de l'école et le nombre de gazes utilisées ;
– le rapport entre le nombre de gazes et le prix.
Il vous faut trouver la solution à la première question pour répondre à la seconde.
Donc, si l'école a une surface de 350 m^2 et qu'il faut compter 1 gaze pour 30 m^2, on a :
350/30 = 11,7 soit 12 gazes pour 1 jour et 12 x 5 = 60 gazes pour 5 jours.
Si un lot de 10 gazes coûte 0,3 €, alors **60 gazes coûtent 1,80** € (0,3 x 6).

3. b. Bien que vous ne puissiez interférer dans le travail de l'enseignant(e), l'ATSEM qui considère que ses conditions de travail sont altérées est tout à fait légitime à remettre en question la situation. Pour autant, son attitude doit être constructive et bienveillante. Vous ne pouvez pas intervenir à la place de l'enseignant(e), ni en parler à des professionnels (vos collègues ATSEM ou d'autres enseignant(e)s qui ne sont pas habilités à intervenir). Le plus opportun est donc d'en référer à votre responsable en mairie, afin qu'il vous guide sur l'attitude à tenir. Par exemple, engager un dialogue ouvert et constructif avec l'enseignant(e), dans l'intention de trouver ensemble des solutions de coopération.

4. c et **d.** Si aucun parent n'est venu chercher un enfant, vous devez en référer à votre supérieur hiérarchique (directeur, responsable en mairie) et, dans le cas extrême où aucun référent n'est disponible, prévenir la police ou la gendarmerie pour une prise en charge de cet enfant. En aucun cas, vous ne devez laisser sortir l'enfant de l'école, seul ou accompagné par vos soins.

5. a et **e.**

a. Vrai. Car le temps de la récréation se déroule sous la responsabilité des enseignants, dont la présence est obligatoire. Il peut cependant être demandé à l'ATSEM d'y participer.

b. Faux. Théoriquement, on peut dire que le (la) maire, en tant qu'employeur de l'ATSEM, est responsable de l'emploi. Le directeur (la directrice) de l'école est responsable de la fonction, quel que soit le moment de la journée. En revanche, c'est la collectivité territoriale qui organise le travail des ATSEM lorsqu'ils interviennent hors du temps scolaire. Ils sont sous la seule autorité de celle-ci.

c. Faux. Les ATSEM sont affecté(e)s collectivement à l'école. Ils (Elles) peuvent donc intervenir dans une section ou une autre, selon les besoins et l'organisation de l'école. La répartition entre les classes est de la compétence du directeur (de la directrice).

d. Faux. Car l'ATSEM ne peut se substituer à l'enseignant(e), même pour cinq minutes.

e. Vrai. L'ATSEM participe aux sorties scolaires après validation du (de la) maire.

6. a, b, c et **f.** Pour décontaminer les jouets, il est nécessaire de les immerger dans une solution détergente et désinfectante compatible avec l'usage alimentaire (dans la mesure où les enfants peuvent porter les jouets à la bouche), mais sans les faire tremper. Ceux non immergeables, par définition, ne peuvent pas être mis dans l'eau. Pour autant, ils ont également besoin d'être lavés (à l'aide d'une lavette imprégnée). Tous les jouets peuvent être lavés plus fréquemment en cas d'épidémie.

7. b, c, e et **f.** La gale est une affection bénigne, mais très **contagieuse** : la transmission se fait principalement par contact direct, peau contre peau. Elle est favorisée par les contacts physiques rapprochés et prolongés : vie familiale, groupes d'enfants, vie en collectivité. Elle se transmet également par le textile. Causée par un acarien, le **sarcopte**, elle entraîne des **démangeaisons de prédominance nocturne,** parfois très intenses, surtout au niveau des mains, des aisselles, du ventre et de la zone génitale. Une désinfection du linge est nécessaire. Une éviction de l'enfant peut avoir lieu, jusqu'à trois jours après traitement, sur décision du directeur, en général après avis du médecin scolaire.

8. a, b et **c.** En cas d'incident comme celui-ci, qui peut s'avérer un peu plus sérieux qu'un simple « bobo », il vous faut prévenir le directeur (la directrice) et appeler les secours. Mais en premier lieu, garder votre calme, rassurer l'enfant et faire en sorte que la situation ne rajoute pas du stress à la douleur de l'enfant. Les parents seront prévenus, mais l'appel des secours est prioritaire.

À noter que vous ne pouvez pas appeler uniquement les secours sans avoir référé de l'incident au directeur (à la directrice) ; ce qui exclut la réponse **e**.

9. a et **d.** Si vous suspectez un cas de harcèlement, le premier réflexe à avoir est de ne pas s'autocensurer. En effet, avoir un doute est normal dans ce genre de situation. Tout l'enjeu est de rester en vigilance sans « crier au loup ». Il faut faire preuve de mesure et de discrétion, mais tout de même en parler (aux bonnes personnes) et agir (avec discernement). Difficile exercice ! Vous pouvez donc partager vos observations avec l'enseignant(e) et faire en sorte de créer un climat serein avec l'enfant, pour l'inciter à se confier à vous. Cependant, vous ne devez pas sermonner l'enfant. Il semble être dans un état d'anxiété qu'il ne maîtrise pas et dont les pleurs sont le symptôme.

Par ailleurs, vous ne devez pas mettre l'enfant au centre de la résolution du conflit et lui en faire porter la responsabilité, dans une configuration antagoniste et conflictuelle où vous vous positionnez au même niveau que les enfants (ce qui exclut la réponse **e**). C'est aux adultes de le protéger, sans qu'il ait à s'en soucier, en faisant en sorte que des actes malveillants qu'il pourrait subir de la part de ses camarades cessent.

10. a, c et **d.** La méthode HACCP (*hazard analysis critical control point*) est une méthode qui identifie, évalue et maîtrise les dangers significatifs au regard de la sécurité des aliments.

Un des principes est la non rupture de la chaîne du froid. Dès que les aliments sont à température ambiante, le processus de prolifération microbienne s'enclenche. C'est pourquoi les préparations froides doivent être sorties du réfrigérateur au plus près de leur consommation.

Le nettoyage des surfaces ayant un contact alimentaire doit être quotidien, et consigné dans le plan de nettoyage et de désinfection.

11. a et **d.** La cantine scolaire est mise en place par la commune, qui en assure la gestion directement ou qui peut choisir de la déléguer à un prestataire. Cependant, ce n'est pas un service obligatoire. La cantine peut, toujours selon la décision de la commune, être gratuite ou payante. Des repas spécifiques peuvent être servis aux enfants souffrant d'allergies alimentaires, en fonction des cas et des cantines.

12. b et **d.** La communauté éducative rassemble tous les acteurs concernés par la notion d'éducation de l'enfant.

13. b et **c.** À compter de la rentrée 2016, deux nouveaux outils permettent d'assurer le suivi des apprentissages et des progrès des élèves : le carnet de suivi des apprentissages, renseigné tout au long du cycle, et la synthèse des acquis de l'**élève, établie à la fin de la dernière année du cycle 1.**

Dans le carnet de suivi apparaissent les indicateurs significatifs de progrès vers les attendus des programmes.

Par exemple :

Domaine « AGIR, COMPRENDRE, S'EXPRIMER À TRAVERS L'ACTIVITÉ PHYSIQUE »
À la fin de l'école maternelle, Sami devrait réussir à : ▪ Ajuster et enchaîner ses actions et ses déplacements en fonction d'obstacles à franchir. ▪ Se déplacer avec aisance dans des environnements variés, naturels ou aménagés.
En novembre 2016, à 2 ans et 7 mois *Sami commence à réussir à élaborer des actions (monter, glisser, ramper), en réponse à un environnement donné.*
En janvier 2017, à 2 ans et 9 mois *Sami commence à se risquer à des déséquilibres, dans un espace aménagé sécurisé .*
En février 2017, à 2 ans et 10 mois *Sami commence à explorer seul, ou par imitation, les différentes utilisations possibles d'objets comme les anneaux, les bâtons, les plots, les ballons.*

14. c et **d.** Il faut dire à l'enfant qu'il ne doit pas perturber l'atelier et lui expliquer pourquoi. Cette activité se déroulant dans le cadre périscolaire, vous pouvez tout à fait en discuter avec le parent, le soir venu. Il vous incombe, en effet, de restituer aux parents comment s'est passé l'atelier périscolaire pour leur enfant, si vous animez ce temps.

15. a et **c.** La présence des ATSEM à des événements exceptionnels, comme les kermesses, ne peut se faire que sur la base du volontariat. Votre participation est toutefois souhaitable, puisque ces moments s'inscrivent dans le projet de l'école. Vous avez tout à fait le droit de refuser, mais c'est un temps fort de la vie scolaire dont vous auriez tort de vous priver. En revanche, votre participation aux préparatifs est obligatoire car ceux-ci sont prévus sur votre temps de travail.

16. b et **d.** Chaque enfant a son propre rythme de progrès. Ce n'est donc pas à vous de décréter quel est le moment adéquat pour l'acquisition de telle ou telle compétence. En revanche, votre rôle est de soutenir l'enfant, de l'aider et de l'encourager, que ce soit en lui fixant de petits objectifs qu'il est capable d'atteindre ou en le félicitant.

17. a, c et **e.** La dyspraxie est une altération de la capacité à exécuter, de manière automatique, des mouvements déterminés, en l'absence de toute paralysie des muscles impliqués dans le mouvement.

Le dispositif **« plan d'accompagnement personnalisé » (PAP)** s'adresse aux élèves présentant des troubles des apprentissages (dyslexie, dysphasie, dyspraxie). Il vise à leur apporter les aménagements pédagogiques spécifiques dont ils ont besoin pour le bon déroulement de leur scolarité.

18. d et **e.** Les accidents urinaires sont fréquents en petite section. Rien ne sert de gronder l'enfant, ni de le stigmatiser, car cela n'arrangerait rien et risquerait d'aggraver la situation. Parlez-en avec l'enseignant(e) afin de voir ce qui peut être mis en place, comme par exemple l'astuce proposée dans la réponse **e**.

19. d et **e.** Une activité de jardinage est tout à fait adaptée en périscolaire maternelle, car elle permet aux enfants d'appréhender les matières, d'affiner leurs gestes, de comprendre le cycle de la nature, etc. Le fait de se salir n'est donc pas un argument, du moment que vous avez prévenu les parents et leur avez suggéré de mettre à l'enfant ce jour-là une tenue adaptée. Exclure de cette activité un enfant en situation de handicap(s) serait une grave erreur : d'une part, cet enfant est tout à fait en capacité d'y participer ; d'autre part, l'exclusion d'un enfant en situation de handicap(s) n'est absolument jamais une bonne idée.

20. a, c, d et **f.** Le lavage des mains est nécessaire et obligatoire pour lutter contre les bio-contaminations, même si vous avez porté des gants. Ce lavage ne peut être remplacé par l'utilisation de solutions hydroalcooliques. En effet, celles-ci ne sont pas efficaces quand les mains sont fortement contaminées par de la saleté ou d'autres matières organiques. Les désinfectants pour les mains ne sont pas efficaces lorsque vos mains sont visiblement sales ou graisseuses.

En cuisine, le lavage des mains s'opère à des postes à commande non manuelle pour éviter les contaminations, en utilisant du savon et du papier à usage unique, et après avoir retiré les bagues et bijoux.

Sujet 2 | Session 2016

45 min

ÉNONCÉ

CDG Rhône-Alpes

1. Dans le cadre des temps d'activités périscolaires, vous animez un atelier avec des élèves de 3 à 5 ans. Quelles affirmations sont exactes ?

❑ **a.** L'effectif de votre atelier ne peut pas excéder huit enfants.

❑ **b.** Vous décidez seul(e) d'utiliser, en tant que de besoin, le matériel de votre classe pour faire fonctionner votre atelier.

❑ **c.** Vous pouvez faire un compte rendu de l'activité aux parents qui vous sollicitent en fin de journée.

❑ **d.** Votre salle de classe habituelle peut être utilisée dans le cadre d'une convention signée entre la commune et l'école.

❑ **e.** Vous pouvez reproduire des ateliers pédagogiques conçus par l'enseignant(e) afin de renforcer les apprentissages.

❑ **f.** Un enfant qui refuse l'activité ne doit pas être contraint.

2. L'étiquette d'un produit d'entretien fait apparaître les pictogrammes reproduits ci-dessous. Indiquez les risques et mesures de sécurité à respecter lors de l'utilisation et du stockage de ce produit.

❑ **a.** Ce produit est dangereux pour la santé.

❑ **b.** Ce produit est explosif : il doit être stocké séparément des autres.

❑ **c.** Ce produit est corrosif : il peut ronger les surfaces et matériaux.

❑ **d.** Ce produit doit être stocké en le séparant des produits comburants.

❑ **e.** Ce produit doit être manipulé avec des EPI.

❑ **f.** Ce produit peut être transvasé dans une bouteille d'eau vide à condition d'y apposer une étiquette avec toutes les informations et précautions d'emploi retranscrites.

3. Que signifie la laïcité à l'école ?

❑ **a.** L'interdiction pour les élèves et les personnels d'adhérer à la religion de leur choix.

❑ **b.** L'obligation pour les personnels de faire preuve de neutralité sur le plan religieux, au sein de l'établissement.

❑ **c.** L'interdiction de s'exprimer sur les sujets religieux dans les enseignements, de quelque manière que ce soit.

❑ **d.** Le rejet de toutes violences et discriminations liées aux convictions religieuses d'une personne.

❑ **e.** L'interdiction du port de signes ou de tenues manifestant ostensiblement une appartenance religieuse.

4. Vous êtes invité(e) à accompagner la classe de grande section pour une sortie occasionnelle au parc zoologique en dépassement du temps scolaire. Quelles sont les affirmations exactes ?

❑ **a.** En tant qu'ATSEM, votre participation à cette sortie est obligatoire.

❑ **b.** Comme accompagnant(e), vous serez attentif(ve) aux signes éventuels de malaise et à proposer fréquemment de l'eau à boire en cas de forte chaleur.

❑ **c.** Le taux d'encadrement requis est de deux adultes pour seize enfants, et au-delà, un adulte supplémentaire pour huit enfants.

❑ **d.** Vous êtes vigilant(e) quant à l'intérêt pédagogique de la sortie, qui doit venir en appui du programme scolaire.

❑ **e.** Comme encadrant(e), vous devez aller reconnaître le site avant la sortie.

5. Parmi ces profils, quels sont les deux élèves qui justifient que vous leur accordiez une attention particulière ?

❑ **a.** Odin, 3 ans, plein d'énergie et très bavard.

❑ **b.** Diego, 5 ans, scolarisé pour la première fois, sage et obéissant.

❑ **c.** Madi, 4 ans, bavarde et rieuse, un peu exubérante.

❑ **d.** Dino, 4 ans, scolarisé avec un PAI pour asthme.

❑ **e.** Éloi, à peine 3 ans, qui dit non à tout.

6. Que signifie le sigle PPMS ?

❑ **a.** Protocole de prévention en milieu scolaire.

❑ **b.** Plan prévisionnel des mesures sanitaires.

❑ **c.** Plan de prévention des malaises en milieu scolaire.

❑ **d.** Plan particulier de mise en sûreté.

7. Yann, 4 ans, est tombé dans la cour en jouant au foot et s'est fait une écorchure bénigne au genou. L'enseignant(e) vous le confie. Que faites-vous ?

❑ **a.** Vous rassurez l'enfant et vous l'emmenez à l'écart pour le soigner.

❑ **b.** Vous demandez à l'enseignant(e) d'appeler la famille pour l'informer immédiatement.

❑ **c.** Vous lavez la plaie à l'eau et au savon, et mettez un pansement sur l'écorchure.

❑ **d.** Vous gardez ensuite l'enfant assis à l'intérieur afin d'éviter une autre chute dans la journée.

❑ **e.** Vous reprenez le ballon afin qu'aucun autre enfant ne se blesse.

8. Rémi, 4 ans, est un enfant très agité. Il hurle souvent, se jette au sol, bouscule violemment les autres enfants, et exige des câlins et l'attention exclusive des adultes qui l'entourent. Comment gérez-vous la situation ?

❑ **a.** Vous expliquez fermement à Rémi qu'à son âge, il ne peut pas se comporter de la sorte. Il doit apprendre à vivre avec les autres.

❑ **b.** Vous discutez avec l'enseignant(e) des difficultés particulières de cet enfant pour mettre en place le meilleur accueil possible.

❑ **c.** Vous tentez un dialogue apaisé avec la maman autour de faits concrets lorsqu'elle viendra récupérer son fils.

❑ **d.** Si une équipe éducative est créée, c'est dans ce cadre que vous ferez part de vos observations.

9. Pour réaliser le lavage manuel quotidien des sols, vous préparez chaque jour 5 litres de solution détergente à base d'un produit à diluer à 2 %. Indiquez la quantité de produit détergent consommé en 1 mois (4 semaines de 5 jours chacune).

❑ **a.** 0,2 litre de produit

❑ **b.** 200 ml de produit

❑ **c.** 2 litres de produit

❑ **d.** 20 cl de produit

❑ **e.** 250 ml de produit

❑ **f.** 5 litres de produit

10. Il est 16 h 10. Le signal d'alerte retentit dans l'école : les élèves de votre école sont confinés par décision des autorités. Ce n'est pas un exercice. Quelles sont les affirmations exactes ?

❑ **a.** Le protocole, en cas d'accident majeur, prévoit et organise ce confinement, et fixe précisément le rôle de chacun, les lieux de confinement et les consignes à respecter.

❑ **b.** Les élèves doivent passer la nuit à l'école. Les enseignants devront alors rester avec eux. Les ATSEM n'ont pas cette obligation.

❑ **c.** Les parents ne sont pas autorisés à venir chercher leur enfant.

❑ **d.** Des repas et des lits de camps seront immédiatement livrés par les autorités.

❑ **e.** Vous prévenez les secours pour les informer de la mesure de confinement.

11. Suite à une activité de décoration des vitres pour Halloween, vous procédez à la remise en état des portes vitrées de l'école. Cochez les affirmations correspondant à votre façon de procéder.

❑ **a.** Vous utilisez un seau, un mouilleur, une raclette à vitres et un grattoir.

❑ **b.** Vous montez sur une chaise pour commencer par nettoyer les encadrements de porte.

❑ **c.** Vous détourez la surface avec le mouilleur en insistant sur les angles.

❑ **d.** Vous raclez de bas en haut après avoir mouillé toute la surface vitrée.

❑ **e.** Vous protégez le sol avec une serpillère pour éviter les traces d'eau.

❑ **f.** Vous travaillez la porte ouverte pour permettre le passage des usagers.

❑ **g.** Vous utilisez un produit détergent.

12. L'enseignant(e) organise un atelier pâtisserie. En tant qu'ATSEM, quel est votre rôle ?

❑ **a.** Occuper les enfants pour qu'ils se tiennent au calme pendant trente minutes.

❑ **b.** Aider les enfants et leur apprendre à nommer et manipuler les ustensiles.

❑ **c.** Répartir le matériel en fonction des consignes données aux élèves par l'enseignant(e).

❑ **d.** Laisser les enfants jouer avec le sucre et la farine car cela leur permet de développer leur sens du toucher.

❑ **e.** Vérifier, avant la dégustation, qu'aucun enfant n'a de régime alimentaire particulier.

13. Lors de la pause méridienne, Léon et Paul, élèves de petite section, se mettent à vomir. Quelques minutes plus tôt, Adèle avait également été prise de vomissements. Que faites-vous ?

❑ **a.** Vous rassurez les enfants et les accompagnez aux toilettes pour les nettoyer.

❑ **b.** Vous donnez à boire aux enfants.

❑ **c.** Vous proposez aux enfants quelque chose à manger.

❑ **d.** Vous prévenez le directeur (la directrice) et appelez le Samu.

❑ **e.** Vous insistez auprès des enfants pour savoir ce qu'ils ont bu ou mangé, et leur expliquez que les conséquences peuvent être très graves s'ils ne vous disent rien.

14. Qu'est-ce qu'un antipyrétique ?

❑ **a.** Un moyen d'éteindre le feu.

❑ **b.** Un médicament contre les démangeaisons.

❑ **c.** Un médicament utilisé pour le traitement de la fièvre.

❑ **d.** Un trouble du langage.

❑ **e.** Un trouble du comportement.

15. Le conseil d'école se réunit trois fois par an. Indiquez les réponses exactes :

❑ **a.** Le conseil d'école et le conseil des maîtres sont une seule et même instance.

❑ **b.** Les enseignant(e)s sont membres de droit du conseil d'école.

❑ **c.** Le conseil d'école vote le règlement intérieur de l'école et établit le projet d'organisation pédagogique de la semaine scolaire.

❑ **d.** Les ATSEM sont membres de droit du conseil d'école et ont obligation d'être présent(e)s.

❑ **e.** Le conseil d'école participe au recrutement des ATSEM.

❑ **f.** Le conseil d'école émet un avis sur le contenu des programmes scolaires.

16. Dans le cadre des temps d'activités périscolaires, vous êtes chargé(e) des activités entre 15 h 30 et 16 h 30. Quelle(s) activité(s) proposez-vous aux enfants de la petite section âgés de 3 ans ?

❑ **a.** Une activité autour des contes pour favoriser leur imaginaire.

❑ **b.** Une sieste avant de commencer des activités motrices.

❑ **c.** Une activité sportive collective permettant de prendre conscience des autres et de développer l'esprit d'équipe.

❑ **d.** Une activité de pâte à modeler pour appréhender de nouvelles matières et développer la motricité fine.

17. En tant qu'ATSEM, qu'est-ce qui vous semble important pour favoriser une prise de repas dans de bonnes conditions ?

❑ **a.** La vaisselle doit être adaptée à l'âge de l'enfant : cela favorise son autonomie.

❑ **b.** Le repas est un moment convivial : il doit se faire dans un cadre agréable.

❑ **c.** L'environnement sonore est sans importance : l'important est de proposer à l'enfant ce qu'il aime.

❑ **d.** Il faut éviter de proposer à l'enfant un aliment qu'il ne connaît pas : il risque de développer une néophobie alimentaire.

❑ **e.** Pour contribuer à un bon équilibre alimentaire, l'enfant doit terminer son assiette avant de sortir de table.

18. Les activités d'entretien des locaux et matériaux destinés aux enfants nécessitent l'utilisation de plusieurs produits d'entretien. Cochez les règles de sécurité à respecter lors de ces activités.

❑ **a.** Porter ses EPI lors du dosage.

❑ **b.** Lire l'étiquette du produit et repérer les pictogrammes de danger.

❑ **c.** Sentir les produits purs afin de choisir le plus parfumé.

❑ **d.** Verser le produit dans l'eau et non l'inverse pour éviter tout risque de projection de produit pur.

❑ **e.** Refermer le bidon de produit et le ranger immédiatement après utilisation.

❑ **f.** Reverser le produit dilué restant en fin de nettoyage dans le bidon d'origine pour éviter le gaspillage.

❑ **g.** Stocker des produits dans la salle de classe pour les avoir à disposition, en cas de nécessité.

19. **Vous préparez un atelier pour que chaque enfant confectionne un masque pour le carnaval. Votre atelier est composé de 17 élèves. Il vous faut 15 cm de fil élastique par masque, une feuille A3 cartonnée pour y découper 4 masques et 20 gommettes par enfant pour qu'ils décorent leur réalisation (les gommettes sont disponibles par paquet de 50). Quelle quantité de matériel devez-vous rassembler ?**

❑ **a.** 3 feuilles cartonnées A3, 7 sachets de gommettes, 125 cm de fil élastique.

❑ **b.** 4 feuilles cartonnées A3, 6 sachets de gommettes, 255 cm de fil élastique.

❑ **c.** 5 feuilles cartonnées A3, 7 sachets de gommettes, 2,55 m de fil élastique.

❑ **d.** 5 feuilles cartonnées A3, 7 sachets de gommettes, 25,5 m de fil élastique.

❑ **e.** 4 feuilles cartonnées A3, 7 sachets de gommettes, 255 cm de fil élastique.

20. **L'équilibre alimentaire des enfants passe par la proposition de menus variés et répondant à plusieurs caractéristiques. Parmi les affirmations suivantes, quelles sont celles qui répondent aux besoins nutritionnels des enfants ?**

❑ **a.** Les apports en lipides doivent être réduits.

❑ **b.** Un yaourt au fruit permet d'apporter à l'enfant du calcium et peut compter comme une portion de fruit.

❑ **c.** Des repas bio doivent être obligatoirement proposés aux enfants deux fois par semaine.

❑ **d.** Le repas de midi est le principal repas de la journée et représente 40 % de la ration énergétique.

❑ **e.** Une portion de 50 g par jour de viande ou de poisson suffit pour un enfant de 4 à 5 ans.

❑ **f.** Les féculents peuvent être mangés à chaque repas et selon l'appétit.

→ *Retrouvez les corrigés en p. 159*

Sujet 2 | Session 2016

Proposition de corrigé

1. c, d et **f.** Vous pouvez tout à fait faire un compte rendu aux parents des activités qui se sont déroulées pendant le temps périscolaire, dans la mesure où celui-ci est déconnecté du temps scolaire (où l'enseignant(e) est là, le (la) seul(e) compétent(e) pour répondre aux parents). Il est possible que, dans le cadre de la mise en place des TAP, la commune (sous l'égide de laquelle se tiennent les TAP) ait conventionné avec l'école pour mettre à disposition la salle de classe que vous occupez. Par ailleurs, l'objectif des TAP est d'initier les enfants à de nouvelles activités, en suscitant leur sens de la curiosité et de la découverte. Vous pouvez donc proposer une activité à un enfant réticent, en essayant de le convaincre, sans forcément le contraindre. En revanche, les TAP ne sont pas une imitation du travail fait en classe. Vous ne pouvez pas, non plus, décider seul d'utiliser le matériel disponible dans la salle de classe lors du temps scolaire ; cela doit être préalablement prévu. En matière d'effectif, enfin, le taux d'encadrement de ces activités pour les moins de 6 ans est d'un adulte pour quatorze enfants.

2. a, d et **e.** Ces pictogrammes signifient que ce produit est inflammable et toxique. Il est donc dangereux et doit être stocké à part des autres produits, en particulier des produits comburants. Il est nécessaire de le manipuler avec un équipement de protection individuelle (EPI). Attention, en aucun cas, ce type de produit ni aucun autre ne doit être transvasé.

3. b, d et **e.** La laïcité est un principe typiquement français qui consiste en la séparation de l'État et des religions. Ainsi, l'État ne favorise aucune religion et les autorise toutes dans le cadre privé. En revanche, dans le cadre public, la laïcité implique le respect de toutes les religions, sans que ne soit fait de prosélytisme. D'où l'obligation de neutralité (**b**), le rejet de toutes violences et discriminations pour des motifs religieux (**d**) et l'interdiction du port de signes religieux, dans la mesure où ils sont ostentatoires, c'est-à-dire très visibles (**e**).

Sur la réponse **c** : les enseignement(e)s peuvent mentionner des sujets religieux (l'existence des religions, leur histoire, etc.). En revanche, exprimer une opinion sur une religion est interdit.

4. b et **c.** La présence des ATSEM aux sorties scolaires n'est pas obligatoire. En revanche, il doit y avoir au minimum un enseignant accompagné d'un autre adulte, et un troisième adulte à partir du dix-septième enfant à encadrer (et ensuite par groupe de huit enfants). À noter que la présence d'un(e) ATSEM lors d'une sortie scolaire doit faire l'objet d'un accord préalable du (de la) maire de la commune, étant donné qu'il s'agit de son employeur. La qualité de la sortie et sa plus-value pédagogique peuvent intéresser l'ATSEM mais, tout comme c'est le cas au sein de l'école, les apprentissages scolaires ne sont pas de son ressort.

5. b et **d.** Parmi ces enfants, une attention particulière peut être portée à celui qui, à l'âge de 5 ans, est scolarisé pour la première fois, Diego. En effet, il s'agit pour lui d'un nouvel environnement ; ce qui peut nécessiter une attention accrue de la part des professionnels éducatifs, dont l'ATSEM. Il en va de même pour l'enfant avec un projet d'accueil individualisé (PAI) pour asthme, Dino. En revanche, tous les traits de caractère des autres enfants mentionnés sont tout à fait habituels, qu'ils soient bavard, exubérant ou peu coopératif.

6. d. Le PPMS est le « plan particulier de mise en sûreté ». C'est un plan d'organisation interne, mis en place par le chef d'établissement scolaire ou le directeur (la directrice) d'école, pour protéger le personnel et les élèves en cas d'événement majeur. À partir de l'analyse des risques majeurs identifiés sur la commune, ce plan prévoit un certain nombre de dispositions simples visant à assurer la mise en sûreté des occupants de l'école (par exemple, leur évacuation).

7. a et **c.** En cas de chute, lorsque la plaie est superficielle et bénigne, il faut rassurer l'enfant et le soigner, en lavant la plaie à l'eau et au savon. Inutile d'inquiéter les parents pendant la journée pour une écorchure, ni de faire asseoir l'enfant.

8. b et **d.** Le comportement de cet enfant est atypique. Il doit alerter le personnel éducatif sur les causes éventuelles de ce mal-être, auquel il faut apporter une réponse adaptée. Dans un but de cohérence et de pertinence, cette réponse doit se faire au sein d'un cadre collectif. C'est pourquoi l'ATSEM ne doit pas agir seul(e) face aux parents, mais se concerter avec l'enseignant(e) et l'équipe éducative. Il s'agit de définir au mieux les conditions d'accueil de cet enfant.

9. c. Le produit est à diluer à 2 % par litre. Cela signifie qu'1 litre (ou 100 cl) de solution (mélange produit et eau) contient 2 cl de produit. Donc 5 litres de solution contiennent 10 cl de produit, utilisés chaque jour. En 1 mois (soit 20 jours comme précisé dans la consigne), vous aurez utilisé 10 cl x 20 jours = 200 cl, soit **2 litres** de produit.

10. a, c et **e.** Si le protocole, ou plan particulier de mise en sûreté (PPMS), prévoit ce confinement à l'intérieur de l'école, cela signifie qu'aucun occupant de l'école ne doit en sortir jusqu'à ce que les autorités décident de lever ce plan. Ainsi, aucun enfant ni adulte ne peut sortir de l'école, et aucun parent ne peut y entrer.

Voici les recommandations dispensées par l'Éducation nationale :

« L'alarme est déclenchée en présence d'un danger afin que les personnes s'en protègent ; elle doit susciter, de la part de tous les élèves et les personnels présents dans l'établissement, une réaction adaptée à la situation (attentat ou attaque armée mais aussi incendie, risques majeurs). L'alerte permet d'avertir de l'existence d'un danger de telle sorte que les personnes concernées puissent prendre des dispositions particulières.

→ *Je constate l'irruption d'un individu armé dans l'établissement : je déclenche l'alarme pour que les personnels et les élèves se mettent en sécurité en s'échappant ou en s'enfermant, puis j'alerte les forces de sécurité (17 ou 112) et le rectorat (numéro d'urgence).*

→ *Je suis alerté par le rectorat, la DSDEN, la police ou la gendarmerie, d'un danger qui menace l'établissement : je déclenche l'alarme pour que les élèves et les personnels adoptent la posture qui a été demandée (confinement ou évacuation de l'établissement).* »

11. a, c, e et **g.** En termes de matériel, il vous faudra des lavettes, une raclette, un mouilleur, un seau et une serpillère, ainsi qu'un détergent. Il faut d'abord dépoussiérer l'encadrement avec une lavette humide, puis laver les vitres à l'aide du mouilleur imbibé d'eau et de détergent. Le détourage se fait en insistant sur les coins, en partant du haut. La raclette se passe toujours de haut en bas, en essuyant la raclette humide à chaque passage. Enfin, vous ne devez pas monter en hauteur (ni sur une chaise, ni sur un escabeau) car vous devez être munie de perche télescopique pour les parties en hauteur.

12. b, c et **e.** L'atelier pâtisserie a, avant tout, une portée éducative : dosage, proportions, apprentissage des ingrédients et de leur origine, etc. Vous devez répartir le matériel comme indiqué par l'enseignant et vérifier qu'aucun enfant n'est allergique à un ingrédient, dans la perspective où le gâteau confectionné sera goûté. Bien entendu, les enfants peuvent toucher le sucre ou la farine pour appréhender ce qu'ils sont. Pour autant, ils ne doivent pas « jouer avec », car cela peut rapidement devenir compliqué à gérer lors d'un atelier avec plusieurs enfants.

13. a et **d.** Si des vomissements surviennent chez plusieurs enfants simultanément, il faut tout d'abord les rassurer et les nettoyer. Il faut également et immédiatement prévenir les secours, afin que les enfants soient examinés. Ne rien leur donner, ni à manger ni à boire, en attendant les secours. Les causes peuvent être multiples (intoxication, virus, etc.) et il est de la compétence du Samu de déterminer ce dont souffrent les enfants et comment les soigner. Bien évidemment, vous pouvez poser la question aux enfants de ce qu'ils ont ingéré, en prenant garde d'éviter d'insister et de les angoisser inutilement (ce qui exclut la réponse **e**).

14. c. Un antipyrétique est un médicament utilisé pour le traitement de la fièvre.

15. b et **c.** Le conseil d'école et le conseil des maîtres sont deux instances distinctes.

Le directeur (la directrice) d'école préside le conseil d'école qui réunit les représentants de la communauté éducative. Les ATSEM peuvent être invité(e)s et assister à ce conseil d'école, mais n'en sont pas membres de droit.

Le conseil d'école se prononce sur les questions de vie scolaire. Il donne son avis sur les actions éducatives entreprises pour réaliser les objectifs de l'Éducation nationale, seule compétente à décider du contenu des programmes scolaires. Pour plus d'informations sur cette instance, vous pouvez consulter le site : eduscol.education.fr/cid77759/le-conseil-d-ecole.html

16. a et **d.** Entre 15 h 30 et 16 h 30, vous pouvez proposer aux enfants de petite section une activité telle que la lecture de contes ou la pâte à modeler. À l'âge de 3 ans, les activités physiques sont à privilégier plutôt le matin. Par ailleurs, les activités de sport collectif ne sont pas adaptées à ces enfants : en petite section, ils sont encore trop jeunes pour appréhender les règles, jouer en équipe, etc.

17. a et **b.** Afin que le repas se passe dans les meilleures conditions possibles, les maîtres-mots sont le calme et la convivialité. Les enfants, tout comme les adultes, mangent mieux si le cadre est agréable. L'environnement sonore est primordial pour ne pas transformer le repas en une guerre des nerfs ! Vous pouvez tout à fait proposer à l'enfant un aliment qu'il ne connaît pas, le rôle de l'école étant d'inciter les enfants à la découverte, y compris gustative. En revanche, vous ne devez pas le forcer à manger, ni le contraindre à finir son assiette.

18. a, b, d et **e.** La manipulation des produits d'entretien, qui sont des produit chimiques, nécessite toujours le port d'équipements de protection individuels (EPI) : gants, blouse, etc. Il faut bien sûr : lire les étiquettes, identifier les pictogrammes afin de connaître la nature et la dangerosité du produit, bien refermer les bidons et les stocker après utilisation, hors de la portée des enfants. Parmi les règles de bon sens à respecter : ne jamais inhaler un produit et ne jamais le transvaser. Pensez toujours à verser le produit dans l'eau et non l'inverse (l'eau dans le produit). En effet, lorsque vous versez lentement le produit dans l'eau, celui-ci se dissout progressivement. En revanche, verser de l'eau dans un produit peut provoquer une réaction (dégagement de chaleur, de gaz) ou occasionner des projections (sur la peau, dans les yeux).

19. c. Pour la préparation de cet atelier comptant 17 élèves, il vous faut :

– fil : 15 cm x 17 masques = 255 cm, soit **2,55 m** ;

– feuille cartonnée A3 : 1 feuille pour 4 masques, soit 17 masques à diviser par 4, donc **5 feuilles** (vous faites 16 masques avec 4 feuilles et le 17e masque avec la 5e feuille, puisque cela ne fait pas un compte rond) ;

– gommettes : 20 gommettes x 17 enfants = 340 gommettes. Celles-ci étant conditionnées par paquet de 50, on divise 340 par 50 soit 6,8, donc **7 sachets.**

20. a, d, e et **f.** Pour une alimentation équilibrée, les féculents, légumes et fruits peuvent être mangés à chaque repas et selon l'appétit. Pour les protéines, une portion de 50 grammes par jour suffit à l'enfant de 4 à 5 ans. En revanche, l'apport de lipides, autrement dit de graisses, doit se faire en quantité limitée. Concernant la présence de repas bio, c'est une option choisie par un nombre croissant de cantines scolaires, mais elle n'est pas rendue obligatoire. Quant au yaourt au fruit, il n'est souvent qu'« aromatisé » au fruit et ne compte pas comme une portion de fruit, mais simplement comme un laitage.

Sujet 3 | Session 2015

45 min

ÉNONCÉ

Gironde

Chaque question comporte une ou plusieurs réponses exactes.

1. Qu'est-ce que la PMI (protection maternelle infantile) ?

❑ **a.** Un service municipal

❑ **b.** Une structure départementale

❑ **c.** Une organisation sociale privée

2. Les ATSEM dépendent d'une autorité double. Laquelle ?

❑ **a.** Les ministères de la Santé et de l'Éducation nationale

❑ **b.** Le maire de la commune et le directeur de l'école

❑ **c.** Le président du conseil départemental et le maire de la commune

3. Quel est le nom du système qui identifie, évalue et maîtrise les dangers significatifs (biologiques, chimiques, physiques) au regard de la sécurité des aliments ?

❑ **a.** ISO 22000

❑ **b.** PAI

❑ **c.** HACCP

4. Les ATSEM sont chargés :

❑ **a.** d'effectuer l'entretien et le nettoyage des locaux

❑ **b.** d'organiser l'utilisation des locaux

❑ **c.** d'organiser l'entretien des locaux

5. Les sanitaires doivent être nettoyés :

❑ **a.** chaque jour

❑ **b.** 3 fois par jour

❑ **c.** tous les 2 jours

6. Qui est le référent professionnel « sécurité » des ATSEM ?

❑ **a.** L'enseignant de la classe

❑ **b.** Le directeur de l'école

❑ **c.** La collectivité employeur

7. Le conseil d'école est mis en place :

❑ **a.** chaque année

❑ **b.** tous les 2 ans

❑ **c.** tous les 3 ans

8. À qui peut s'adresser l'ATSEM pour faire valoir ses droits à la formation ?

❑ **a.** Au rectorat

❑ **b.** Au centre départemental de gestion auquel est affiliée la collectivité

❑ **c.** Au service « formation » de la collectivité

❑ **d.** À la direction des ressources humaines de la collectivité

9. À l'école maternelle, quels sont les professionnels qui interviennent spécifiquement dans le soutien des élèves en situation de handicap ?

❑ **a.** L'éducateur de jeunes enfants

❑ **b.** L'auxiliaire de vie scolaire

❑ **c.** L'aide médico-psychologique

❑ **d.** L'enseignant-référent

10. Un projet d'école est :

❑ **a.** obligatoire dans chaque école

❑ **b.** un ensemble d'objectifs concrets, réalistes et d'actions conçues pour les élèves

❑ **c.** une structure de modification des programmes

❑ **d.** une instance de gestion des remplacements des enseignants

11. Un PAI c'est :

❑ **a.** un projet d'accueil individualisé pour définir les modalités d'accueil d'un enfant atteint de maladie chronique, d'allergie ou d'intolérance alimentaire

❑ **b.** un document qui précise les aménagements et adaptations apportés à la vie de l'enfant ayant des troubles de la santé, pendant son temps de présence à l'école

❑ **c.** un projet d'action innovant

12. Une mère d'élève demande à l'ATSEM de lui fournir des informations sur les progressions de son enfant dans les activités d'apprentissage. Que doit répondre l'ATSEM ?

❑ **a.** Lui dire que cela ne relève pas de ses attributions

❑ **b.** Lui montrer son cahier

❑ **c.** Lui dire de s'adresser à l'enseignante

❑ **d.** Lui décrire les progrès de l'élève

13. Vous êtes chargé de préparer un goûter pour 15 enfants. Il est prévu 120 ml de lait par enfant. Quelle quantité de lait est nécessaire ?

❑ **a.** 180 cl

❑ **b.** 1,8 l

❑ **c.** 1500 ml

❑ **d.** 18 dl

14. Qu'appelle-t-on liaison froide en restauration collective ?

❑ **a.** Une méthode de conservation d'un produit cuisiné entre sa fabrication et sa consommation

❑ **b.** Une méthode qui consiste à abaisser rapidement la température aussitôt après sa fabrication

❑ **c.** Un système de restauration rapide

15. Pendant le temps périscolaire, la température d'un enfant monte subitement à 39 °C. Que doit faire l'ATSEM ?

❑ **a.** Appeler les parents

❑ **b.** Lui donner de l'eau à boire

❑ **c.** Prévenir le responsable de l'école

16. Lors d'un goûter d'anniversaire, un enfant se brûle le doigt superficiellement en touchant une bougie. Que fait l'ATSEM ?

❑ **a.** Refroidir la brûlure avec de l'eau froide

❑ **b.** Protéger à l'aide d'un pansement

❑ **c.** Appeler le médecin

17. Une mère d'élève, séparée de son conjoint, vous demande d'interdire au père de l'enfant de venir le chercher à la sortie de l'école, quelle est la réponse de l'ATSEM ?

❑ **a.** Prendre en compte sa demande

❑ **b.** Informer l'enseignante

❑ **c.** Expliquer que cela ne relève pas de ses attributions

18. Lors du moment de l'habillement des élèves de grande section, un enfant vous demande de lui fermer son blouson. Quelle est l'attitude de l'ATSEM ?

❑ **a.** Lui montrer comment fermer son blouson

❑ **b.** Lui dire qu'il se débrouille seul

❑ **c.** Lui fermer son blouson

19. Un élève demande à l'ATSEM de lui mettre « ses godasses ». Que dit l'ATSEM ?

❑ **a.** Elle lui fait le reproche d'utiliser le mot « godasse »

❑ **b.** Elle reformule en lui disant « veux-tu que je t'aide à mettre tes chaussures ? »

❑ **c.** Elle lui demande de répéter sa demande en s'exprimant en bon français

20. Le jeu est un mode privilégié du rapport au monde pour les élèves de maternelle. Il les conduit à des expériences :

❑ **a.** sensorielles

❑ **b.** motrices

❑ **c.** dangereuses

❑ **d.** affectives, intellectuelles

CORRIGÉ

Sujet 3 | Session 2015

Comment aborder le sujet

- Lire l'ensemble des questions avant de répondre peut être très utile, afin de consacrer éventuellement davantage de temps aux questions qui sont plus compliquées et vous aider ainsi à maîtriser votre temps.
- Une bonne stratégie peut être également de réfléchir à la bonne réponse avant même de lire l'ensemble des propositions, afin de ne pas être influencé par celles-ci.

Proposition de corrigé

1. b. La protection maternelle infantile est un service qui dépend du département.

2. b. Les ATSEM sont placés sous double autorité : le directeur de l'école et le maire de la commune.

3. c. La sécurité alimentaire est garantie par le système de HACCP, dont le sigle signifie en anglais Hazard Analysis Critical Control Point.

4. a. Les ATSEM effectuent l'entretien et le nettoyage des locaux. Ils n'organisent pas l'utilisation des locaux ni l'entretien de ceux-ci.

5. a. Le nettoyage des sanitaires doit se faire quotidiennement, à raison d'au moins une fois par jour.

6. b. Pour toutes les questions relatives à la sécurité, l'ATSEM peut s'adresser au directeur de l'école.

7. a. Le conseil d'école est une instance mise en place tous les ans.

8. c. et **d.** Le service formation est compétent pour renseigner les ATSEM sur leur droit à la formation. Ce service fait dans la plupart des cas partie de la direction des ressources humaines de la collectivité.

9. b. Les enfants en situation de handicap sont accompagnés par des AESH (ex AVS). Les AVS sont désormais appelés AESH (accompagnants des élèves en situation de handicap).

10. a. et **b.**

11. a. et **b.**

12. a. et **c.** Les activités d'apprentissage ne relèvent pas des attributions des ATSEM. Le parent doit être réorienté vers l'enseignant qui est compétent pour lui répondre.

13. a., **b.** et **d.** 15 × 120 = 1 800 ml, soit 180 cl, 18 dl ou 1,8 l.

14. b. En liaison froide, les plats sont préparés en cuisine centrale. Après cuisson, les denrées subissent une réfrigération rapide avant d'être stockées à basse température.

15. b. et **c.**

16. a. En cas de brûlure superficielle, il faut passer la plaie sous l'eau froide et surtout ne pas couvrir cette plaie d'un pansement.

17. b. et **c.** Cela ne relève pas de vos attributions, mais vous devez informer l'enseignante du fait que ce parent émet cette demande.

18. a.

19. b.

20. a., **b.** et **d.**

Sujet 4 | Session 2015

45 min

ÉNONCÉ

Loir-et-Cher

Barème de notation :

Chaque question comporte une ou plusieurs réponses exactes : 1 point.

Mauvaise réponse ou réponse incomplète : 0 point.

Absence de réponse : 0 point.

Cochez la ou les bonne(s) réponse(s).

1. À l'approche du conseil d'école le (la) directeur(trice) vous remet une invitation. Comment réagissez-vous ?

❑ **a.** Faisant partie de la communauté éducative vous êtes obligé d'assister à ce conseil d'école

❑ **b.** Vous informez votre supérieur hiérarchique de votre souhait de participer à ce conseil d'école et vous confirmez au (à la) directeur(trice) votre présence

❑ **c.** Le conseil d'école n'a pas lieu sur le temps scolaire donc vous n'irez pas

❑ **d.** Vous informez seulement le (la) directeur(trice) que vous assisterez à ce conseil d'école

2. Vous participez à l'endormissement des enfants de petite section. Un enfant a beaucoup de mal à s'endormir. Que faites-vous ?

❑ **a.** Vous pensez qu'il n'a pas sommeil et vous le laissez s'agiter en pensant qu'il dormira mieux le soir.

❑ **b.** Vous l'aidez à s'endormir en vous asseyant près de lui et en le rassurant

❑ **c.** Vous changez son lit de place et vous l'isolez dans la classe

❑ **d.** Vous le grondez en lui disant de dormir comme les autres enfants

❑ **e.** Vous lui donnez son « doudou » qu'il avait oublié de prendre et vous l'aidez à s'endormir

3. Un matin, un parent vous interpelle en vous demandant comment se comporte son enfant en classe car il est très agité à la maison. Que faites-vous ?

❑ **a.** Vous lui dites qu'il doit y avoir un problème à la maison car tout va bien à l'école

❑ **b.** Vous lui dites que c'est normal car il est pareil à l'école

❑ **c.** Vous lui dites d'en parler avec l'enseignant

❑ **d.** Vous proposez d'en parler vous-même avec l'enfant

4. Vous êtes ATSEM dans une classe de petite section et l'enseignant vous demande de mener une activité peinture avec la main sur un gabarit d'animal découpé dans du papier Canson. Un enfant du groupe refuse de faire l'activité. Comment réagissez-vous ?

❑ **a.** Vous lui prenez la main et l'obligez à frotter sa main sur la feuille car il faut bien qu'il fasse l'activité

❑ **b.** S'il ne veut pas faire vous le laissez de côté

❑ **c.** Vous le sollicitez à plusieurs reprises en faisant passer ses petits camarades avant lui pour lui montrer qu'il peut y arriver comme les autres

❑ **d.** C'est un petit, vous pensez que cela ne sert à rien d'insister car il ne sait rien faire

❑ **e.** Vous lui proposez un contact progressif avec la peinture : un doigt, puis deux, puis trois jusqu'à la main même si cela prend du temps

5. Vous êtes dans une classe à double niveau : des petits et des moyens. Les enfants ont joué dans les espaces jeux et l'enseignant dit qu'il faut ranger.

❑ **a.** Les enfants qui ont joué dans l'espace qu'ils soient petits ou moyens participent au rangement avec vous

❑ **b.** Vous considérez que c'est votre travail donc vous rangez les espaces jeux

❑ **c.** Seuls les moyens peuvent ranger donc vous allez en chercher deux au hasard pour ranger

❑ **d.** Les enfants y reviendront dans la journée, vous laissez donc tel quel et vous rangerez le soir

6. En tant qu'ATSEM, quelles sont vos missions ?

❑ **a.** L'assistance au personnel enseignant pour la réception, l'animation, l'hygiène des jeunes enfants

❑ **b.** La préparation et la mise en état de la cantine

❑ **c.** La préparation et la mise en état de propreté des locaux servant directement aux enfants

❑ **d.** La préparation du matériel pour les activités pédagogiques

❑ **e.** L'installation de la salle de sport

7. Sur la classe dans laquelle vous travaillez depuis quelques années, un enseignant débutant est nommé.

❑ **a.** Comme vous avez l'expérience de la classe, vous lui montrez la façon d'enseigner pour ce niveau

❑ **b.** Vous lui donnez des conseils, des idées sans hésiter si l'enseignant vous sollicite

❑ **c.** Le travail qu'il propose aux enfants ne vous semble pas adapté, vous leur proposez plutôt votre version

❑ **d.** Vous l'aidez en répondant à des questions d'ordre pratique

8. En aidant un enfant à s'habiller, vous vous apercevez qu'il a des poux dans les cheveux et ce n'est pas la première fois.

❑ **a.** Vous demandez aux autres enfants de ne pas s'approcher de lui pour ne pas attraper de poux

❑ **b.** Vous contactez les parents en disant que cela n'est plus possible

❑ **c.** Vous l'éloignez de vous de peur d'en attraper

❑ **d.** Vous prévenez l'enseignant afin qu'il prévienne la famille

❑ **e.** Vous regardez le cuir chevelu de tous les enfants pour voir si plusieurs enfants sont concernés

9. Qu'est-ce qu'un PAI ?

❑ **a.** Plan d'aide à l'intégration

❑ **b.** Plan d'action individuel

❑ **c.** Projet d'accueil individualisé

❑ **d.** Planning d'accueil pour l'intégration

10. Un enfant de votre classe a un PAI car il est allergique aux fruits à coque. L'enseignant vous demande de mener une activité de « découverte de goûts » autour des fruits d'automne puis de tri. Il y a des pommes, des poires, des noix, des noisettes décortiquées. L'enfant qui a le PAI est dans votre groupe.

❑ **a.** Même s'il ne peut pas manger tous les fruits présentés vous lui proposez de les toucher

❑ **b.** Vous lui proposez de goûter un tout petit morceau de chaque fruit

❑ **c.** Vous lui interdisez de goûter et de toucher les fruits

❑ **d.** Vous lui expliquez qu'il est allergique à certains fruits mais qu'il pourra juste goûter les pommes et les poires. Il participera au tri de façon verbale

11. Un cas de teigne est signalé sur l'école. Que savez-vous sur cette infection et que faites-vous ?

❑ **a.** C'est une mycose située sur tout le corps au niveau des zones de sudation

❑ **b.** C'est une infection non contagieuse donc vous ne changez rien à vos habitudes

❑ **c.** C'est une mycose qui entraîne des démangeaisons et qui se transmet par contact. Vous prenez des précautions

❑ **d.** C'est une mycose provoquée par un champignon provoquant des plaques arrondies au niveau du cuir chevelu

12. En tant qu'ATSEM votre (ou vos) supérieur(s) hiérarchique(s) est (sont) :

❑ **a.** Le (la) directeur(trice) pour l'aspect fonctionnel

❑ **b.** Le maire de la commune pour l'aspect administratif

❑ **c.** Le directeur départemental des services de l'Éducation nationale pour l'aspect fonctionnel

❑ **d.** Le responsable des ressources humaines de la commune pour toutes les fonctions

13. Un enfant est tombé dans la cour de récréation. Il saigne du nez. Que faites-vous ?

❑ **a.** Vous faites asseoir l'enfant et vous le rassurez

❑ **b.** Vous lui demandez de pencher la tête en avant

❑ **c.** Vous lui comprimez la narine jusqu'à ce que le saignement cesse

❑ **d.** Vous lui demandez de pencher la tête en arrière

❑ **e.** Vous lui mettez une mèche en coton dans la narine

❑ **f.** Vous nettoyez le visage de l'enfant

14. Vous venez de terminer votre atelier « peinture » avec votre groupe d'élèves de grande section. Il est l'heure de sortir en récréation en milieu de matinée. Que faites-vous ?

❑ **a.** Vous laissez votre atelier tel quel et vous allez aider les enfants à mettre leurs chaussures et à s'habiller dans le couloir avec l'enseignant. Vous nettoierez pendant la récréation

❑ **b.** Vous nettoyez la table et les pinceaux alors que les enfants sont en train de s'habiller dans le couloir avec l'enseignant car c'est plus facile quand la peinture est fraîche

❑ **c.** Vous demandez à deux enfants de nettoyer la table et les pinceaux

❑ **d.** Vous nettoierez en fin de journée quand les enfants seront partis

15. Lors du passage aux toilettes, en aidant un enfant à s'habiller, vous constatez qu'il présente des hématomes.

❑ **a.** Vous lui demandez qui lui a fait cela devant les autres enfants

❑ **b.** Vous l'habillez et vous en parlez à l'enseignant

❑ **c.** Vous appelez une autre ATSEM pour faire les mêmes constats que vous

❑ **d.** Vous en parlez aux parents le soir

16. Au lever de la sieste, vous constatez qu'un enfant de petite section a fait pipi dans son lit.

❑ **a.** Vous lui faites la morale en lui disant qu'il n'est plus un bébé

❑ **b.** Vous dédramatisez et le rassurez en le nettoyant

❑ **c.** Vous le grondez en lui disant qu'il ne pourra plus venir à l'école et vous en parlez aux parents le soir

❑ **d.** Vous vous assurez le lendemain qu'il passe bien aux toilettes avant de venir à la sieste

17. Quel(s) vaccin(s) est (sont) obligatoire(s) pour l'entrée à l'école maternelle en France ?

❑ **a.** Le BCG (tuberculose)

❑ **b.** Le ROR (rougeole, oreillons, rubéole)

❑ **c.** Le DTP (diphtérie, tétanos, poliomyélite)

❑ **d.** L'antihépatite B

18. Un enfant en situation de handicap arrive dans votre classe.

❑ **a.** Vous refusez de vous occuper de cet enfant

❑ **b.** Vous devez vous occuper de cet enfant au même titre que les autres

❑ **c.** Vous devez respecter les préconisations du projet personnel de scolarisation

❑ **d.** Comme vous n'avez pas de formation spécifique vous demandez à changer de classe

19. Vous devez réaliser le nettoyage des jouets des petites et moyennes sections. Quel produit devez-vous utiliser ?

❑ **a.** Un abrasif

❑ **b.** Un détergent-désinfectant alimentaire

❑ **c.** Une émulsion

❑ **d.** Un détergent

❑ **e.** Un détartrant

20. Pour nettoyer le sol de la classe, vous utilisez un détergent. Quelle quantité de produit mettez-vous dans votre seau de 10 litres, si le dosage de ce produit est de 3 % ? (0,5 point)

❑ **a.** 3 cl

❑ **b.** 15 ml

❑ **c.** 30 cl

Que fait un bactéricide (0,5 point) ?

❑ **a.** Il arrête le développement des bactéries

❑ **b.** Il détruit les virus

❑ **c.** Il détruit virus, bactéries et champignons

❑ **d.** Il détruit virus et bactéries

❑ **e.** Il détruit les bactéries

❑ **f.** Il détruit les champignons

→ *Retrouvez les corrigés en p. 168*

CORRIGÉ

Sujet 4 | Session 2015

Comment aborder le sujet

- Avant de répondre, ne vous précipitez pas mais relisez plusieurs fois la question en prêtant attention à la formulation de la phrase (par exemple s'il y a une négation) ou aux détails apportés au contexte de la situation de la question, qui peuvent parfois faire varier la ou les bonnes réponses.
- Si vous avez un doute que vous ne parvenez pas à résoudre, ne bloquez pas sur la question, passez à la suivante et revenez plus tard sur la question qui pose problème.
- Enfin essayez de vous ménager un temps de relecture avant de rendre votre copie pour vous assurer d'être en accord avec les réponses que vous avez cochées.

Proposition de corrigé

1. b. La participation de l'ATSEM au conseil d'école est facultative, vous pouvez y être invité ou manifester votre souhait d'y participer. Si vous y assistez, vous devez en informer le directeur de l'école, ainsi que votre supérieur hiérarchique au sein de la commune (le maire, via les services municipaux dédiés à votre secteur).

2. b. et **e.** En cas de difficultés à s'endormir, votre rôle est de rassurer l'enfant et de l'aider à trouver le sommeil sans le contraindre, ni le gronder, ni l'exempter de sieste.

3. c. Toute question relative au comportement de l'enfant durant le temps scolaire relève de la compétence de l'enseignant, vous n'avez donc pas à intervenir quoi que vous ayez pu penser ou noter à ce sujet.

4. c. et **e.** En cas de refus d'un enfant de participer à une activité, vous pouvez essayer de l'inviter à prendre part sans le contraindre ni le laisser de côté mais en essayant de l'intéresser à l'activité progressivement et en lui proposant plusieurs fois de s'intégrer au groupe.

5. a. Le rangement n'est pas qu'une corvée, il est aussi un acte pédagogique que les enfants peuvent intégrer soit comme un jeu, soit comme une règle de vie, et vous pouvez donc tous les faire participer.

6. a., c. et **d.** Le décret du 28 août 1992 définit le statut particulier des ATSEM.

7. b. et **d.** Si un enseignant débutant est nommé, votre rôle est de favoriser son intégration en étant bienveillant à son égard et en répondant aux questions qu'il vous pose.

8. d. et **e.** Si un enfant a des poux, vous devez avertir l'enseignant.

9. c. PAI signifie projet d'accueil individualisé.

10. d. L'enfant en question est allergique aux noix et aux noisettes. Il est donc exclu qu'il les goûte ou les touche, mais vous ne devez pas pour autant l'exclure de l'activité.

11. c. et **d.** La teigne est une maladie du cuir chevelu et des poils provoquée par des champignons ; elle est très contagieuse et touche surtout les enfants de moins de 12 ans.

12. a. et **b.** Les supérieurs hiérarchiques de l'ATSEM sont le maire et le directeur de l'école.

13. a., b. c. et **f.** En cas de saignement de nez (appelé épistaxis), il faut rassurer l'enfant, lui demander de s'asseoir, lui faire pencher la tête légèrement en avant, lui comprimer la narine pour faire cesser le saignement et lui nettoyer le visage.

14. a. L'assistance au personnel enseignant lors de la sortie en récréation (aide à l'habillage des enfants) est prioritaire sur les activités de nettoyage.

15. b. Si vous constatez des hématomes sur un enfant, vous devez le signaler à l'enseignant (ou au directeur de l'école), mais en aucun cas il ne faut en parler à l'enfant, aux parents ou à d'autres personnes extérieures.

16. b. et **d.** En cas de pipi au lit, vous devez nettoyer la literie et l'enfant sans le gronder pour éviter de le braquer (l'enfant est déjà suffisamment mal à l'aise comme cela) mais en le rassurant et en veillant à ce qu'il passe bien aux toilettes avant d'aller se coucher afin d'éviter que l'incident ne se reproduise.

17. c.

18. b. et **c.**

19. b. Bien qu'un jouet ne soit pas « alimentaire » (c'est le piège de la réponse), seule la réponse b contient le terme « désinfectant ». C'est le produit dont vous avez besoin pour nettoyer correctement les jouets et éviter ainsi la prolifération de bactéries.

20. c. et **e.** 3 % de produit signifie qu'il y a dans un litre d'eau, soit dans 100 cl d'eau, 3 cl de produit (100 × 3/100 = 3).

Pour 10 litres, multipliez par 10 : 10 × 3 = 30 cl.

Enfin l'action d'un bactéricide est de détruire les bactéries.

Sujet 5 | Session 2014

45 min

ÉNONCÉ

Grande couronne

Cochez la ou les bonne(s) réponse(s).

1. Quelle est ou quelles sont les attitudes conformes de l'ATSEM à l'accueil du matin ?

❑ **a.** De surveillance à la porte d'entrée de l'école, l'ATSEM profite de ce temps pour téléphoner les effectifs de cantine

❑ **b.** L'ATSEM de petite section explique, dans le couloir à une maman, qu'il faudrait coucher plus tôt son enfant le soir pour qu'il soit plus sage à l'école

❑ **c.** L'ATSEM de petite section propose une activité avec la pâte à modeler pour divertir des petits chagrins dus à une séparation difficile

❑ **d.** Avant l'arrivée des élèves, l'ATSEM écoute les recommandations de l'enseignante pour la journée de classe à venir

❑ **e.** En hiver, l'ATSEM n'aérera pas la classe par mesure d'économie de chauffage

2. Pendant la récréation, quelle(s) tâche(s) peut effectuer l'ATSEM ?

❑ **a.** Participer à l'habillage des enfants

❑ **b.** Participer à la surveillance de la cour de récréation avec l'enseignant

❑ **c.** Surveiller avec d'autres ATSEM la cour de récréation

❑ **d.** Surveiller seul la cour

❑ **e.** Préparer le café des enseignants

3. Lors du repas de midi, dans le cadre de ses missions, l'ATSEM doit :

❑ **a.** montrer aux enfants comment se laver les mains avant le repas

❑ **b.** laisser les enfants de petite section manger seuls afin de les rendre plus autonomes

❑ **c.** couper le steak haché de tous les enfants de grande section

❑ **d.** refuser à un enfant ayant un projet d'accueil individualisé (intolérance aux protéines de lait) le yaourt dont il a envie

❑ **e.** apprendre à un enfant qui mange avec les doigts à se servir de sa fourchette

4. Pour le bon déroulement de la sieste, l'ATSEM :

❑ **a.** pense à proposer son doudou à chaque élève

❑ **b.** peut mettre une musique douce

❑ **c.** met une couche aux plus jeunes des élèves

❑ **d.** laisse dormir les élèves les plus fatigués, leurs parents les habilleront à leur arrivée

❑ **e.** nettoie le dortoir pendant la sieste

5. Parmi ces mises en situation, quelle est ou quelles sont les affirmations exactes ?

❑ **a.** L'ATSEM, seul, n'est pas habilité à rendre les enfants aux familles pendant que l'enseignante est en réunion

❑ **b.** L'ATSEM peut aider à identifier les parents lors de la sortie des élèves afin d'aider un enseignant remplaçant

❑ **c.** Un ATSEM est absent, ses collègues ATSEM rangent sa classe jusqu'à son retour

❑ **d.** Une voisine vient chercher un enfant, l'ATSEM la connaît et peut donc lui donner l'enfant même si cette voisine n'est pas sur la liste des personnes autorisées

❑ **e.** L'ATSEM peut s'avancer dans ses tâches de ménage pendant que les derniers enfants sont présents dans la classe

6. L'ATSEM doit :

❑ **a.** Nettoyer les tables après un atelier peinture

❑ **b.** Reconstituer les puzzles en début d'année en moyenne section

❑ **c.** Arroser les plates-bandes dans la cour de l'école

❑ **d.** Installer le parcours de gymnastique avec l'enseignante

❑ **e.** Désinfecter la literie lors d'une épidémie de gastro-entérite

7. Quelle est ou quelles sont les affirmations exactes ?

❑ **a.** Le doudou est autorisé dans de nombreuses écoles pour faciliter la séparation avec les familles

❑ **b.** Le coin poupées est un endroit important pour solliciter l'imagination et le langage des enfants

❑ **c.** Les puzzles permettent de travailler des notions mathématiques

❑ **d.** La pâte à modeler permet de développer la motricité fine des enfants

❑ **e.** Les enfants ne doivent pas apporter leurs jouets personnels à l'école pour éviter les conflits (voitures, poupées, etc.)

8. Quelles mentions doivent obligatoirement figurer sur les étiquettes des produits d'entretien ?

❑ **a.** La composition du produit et sa concentration

❑ **b.** Des indications sur les méthodes de recyclage

❑ **c.** Les symboles de danger

❑ **d.** Les conseils d'utilisation

❑ **e.** La fréquence d'utilisation

9. Que ne faut-il pas faire lorsque vous nettoyez manuellement la classe le soir ?

❑ **a.** Aérer la pièce pour évacuer l'air vicié produit pendant la journée

❑ **b.** Commencer par dépoussiérer les parties basses

❑ **c.** Utiliser deux seaux pour le lavage des sols

❑ **d.** Travailler à la godille dans un local de petite surface

❑ **e.** Rincer le balai le plus souvent possible

10. Sur demande de l'enseignant, vous devez mettre en place un atelier de motricité. Que faites-vous ?

❑ **a.** Vous décidez du parcours que devront effectuer les enfants

❑ **b.** Vous installez les éléments du parcours comme vous l'a indiqué l'enseignant

❑ **c.** Vous tenez compte des spécificités du matériel

❑ **d.** Vous vous assurez que les consignes de sécurité sont bien respectées

❑ **e.** Avant que les enfants commencent l'activité, vous vérifiez qu'ils sont habillés et chaussés de manière adéquate

11. Lors d'un atelier de dessin, un enfant ne parvient pas à réaliser la figure demandée par l'enseignant. Que pouvez-vous faire ?

❑ **a.** Vous lui dites que ce n'est pas grave et qu'il peut quitter l'atelier

❑ **b.** Vous faites la figure demandée à sa place

❑ **c.** Vous l'obligez à réessayer jusqu'à ce qu'il y arrive

❑ **d.** Vous l'invitez à regarder comment font les autres enfants pour s'en inspirer

❑ **e.** Vous lui faites comprendre que ce n'est pas grave et qu'il y arrivera peut-être mieux la prochaine fois

12. Dans le cadre d'une sortie d'une demi-journée de 15 enfants de grande section au parc zoologique, qui peut encadrer les enfants ?

❑ **a.** L'enseignant seul

❑ **b.** L'ATSEM seul

❑ **c.** Un ATSEM et un parent d'élève

❑ **d.** L'enseignant et un parent d'élève

❑ **e.** Deux enseignants

13. Si l'on suit les préconisations du Programme national nutrition santé, les collations à l'école :

❑ **a.** sont systématiques et obligatoires

❑ **b.** doivent proposer de préférence des fruits, du pain ou des laitages

❑ **c.** doivent être riches en sucre

❑ **d.** peuvent intervenir à n'importe quel moment de la journée

❑ **e.** doivent participer à l'équilibre alimentaire de l'enfant

14. À propos des hématomes, cochez les affirmations exactes.

❑ **a.** Un simple hématome ne nécessite pas de visite chez un docteur

❑ **b.** Un hématome est un épanchement de sang dans les tissus superficiels, dû à la rupture de vaisseaux sanguins

❑ **c.** On soigne un hématome en rafraîchissant la zone douloureuse avec un linge humide ou des glaçons

❑ **d.** Il faut enrouler la partie douloureuse dans une bande et serrer fort pour éviter l'infection

❑ **e.** Il est préférable de percer la zone pour faire sortir le sang

15. Le texte réglementant les missions des ATSEM dit que :

❑ **a.** Les tâches ménagères sont réservées aux ATSEM qui ne sont pas titulaires du poste

❑ **b.** L'ATSEM, qui a un empêchement pour faire l'accueil du matin, peut se faire remplacer par sa collègue qui est retraitée depuis peu

❑ **c.** Dans l'équipe, tous les ATSEM ont les mêmes missions, quelle que soit leur ancienneté

❑ **d.** En début d'année, les ATSEM s'arrangent entre eux pour se partager les classes

❑ **e.** Deux ATSEM peuvent s'échanger leurs tâches sans prévenir les enseignants, du moment que le travail est fait correctement

16. Le statut de la fonction publique territoriale prévoit que :

❑ **a.** l'ATSEM bénéficie de la protection fonctionnelle des fonctionnaires

❑ **b.** l'ATSEM ne bénéficie de la protection fonctionnelle que s'il est victime d'attaques commises pendant le temps de service

❑ **c.** la protection fonctionnelle s'applique si l'ATSEM est menacé par un parent ou toute autre personne privée

❑ **d.** la protection fonctionnelle s'étend même en dehors du temps de service

❑ **e.** le harcèlement sexuel ou moral n'ouvre pas droit à la protection fonctionnelle

17. Comment se situe l'ATSEM par rapport à l'enseignant ?

❑ **a.** L'ATSEM peut remplacer l'enseignant absent

❑ **b.** L'ATSEM est sous la responsabilité de l'enseignant pendant le temps scolaire exclusivement

❑ **c.** L'enseignant n'a pas à communiquer avec l'ATSEM sur les activités pédagogiques du jour

❑ **d.** L'ATSEM est tenu de rendre des services privés à l'enseignant qui le lui demande

❑ **e.** L'ATSEM peut refuser d'accompagner l'enseignant si la sortie facultative se déroule en dehors du temps scolaire

18. Dans le cadre de ses missions, l'ATSEM peut :

❑ **a.** répondre aux questions des parents concernant les activités pédagogiques

❑ **b.** recevoir à Noël, de la part des parents, un chèque pour le remercier de s'occuper si bien de leur enfant

❑ **c.** communiquer aux parents les menus de la semaine

❑ **d.** accepter de garder exceptionnellement un enfant 15 minutes de plus, car la maman aura du retard

❑ **e.** communiquer à M. X l'adresse du fils de M. Y

19. Que doit faire l'ATSEM qui soupçonne un cas de maltraitance ?

❑ **a.** L'ATSEM, tenu au secret professionnel, ne dira rien s'il constate des hématomes anormaux sur le corps de Nicolas

❑ **b.** L'ATSEM préviendra le directeur s'il voit des hématomes anormaux sur le corps de Nicolas

❑ **c.** L'ATSEM interrogera les parents s'il voit des hématomes anormaux sur le corps de Nicolas

❑ **d.** L'ATSEM, tenu au devoir de réserve, ne fera et ne dira rien, même s'il voit des hématomes anormaux sur le corps de Nicolas

❑ **e.** L'ATSEM interrogera discrètement le grand frère de Nicolas, s'il voit des hématomes anormaux sur le corps de ce dernier

20. À quelle(s) formation(s) l'ATSEM a-t-il droit ?

❑ **a.** L'ATSEM peut bénéficier de la formation professionnelle comme tous les fonctionnaires territoriaux

❑ **b.** L'ATSEM peut bénéficier des formations à la préparation aux concours

❑ **c.** L'Atsem peut mobiliser son CPF.

❑ **d.** L'ATSEM peut bénéficier d'une formation mise en œuvre par l'Éducation nationale

❑ **e.** Il faut l'accord du maire (ou de son représentant) pour que l'ATSEM participe à une formation du CNFPT

→ *Retrouvez les corrigés en p. 173*

CORRIGÉ

Sujet 5 | Session 2014

Comment aborder le sujet

- Lisez attentivement la consigne afin de savoir si vous devez cocher une ou plusieurs réponses.
- Prenez soin de relire plusieurs fois la question, car sa formulation peut faire varier la réponse. Méfiez-vous notamment de la forme négative de certaines questions, qui peut vous induire en erreur.
- Ne lisez pas tout de suite les propositions de réponse mais essayez de répondre de vous-même à la question posée. Cela peut vous éviter d'hésiter entre plusieurs réponses similaires.
- Gérez votre temps, sans précipitation, ni lenteur.
- Les réponses basées sur les apports théoriques (lecture, formation, etc.) sont à privilégier par rapport aux réponses basées sur l'expérience, car la pratique ne correspond pas toujours à la règle.

Proposition de corrigé

1. c. et **d.** Pendant l'accueil du matin, l'ATSEM doit être vigilant aux consignes données par l'enseignant, ainsi qu'à l'arrivée des enfants et des parents. Son rôle est de créer les conditions d'accueil pour que l'enfant commence la journée scolaire dans de bonnes dispositions.

2. a. et **b.** Les ATSEM ne doivent pas surveiller la récréation hors de la présence d'un enseignant.

3. a., **d.** et **e.**

4. a. et **b.** L'ATSEM ne doit pas profiter de la sieste pour effectuer d'autres tâches mais doit veiller au bon sommeil des enfants. L'heure du réveil est à respecter. Certaines écoles permettant la présence de doudous, il est possible de les proposer aux enfants pendant la sieste.

5. a., **b.** et **c.** La sortie des élèves se fait avec un enseignant. Un ATSEM doit respecter scrupuleusement les consignes de remise des enfants aux parents.

6. a., **d.** et **e.**

7. a., **b.**, **d.** et **e.**

8. a., **c.** et **d.** Les indications sur les méthodes de recyclage, bien que fréquentes, sont secondaires et non obligatoires.

9. b. et **d.** Attention à la forme négative de cette question ! Rappelons que le travail à la godille est destiné aux moyennes et grandes surfaces de sol.

10. b., **c.**, **d.** et **e.**

11. d. et **e.** Lorsqu'un enfant ne parvient pas à réaliser une activité, le rôle de l'ATSEM est de trouver le juste milieu pour encourager l'enfant sans le forcer.

12. d. et **e.** Pour encadrer 15 enfants, il faut au moins 2 adultes, dont 1 enseignant. L'autre adulte présent peut être ATSEM ou parent d'élève.

13. b. et **e.** Le Programme national nutrition santé (PNNS) vise un objectif de santé, avec l'instauration de mesures pour une alimentation équilibrée.

14. b. et **c.** Un hématome est ce que l'on appelle couramment un « bleu ». Celui-ci n'est pas le symptôme d'une infection mais en général d'un choc. S'il est très fréquent, surtout chez les enfants, il ne dispense pas forcément d'une visite chez le médecin, selon les circonstances (gravité du bleu, autres symptômes éventuels, etc.)

15. c.

16. a., **c.**, **d.** et **e.** L'administration doit protéger ses agents contre les violences, injures ou diffamations dont ils peuvent être victimes à l'occasion ou en raison de leurs fonctions. Un lien entre les fonctions exercées par l'agent et les attaques dont il fait l'objet est nécessaire. Par exemple, un policier frappé lors d'une patrouille.

Les attaques sont couvertes, qu'elles aient été commises pendant ou en dehors du temps de service, dès lors qu'elles sont liées aux fonctions ou à la qualité d'agent public de la victime. Par exemple, un enseignant agressé par un de ses élèves alors qu'il rentre chez lui.

Les attaques peuvent être physiques ou morales, écrites ou verbales, adressées par courrier individuel ou au moyen de tracts ou des médias.

Les menaces susceptibles d'ouvrir droit à la protection fonctionnelle peuvent émaner d'usagers, de collègues de la victime ou d'un autre agent public.

Le harcèlement sexuel ou moral est susceptible d'ouvrir droit à la protection fonctionnelle.

17. e. L'ATSEM ne peut pas remplacer un enseignant. Avec le système de double hiérarchie, il est placé sous la responsabilité du directeur pendant le temps scolaire et sous celle du maire durant le temps périscolaire. C'est pourquoi l'on ne cochera pas la réponse **b.** Cependant, il doit référer de ce qui se passe sur le temps périscolaire à l'enseignant (par exemple, un incident pendant la récréation).

La participation de l'ATSEM aux sorties scolaires n'est obligatoire que sur le temps scolaire.

18. c.

19. b. En cas de suspicion de maltraitance, il faut que l'ATSEM en réfère aux autres membres de l'équipe éducative, le directeur et/ou l'enseignant. Il ne doit en aucun cas divulguer ce genre d'informations à une personne étrangère à l'école.

20. a., b., c. et **e.** L'ATSEM titulaire ou non a les mêmes droits à la formation que tout agent de la fonction publique territoriale. Les demandes de formation sont soumises à l'accord de la collectivité, c'est-à-dire au maire ou à son représentant.

Sujet 6 | Session 2013

45 min

ÉNONCÉ

Bas-Rhin

Cochez la ou les bonne(s) réponse(s).

1. Vous êtes chargé d'assurer la taille des crayons de couleurs qui serviront aux élèves au cours d'un atelier d'arts plastiques. Cette tâche sera effectuée dans le local qui vous est réservé, en dehors de la présence des enfants. Vous constatez que le seul taille-crayon mis à disposition présente un défaut sur le câble d'alimentation : vous pouvez apercevoir le fil de cuivre sous la gaine qui semble usée. Quelle sera votre attitude ?

- ❑ **a.** Vous isolez le câble d'alimentation en utilisant de la bande adhésive prévue pour cet usage
- ❑ **b.** Vous débranchez la fiche et le signalez au service chargé de la maintenance
- ❑ **c.** Vous débranchez l'appareil et effectuez la réparation du câble d'alimentation en utilisant de la bande adhésive prévue à cet usage
- ❑ **d.** Vous signalez le défaut au service chargé de la maintenance et effectuez votre tâche de façon prudente jusqu'à l'intervention de ce service
- ❑ **e.** Vous effectuez votre tâche (taille des crayons) sans prévenir le service de maintenance, sachant que ce n'est pas votre responsabilité

2. Après le retour des enfants dans leur classe respective, vous traversez le couloir de l'école et vous constatez que la petite Élodie sanglote de colère devant la porte fermée de sa salle de classe. Vous la connaissez bien et vous savez qu'elle est difficile et capricieuse. Comment allez-vous réagir ?

- ❑ **a.** Connaissant l'enfant, vous poursuivez votre chemin pour ne pas intervenir dans la situation
- ❑ **b.** Vous saisissez l'enfant par la main et la reconduisez en classe, auprès de son enseignant
- ❑ **c.** Vous consolez l'enfant et l'invitez à vous accompagner dans le local qui vous est dédié pour qu'elle se calme
- ❑ **d.** Vous la grondez, car ce n'est pas la première fois qu'elle fait une colère, puis la ramenez dans la classe auprès de l'enseignant
- ❑ **e.** Vous ramenez l'enfant dans la classe du directeur en dénonçant cette situation préjudiciable à l'enfant

3. L'enseignante de la section des grands élèves propose un atelier de mathématiques. Elle vous demande d'encadrer un atelier regroupant 8 élèves. L'atelier a déjà été expliqué collectivement aux élèves par l'enseignante. L'objectif est de dénombrer et de constituer des collections de 1 à 10 éléments. Chaque enfant dispose d'une fiche de travail pour s'exercer. Steve ne veut pas travailler. Comment allez-vous réagir ?

- ❑ **a.** Vous comprenez pourquoi il ne veut pas travailler, parce que cet exercice est beaucoup trop difficile
- ❑ **b.** Vous décidez de ne pas le garder dans l'atelier et le confiez à l'enseignante
- ❑ **c.** Vous reprenez l'explication donnée par la maîtresse pour l'aider à remplir sa fiche de travail
- ❑ **d.** Vous n'intervenez pas du tout, car vous sortiriez des cadres de votre fonction
- ❑ **e.** Vous respectez son inaction et vous vous occupez des sept autres élèves

4. Au retour des congés de Toussaint, vous avez la charge d'un groupe de 15 élèves de 4 ans pendant la pause méridienne incluant le temps de restauration. Gabrielle refuse de manger. Quelle sera votre attitude ?

- ❑ **a.** Vous ne la forcez pas : elle dînera davantage ce soir, à la maison

❑ **b.** Vous lui proposez de goûter malgré tout, en imaginant un jeu pour lui changer les idées

❑ **c.** Vous attirez l'attention du responsable périscolaire sur la nécessité de faire changer les menus

❑ **d.** Vous vous adressez aux parents d'élèves élus au conseil d'école pour signaler que les repas sont inadaptés et posent problème au personnel chargé de l'animation

❑ **e.** Vous faites part du problème à la maman au moment de la sortie des classes

5. Pendant l'atelier peinture, Raphaël, 2 ans, se couvre les mains et les cheveux de gouache mélangée d'une couleur indescriptible. L'enseignant ne l'a pas vu. Comment réagissez-vous?

❑ **a.** Vous l'emmenez devant le miroir pour lui montrer que ce qu'il a fait n'est pas vraiment beau

❑ **b.** Vous le conduisez auprès de l'enseignant: il faut qu'il soit nettoyé le plus vite possible!

❑ **c.** Vous l'emmenez auprès de l'enseignant pour qu'il décide de ce qui doit être fait

❑ **d.** Vous arrêtez l'atelier, rassemblez tous les enfants auprès de l'enseignant et rangez le matériel de peinture

❑ **e.** Vous rappelez fermement à l'enseignant qu'il doit être attentif à ce qui se passe à l'atelier peinture

6. Vous intervenez quotidiennement au moment du réveil des enfants de la section des petits, à la fin du temps de sieste (temps scolaire). La maman de Lucas vous a demandé en début de journée, au moment de l'accueil (temps scolaire), de réveiller son fils désormais à 15 h précises. Elle affirme qu'une heure de sieste lui suffit et qu'en cas de sieste plus longue, Lucas ne parvient à s'endormir que tardivement le soir et qu'il éprouve ensuite des difficultés à se réveiller le matin pour venir à l'école. Comment réagissez-vous?

❑ **a.** Vous comprenez bien la demande de la maman et vous réveillez systématiquement Lucas à 15 h

❑ **b.** Vous répondez à la maman que son fils est sous la responsabilité de l'école pendant le temps scolaire et qu'il serait souhaitable de prendre rendez-vous avec le directeur pour trouver une solution adaptée

❑ **c.** Vous répondez à la maman qu'il n'est pas question que Lucas soit réveillé à 15 h car tous les autres enfants doivent dormir au moins jusqu'à 15h30, afin de respecter le planning du service des ATSEM

❑ **d.** Vous réveillez l'enfant à 15 h mais vous n'en informez pas l'enseignant pour éviter d'avoir à vous justifier

❑ **e.** Vous répondez à la maman de Lucas qu'elle doit s'adresser à l'enseignant

7. Julio a 4 ans. Il est en section de moyens et vient chaque jour à l'école en portant une couche. Régulièrement, la couche est pleine. L'enseignant fait alors appel à vous pour effectuer le change. Comment réagissez-vous?

❑ **a.** Vous jugez cette situation intolérable. La demande systématique de l'enseignant pour effectuer le change de cette couche pleine est la marque d'un manque de respect vis-à-vis de vous

❑ **b.** Vous vous tournez vers l'enfant qui est la cause de tous ces soucis, en lui demandant d'arrêter de faire dans sa couche

❑ **c.** Vous donnez un ultimatum à l'enseignant: si le problème de la couche n'est pas réglé avant la fin de la semaine, vous ne changerez plus les couches de Julio

❑ **d.** Vous évoquez le problème avec les parents de Julio au moment de l'accueil (temps scolaire) pour régler la question directement

❑ **e.** Vous provoquez une réunion avec l'enseignant et le directeur pour envisager une solution

❑ **f.** Vous exprimez votre exaspération à l'enseignant

❑ **g.** Vous changez la couche de l'enfant

8. Vous préparez activement le marché de Noël qui aura lieu prochainement dans votre école maternelle. Vous êtes chargé d'assembler des petits objets décorés par les enfants. Pour ce faire, vous utilisez un pistolet à colle thermo-fusible branché sur secteur. Face à cette tâche quelle peut être votre réaction ou quelles peuvent être vos réactions?

❑ **a.** Vous exigez un autre type de colle car vous n'avez pas le droit d'utiliser un pistolet à colle

❑ **b.** Pressé par le temps, vous décidez de vous avancer en travaillant dans un coin de la classe de l'accueil de loisirs où vous intervenez après la classe, tout en surveillant les enfants qui vous sont confiés

❑ **c.** Vous utilisez le pistolet à colle avec précaution dans le local réservé aux ATSEM

- ❑ **d.** Vous utilisez le pistolet à colle sans souci, car vous avez l'habitude de vous en servir et il ne représente aucun danger pour vous
- ❑ **e.** Vous refusez d'assembler les petits objets décorés sous prétexte que c'est le rôle des enfants

9. Chaque matin, vous accompagnez l'enseignante de la classe de petits en salle de motricité. Vous constatez que Jasmine, 3 ans, ne participe pas aux activités proposées par l'enseignant dans la salle de jeux. Vous pensez qu'elle doit avoir un problème. Comment réagissez-vous?

- ❑ **a.** Vous alertez les parents car vous considérez que la situation est anormale et nécessite l'avis d'un pédiatre
- ❑ **b.** Vous faites part à l'enseignant et aux parents que vous considérez que le manque de réaction de l'enfant est préoccupant
- ❑ **c.** Vous faites part de votre observation à l'enseignant car vous considérez que le manque de réaction de l'enfant est préoccupant
- ❑ **d.** Vous observez l'enfant mais vous n'intervenez pas car cela est exclu de vos missions
- ❑ **e.** Vous intervenez auprès de l'enfant pour l'encourager à participer aux activités

10. Vous êtes en charge de l'accueil du matin (temps périscolaire). Léa, 4 ans, arrive tous les jours avec des vêtements qui répandent une odeur désagréable, le visage et les mains souillés. Il est probable qu'elle dorme avec les habits portés la veille et qu'aucune toilette corporelle n'ait été effectuée après le réveil de l'enfant. Comment réagissez-vous?

- ❑ **a.** Vous faites part de vos observations au responsable périscolaire
- ❑ **b.** Vous évoquez vos observations à la maman et demandez de veiller à améliorer hygiène des vêtements et hygiène corporelle de sa fille
- ❑ **c.** Vous prenez contact avec le 119 (numéro d'appel national de l'enfance en danger)
- ❑ **d.** Vous déposez plainte auprès de la gendarmerie pour signaler une situation de maltraitance
- ❑ **e.** Vous ne réagissez pas, cette situation ne vous concerne pas

11. Vous assurez le service périscolaire jusqu'à 18h30 réservé aux enfants d'âge maternel. Régulièrement Thomas, 5 ans et demi, est rejoint par son frère de 8 ans, Gustave, qui est scolarisé au CE2, à l'école voisine. Vous appréciez beaucoup la visite de Gustave, un garçon très calme qui intervient auprès des plus petits comme un grand frère, avec tact et intérêt. De plus les parents de Gustave n'ont pas trouvé de mode de garde pour prendre en charge leur aîné avant leur retour au domicile. Une de vos collègues ATSEM vous fait l'observation que Gustave n'a pas à venir dans ces locaux pendant le temps périscolaire. Comment réagissez-vous?

- ❑ **a.** Vous renvoyez immédiatement Gustave
- ❑ **b.** Vous continuez d'accueillir Gustave qui est heureux de venir
- ❑ **c.** Vous avez une conversation ferme avec votre collègue pour lui rappeler que vous assumez cette situation et qu'elle n'est pas en droit de vous dicter ce que vous devez faire
- ❑ **d.** Vous vous adressez à votre employeur pour signaler cette situation
- ❑ **e.** Vous avertissez les parents en fin de journée qu'il n'est plus question que Gustave revienne à la garderie

12. Maïté, 4 ans, est en situation de handicap. Elle se déplace avec difficulté. Elle utilise désormais un fauteuil roulant qui lui permet de mieux participer aux activités de l'école. L'enseignant s'adresse régulièrement à vous pour l'aider à circuler dans l'école. Le moment du passage aux toilettes vous semble compliqué. Qu'est-il attendu de vous face à cette situation?

- ❑ **a.** Vous devez faire en sorte que cet enfant puisse avoir sa place à l'école et vous avez un rôle important dans cette démarche
- ❑ **b.** Vous jugez que l'aide apportée relève d'une spécialiste que vous n'êtes pas. Il faudrait faire appel à une auxiliaire de vie scolaire (AVS) et vous refusez d'intervenir
  Attention, depuis 2014, les AVS sont progressivement remplacés par des AESH.
- ❑ **c.** Vous demandez à participer aux réunions du projet personnalisé de scolarisation (PPS) pour faire préciser votre rôle dans l'intégration de Maïté
- ❑ **d.** L'enseignant ne devrait pas faire appel à vous
- ❑ **e.** Vous considérez que l'école ne peut pas accueillir d'enfants handicapés puisqu'il existe des institutions spécialisées plus adaptées et mieux équipées

13. Cyril fréquente l'école assez rarement. Il est en section de petits. Lorsqu'il vient, il est timide, ne recherche pas la compagnie des autres enfants ni celle des adultes. Il n'a pas l'air en bonne santé, les yeux cernés et instable sur ses jambes. La mère qui élève son fils avec son nouveau concubin semble débordée depuis la naissance récente d'un petit garçon. Elle est nerveuse et se plaint beaucoup de Cyril, avec qui elle n'est pas tendre. Comment réagissez-vous devant cette situation?

- ❑ **a.** Vous considérez que la vie privée des familles ne vous regarde pas et vous laissez le soin à l'enseignant de réagir, le cas échéant
- ❑ **b.** Vous vous adressez à l'enseignant pour évoquer vos inquiétudes vis-à-vis de cette situation
- ❑ **c.** Vous appelez le 119 (numéro d'appel national de l'enfance en danger)
- ❑ **d.** Vous tentez de rapprocher Cyril des autres enfants
- ❑ **e.** Vous n'engagez rien car tout doit être pris en charge par l'enseignant

14. Une enseignante remplace la maîtresse titulaire de la classe pendant son absence en congé de maternité. L'enseignante remplaçante vous demande de réorganiser cette classe dont la disposition ne lui convient pas, de procéder à un rangement complet de la salle et à l'élimination d'une quantité importante de travaux d'enfants et de jeux inutiles. Quelle sera votre attitude?

- ❑ **a.** Vous effectuez toutes les tâches demandées
- ❑ **b.** Avant d'effectuer les tâches demandées, vous vous adressez au directeur d'école
- ❑ **c.** Vous refusez d'effectuer les tâches demandées car vous considérez que l'enseignante remplaçante n'a pas à vous donner d'ordre
- ❑ **d.** Vous refusez d'effectuer les tâches demandées car vous connaissez l'enseignante titulaire et vous savez qu'elle n'accepterait jamais une telle réorganisation
- ❑ **e.** Vous faites part à l'enseignant remplaçante que cette réorganisation sera peut-être mal vécue par les enfants de la classe

15. Un exercice d'évacuation est organisé une fois par trimestre dans l'école maternelle où vous exercez. Quelle est l'action ou les actions qui peuvent vous être demandées au cours de ces exercices?

- ❑ **a.** Décompter les enfants d'une classe
- ❑ **b.** Vérifier si les extincteurs sont en ordre de marche
- ❑ **c.** Enclencher l'alarme
- ❑ **d.** Téléphoner aux parents
- ❑ **e.** Chronométrer la durée de l'exercice d'évacuation
- ❑ **f.** Rendre compte au directeur d'école des difficultés rencontrées

16. Vous êtes muté dans une nouvelle école. Quelles sont les actions prioritaires que vous allez sélectionner pour vous permettre de vous adapter au mieux à votre nouveau lieu de travail?

- ❑ **a.** Consulter le projet d'école dans le domaine pédagogique
- ❑ **b.** Demander un entretien avec le représentant des parents d'élèves élu au conseil d'école
- ❑ **c.** Prendre rendez-vous avec le directeur d'école
- ❑ **d.** Consulter les plannings de service des ATSEM
- ❑ **e.** Organiser une réunion avec les parents des élèves
- ❑ **f.** Rencontrer les ATSEM en poste à l'école

17. L'enseignant vous informe qu'il organise une sortie à la ferme pour la classe des petits. Vous y participerez en tant qu'accompagnateur pour cette sortie à la journée à laquelle participeront également quatre parents d'élèves. Quelle action ou quelles actions peuvent vous être demandées dans la liste ci-jointe?

- ❑ **a.** Préparer des vêtements de rechange
- ❑ **b.** Construire le programme de la journée
- ❑ **c.** Préparer la trousse de secours
- ❑ **d.** Rédiger le formulaire de sortie à la journée
- ❑ **e.** Prendre l'initiative de réserver le lieu de la sortie et vérifier si les enfants peuvent manger sur place
- ❑ **f.** Préparer les étiquettes avec les prénoms des enfants

18. L'une des classes dont vous avez la charge est laissée chaque soir dans un état indescriptible : jeux dispersés, chutes de papier découpé jonchant le sol abandonnées par les élèves, lavabos et essuie-mains maculés de peinture. Comment réagissez-vous ?

- ☐ **a.** Vous vous adressez à l'enseignant pour lui demander d'être plus attentif au comportement de ses élèves
- ☐ **b.** Vous assurez votre service, car vous êtes à la disposition des enfants et des enseignants et vous ne pouvez pas vous autoriser à réagir : les enfants sont libres de faire comme bon leur semble
- ☐ **c.** Vous vous adressez à l'enseignant pour rechercher une solution éducative
- ☐ **d.** Vous rendez les enfants attentifs à leur comportement au cours des ateliers et vous les associez, avec l'appui de l'enseignant, au meilleur usage des locaux
- ☐ **e.** Vous interrompez votre service et vous vous adressez à votre employeur pour dénoncer cet état de fait inadmissible
- ☐ **f.** Vous sollicitez votre médecin pour obtenir un congé maladie et faire une pause bien méritée

19. Vous avez l'habitude de travailler en atelier avec la classe des moyens, dans le cadre de la journée d'école. L'année scolaire s'est écoulée pour moitié et vous constatez que Khaled présente des aptitudes que d'autres enfants n'ont pas encore au même âge.
Vous considérez que cet enfant pourrait changer de classe au cours de l'année pour rejoindre une grande section et saisir sa chance de passer au CP l'année suivante. Comment allez-vous réagir ?

- ☐ **a.** Vous vous adressez aux parents pour signaler ce que vous avez constaté et leur dire qu'ils demandent à changer leur enfant de classe en suivant vos conseils avisés
- ☐ **b.** Vous évoquez vos observations à l'enseignant
- ☐ **c.** Vous parlez à l'enfant pour lui dire qu'il va changer de classe avant la fin de l'année car il travaille vraiment bien et qu'il pourra passer au CP l'année prochaine
- ☐ **d.** Vous observez en silence et gardez tout pour vous car vous savez que votre avis n'a aucune importance
- ☐ **e.** Vous évoquez vos observations au directeur de l'école sans en faire part à l'enseignant

20. Au cours de la récréation de l'après-midi, sur le temps de classe, Jérémie, 4 ans, enfant très agité, s'est heurté violemment à Allan, 5 ans et demi, un autre enfant turbulent. Jérémie saigne de la bouche. Il arrive en courant dans votre local où se trouve l'une des armoires à pharmacie de l'école. Il est accompagné par Allan et un autre camarade. Il appuie la main sur sa bouche en criant. Vous êtes impressionné par cette scène. Quelles sont les actions qui seront attendues de vous face à cette situation ?

- ☐ **a.** Asseoir l'enfant
- ☐ **b.** Gronder l'enfant de ce qu'il a provoqué
- ☐ **c.** Mettre des gants à usage unique
- ☐ **d.** Prévenir immédiatement les parents
- ☐ **e.** Sortir la fiche de renseignements de l'enfant
- ☐ **f.** Noter les soins prodigués dans le registre de soins de l'école
- ☐ **g.** Donner un comprimé contre la douleur avec un verre d'eau

→ *Retrouvez les corrigés en p. 180*

CORRIGÉ

Sujet 6 | Session 2013

Comment aborder le sujet

Prenez le temps de lire correctement la question, ainsi que toutes les réponses, en tentant d'élaborer un raisonnement logique. Tentez de repérer et d'éliminer dans un premier temps les réponses qui vous semblent absurdes ou hors sujet. Lorsque plusieurs réponses sont envisageables mais parfois contradictoires entre elles, cela signifie qu'elles ne peuvent pas être valides simultanément, choisissez la proposition qui vous semble indiquer la priorité à mettre en œuvre.

Proposition de corrigé

1. b. Il ne vous incombe pas d'effectuer la maintenance des appareils, qui plus est des appareils électriques, ce qui peut être dangereux. Vous ne devez donc pas manipuler les fils, mais simplement débrancher l'appareil puis prévenir le service technique chargé de la maintenance.

2. a. La petite Élodie a sans doute été punie par l'enseignant. En effet, la question précise que la situation se passe après le retour des enfants en classe. La petite fille ne peut pas être à la porte par accident, l'enseignant se serait rendu compte de son absence. C'est donc qu'elle a été exclue par l'enseignant quelques minutes, sans doute pour se calmer. Vous n'avez donc pas à intervenir.

3. c. Lorsqu'un enfant ne veut pas participer à un atelier qui vous a été confié, votre rôle est de l'y encourager sans le punir ou le gronder. La meilleure méthode est donc de lui réexpliquer la consigne, qu'il n'a peut-être pas comprise, d'où sa réticence.

4. b. et e. Si un enfant ne mange pas, il faut essayer de le convaincre sans le forcer pour autant, en l'invitant à goûter aux plats, sans instaurer un rapport de force. Proposer un jeu est donc une bonne solution pour ne pas conflictualiser la situation. Attention, il ne s'agit pas de jouer avec la nourriture, bien évidemment, mais autour de la nourriture, avec par exemple des devinettes.

Par ailleurs le refus de manger signifie peut-être que l'enfant est malade ou contrarié, ce que vous pouvez tout à fait signaler aux parents le soir.

5. a. L'atelier peinture se déroule sous l'encadrement de l'enseignant. S'il n'a pas vu un petit incident, vous devez le lui indiquer. Cependant inutile de le solliciter pour savoir ce qu'il faut faire : il faut nettoyer l'enfant et lui montrer de manière pédagogique pourquoi ce qu'il vient de faire ne convient pas.

6. b. Au moment de la sieste, un enfant qui n'a plus sommeil et qui ne souhaite plus dormir doit pouvoir se lever et accéder à une activité calme sous la surveillance des ATSEM. Cependant si l'enfant ne se réveille pas tout seul et que l'on vous demande de le réveiller pour d'autres motifs, vous pouvez l'orienter vers le directeur qui tranchera.

7. e. Pour rentrer à l'école maternelle, un enfant doit être propre. Bien que vous deviez prendre en charge les accidents ponctuels, vous pouvez demander à en discuter avec l'enseignant et le directeur si la situation s'installe dans la durée.

8. c. Ces petits travaux doivent de toute façon s'effectuer hors de la présence des enfants.

9. c. et **e.** Vous n'avez pas à faire part de votre opinion aux parents. Le manque de réaction de l'enfant n'est peut-être pas préoccupant, en tout cas quel que soit votre avis, votre rôle est d'encourager l'enfant à participer aux activités. Vous pouvez faire part de votre avis à l'enseignant.

10. a. La négligence est une forme de maltraitance. Si vous avez des soupçons qui vous semblent fondés et que vous avez constaté des signes sur le temps périscolaire, vous devez en faire part au responsable périscolaire.

11. d. Cette situation est anormale car vous ne devez pas prendre en charge d'autres enfants que ceux de l'école maternelle dans laquelle vous travaillez, peu importe que vous les connaissiez.

Il faut donc en référer à votre employeur, c'est-à-dire votre responsable en mairie, s'agissant du temps périscolaire.

12. a. et **c.** Vous devez vous occuper d'un enfant en situation de handicap au même titre que de tous les autres enfants. Le passage aux toilettes en fait partie. Vous pouvez cependant demander à participer aux réunions du PPS afin de mieux comprendre votre rôle et de mieux vous concerter avec les autres acteurs éducatifs.

13. b. Vous pouvez signaler votre inquiétude à l'enseignant afin que l'ensemble de l'équipe éducative demeure vigilante sur une situation qui peut se révéler éventuellement problématique.

14. a. et **e.** Une enseignante remplaçante est une enseignante au même titre que celle avec qui vous travaillez d'habitude et vous devez donc effectuer les tâches demandées. Cependant vous pouvez donner votre opinion à l'enseignante remplaçante afin de lui indiquer, à titre indicatif et sans porter de jugement, que l'enseignante titulaire opérait différemment.

15. a., **e.**, et **f.** Durant un exercice d'évacuation, il peut vous être demandé de décompter les enfants, de chronométrer l'exercice ou de rendre compte au directeur des difficultés. Les extincteurs en revanche doivent être vérifiés par un agent des services techniques, tandis que l'alarme est censée s'enclencher toute seule. De même téléphoner aux parents ne fait pas partie du protocole.

16. c., **d.** et **f.** Lors d'une prise de poste, vous pouvez demander à vous entretenir avec le directeur de l'école, consulter le planning des ATSEM ou rencontrer vos collègues ATSEM. Les questions pédagogiques ou les relations avec les parents d'élèves sont hors de votre champ d'action.

17. a., **c.** et **f.** Lors d'une sortie, vous pouvez préparer des vêtements, étiquettes ou trousse de secours. Les questions pédagogiques comme le déroulé de la journée ou le choix du lieu ne relèvent pas de vos compétences.

18. c. et **d.** Si la classe est quotidiennement beaucoup trop en désordre, vous pouvez solliciter l'enseignant afin de trouver ensemble une solution qui ait un intérêt éducatif pour les enfants. De même, vous pouvez responsabiliser les enfants sur cette question, dans la mesure où cela peut avoir un intérêt éducatif.

19. b. Vous avez le droit d'avoir un avis sur la base de vos observations, mais le domaine pédagogique n'entrant pas dans vos compétences, vous pouvez tout au mieux en parler avec l'enseignant, bien que cette décision soit de son ressort et qu'il soit en droit de ne pas suivre votre avis, et même de vous dire que cela ne vous concerne pas. Il est en revanche tout à fait exclu que vous en parliez aux parents, à l'enfant ou au directeur.

20. a., **c.**, **e.** et **f.** En cas d'incident de ce type, vous devez mettre des gants à usage unique, sortir la fiche de renseignements de l'enfant blessé, prodiguer les soins à l'enfant et les inscrire dans le registre. Aucun médicament n'est autorisé. De même inutile de gronder l'enfant qui a provoqué l'incident, vous pourrez ultérieurement lui expliquer calmement les choses.

Sujet 7 | Session 2012

45 min

ÉNONCÉ

Région parisienne

Cochez la ou les bonne(s) réponse(s).

1. L'enseignant(e) vous demande d'encadrer un groupe d'enfants de petite section sur un nouvel atelier en arts plastiques, et vous n'avez pas compris ce qu'il faut faire :

- ❑ **a.** vous demandez à l'enseignant(e) de vous réexpliquer avant de commencer l'atelier
- ❑ **b.** vous n'osez pas déranger l'enseignant(e) et vous commencez en demandant aux enfants ce qu'il faut faire
- ❑ **c.** vous attendez la fin de l'atelier pour demander à l'enseignant(e) si les enfants ont fait ce qu'il (elle) attendait d'eux
- ❑ **d.** le principal est que l'enseignant(e) ne s'occupe pas de ce groupe, alors vous laissez les enfants faire ce qu'ils veulent
- ❑ **e.** vous décidez par vous-même de ce qu'il faut faire, l'enseignant(e) aurait dû être plus clair(e)

2. Parmi les questions suivantes (que vous pose un parent sur son enfant), quelles sont celles qui vous concernent ?

- ❑ **a.** A-t-il bien mangé à la cantine ?
- ❑ **b.** Est-ce qu'il parle avec sa maîtresse (son maître) ?
- ❑ **c.** N'y a-t-il pas beaucoup trop d'activités « puzzle » dans cette classe ?
- ❑ **d.** Quelle est l'adresse de ce petit garçon, ma fille souhaite l'inviter pour son anniversaire ?
- ❑ **e.** Il a encore perdu son manteau, où peut-il bien être ?

3. Le comportement d'un(e) enseignant(e) vous pose problème, il (elle) crie, laisse les enfants jouer toute la journée, se battre entre eux, etc. : qui prévenez-vous ?

- ❑ **a.** Les délégués de parents de cette classe
- ❑ **b.** Vos collègues ATSEM
- ❑ **c.** La directrice (le directeur) de l'école
- ❑ **d.** Les urgences médicales
- ❑ **e.** Votre chef de service en mairie

4. Quand l'ATSEM aide-t-il l'enseignant(e) ?

- ❑ **a.** Pour la préparation du matériel pédagogique
- ❑ **b.** Pour le passage aux toilettes des enfants
- ❑ **c.** Pour l'accueil des élèves le matin
- ❑ **d.** Lors des sorties scolaires
- ❑ **e.** Pour la préparation et l'animation des goûters d'anniversaire

5. Quelle est la mission de l'ATSEM durant le temps de restauration scolaire ?

- ❑ **a.** Vérifier que les enfants mangent en silence tous les mets proposés
- ❑ **b.** Encadrer les enfants au réfectoire en veillant au respect des règles
- ❑ **c.** Vérifier que les enfants se sont lavé les mains avant de les installer à table
- ❑ **d.** Obliger les enfants à manger afin qu'ils n'aient pas le ventre vide
- ❑ **e.** Parler avec les enfants pour leur expliquer ce qu'ils vont manger

6. Un enfant a le visage qui enfle pendant le repas :

- ❑ **a.** vous informez l'enseignant(e) dès que possible
- ❑ **b.** vous regardez s'il est inscrit sur la liste des enfants allergiques
- ❑ **c.** vous téléphonez aux parents tout de suite
- ❑ **d.** vous donnez les médicaments en application du projet d'accueil individualisé (PAI) dont vous avez connaissance
- ❑ **e.** vous rassurez simplement l'enfant en lui disant que cela va passer tout seul

7. Un enfant en petite section ne sait pas s'essuyer lors de son passage aux toilettes:

❑ **a.** vous ne l'essuyez pas car c'est aux parents d'apprendre cela aux enfants
❑ **b.** vous lui donnez des conseils pour qu'il le fasse seul tout en restant à ses côtés
❑ **c.** vous en direz deux mots à la maman (au papa) le lendemain matin
❑ **d.** vous en parlez à l'enseignant(e) pour qu'il (elle) en parle aux parents
❑ **e.** vous profitez de l'occasion pour expliquer à l'enfant quelques règles d'hygiène

8. Pendant la sieste des petits, l'alarme sonne: que faites-vous?

❑ **a.** Vous évacuez les petits le plus rapidement possible
❑ **b.** Vous attendez qu'on vous confirme qu'il faut évacuer les lieux
❑ **c.** Vous rhabillez les enfants avant de les faire sortir
❑ **d.** Vous comptez les enfants au point de rassemblement
❑ **e.** Vous récupérez tous les doudous

9. Vous vous rendez compte qu'un enfant présente des traces de coups: que faites-vous?

❑ **a.** Vous en parlez avec le parent qui vient le chercher, le soir à la sortie de l'école
❑ **b.** Vous ne prévenez personne
❑ **c.** Vous en parlez à votre hiérarchie en mairie
❑ **d.** Vous prévenez l'enseignant(e)
❑ **e.** Vous en parlez avec votre voisine qui connaît bien l'enfant

10. Quel est l'agent qui assiste et conseille l'autorité territoriale en matière d'hygiène et sécurité dans une commune?

❑ **a.** Le directeur des services techniques
❑ **b.** L'adjoint au maire chargé des travaux
❑ **c.** Le médecin du travail
❑ **d.** La directrice (le directeur) de l'école
❑ **e.** L'assistant de prévention (nouvelle dénomination de l'ACMO)

11. Quelle est la fréquence de lavage des draps d'un dortoir, lorsque les enfants ont chacun leur lit?

❑ **a.** Tous les jours car les enfants transpirent
❑ **b.** À chacune des «petites vacances»
❑ **c.** Une fois par semaine
❑ **d.** Dès qu'un enfant urine au lit
❑ **e.** Tous les deux mois, sauf s'il y a une épidémie

12. Qu'est-ce qu'un balayage humide?

❑ **a.** Un lavage du sol à grande eau avec un balai à franges
❑ **b.** Un nettoyage approfondi à la main avec un chiffon humide
❑ **c.** L'utilisation d'un balai trapèze avec une gaze imprégnée
❑ **d.** Un balayage avec un balai type coco que l'on a mouillé afin de ne pas lever les poussières
❑ **e.** Un balayage qui ramasse la poussière au moyen d'une gaze humidifiée

13. C'est le premier jour de classe, un enfant pleure: que faites-vous?

❑ **a.** Vous le rassurez gentiment
❑ **b.** Vous lui donnez un bonbon
❑ **c.** Vous lui proposez son doudou
❑ **d.** Vous lui proposez une activité
❑ **e.** Vous conseillez à la maman (au papa) de reprendre son enfant et de le ramener le lendemain

14. En début d'année, les enfants de grande section commencent à écrire en cursive:

❑ **a.** vous observez la méthode de l'enseignant(e) pour la reproduire
❑ **b.** vous prenez l'initiative d'aller près des élèves pour leur montrer les tracés à suivre
❑ **c.** vous ne faites rien car apprendre à écrire constitue un apprentissage rigoureux dévolu à l'enseignant(e) qui ne concerne absolument pas l'ATSEM
❑ **d.** vous demandez à l'enseignant(e) comment vous pouvez intervenir auprès des élèves
❑ **e.** vous décidez de tracer des lignes sur les cahiers des enfants afin qu'ils s'entraînent

15. Parler aux enfants à l'école maternelle, cela signifie :

- ❑ **a.** parler avec des mots d'enfants pour bien se faire comprendre (le dodo, la tutut, etc.)
- ❑ **b.** parler un langage compréhensible des enfants, mais riche en vocabulaire
- ❑ **c.** parler à tous les enfants en même temps, s'adresser en permanence au groupe
- ❑ **d.** parler avec tous les enfants, selon le cas à voix haute, à voix basse, en grands groupes, en petits groupes ou en individuel
- ❑ **e.** parler le moins possible aux enfants pour leur permettre de se concentrer

16. Qu'est-ce que l'énurésie ?

- ❑ **a.** L'envie de boire
- ❑ **b.** L'incontinence urinaire de l'enfant
- ❑ **c.** L'envie d'aller aux toilettes
- ❑ **d.** L'impossibilité de se retenir d'uriner
- ❑ **e.** La phobie d'aller aux toilettes

17. À la fin des ateliers d'une classe de petite section, l'ATSEM :

- ❑ **a.** doit toujours attendre les directives de l'enseignant(e) afin de savoir ce qu'il faut faire
- ❑ **b.** commence à faire le ménage de la classe en présence des enfants : balayer et passer la serpillière
- ❑ **c.** aide les enfants à se laver les mains s'ils ont fait de la peinture
- ❑ **d.** doit favoriser l'autonomie des enfants, les laisser ranger et se laver les mains seuls pendant qu'il(elle) nettoie la classe
- ❑ **e.** aide au rangement des matériaux, nettoyage des pinceaux et du matériel pédagogique

18. Un enfant en situation de handicap :

- ❑ **a.** est accueilli dans l'école de secteur avec un projet personnalisé de scolarisation
- ❑ **b.** est généralement accompagné par un(e) auxiliaire de vie scolaire sur le temps de classe [Attention, depuis 2014, les AVS sont progressivement remplacés par des AESH]
- ❑ **c.** n'est scolarisé que dans des établissements spécialisés
- ❑ **d.** est obligatoirement accompagné par un(e) auxiliaire de vie scolaire ou AESH
- ❑ **e.** peut être scolarisé dans une classe normale avec un aménagement selon son degré de handicap

19. C'est le jour de la fête de l'école et les enfants vont défiler dans la rue :

- ❑ **a.** vous décidez de rester dans la classe pour avancer votre ménage
- ❑ **b.** vous accompagnez la classe, en accord avec la directrice (le directeur) de l'école
- ❑ **c.** vous ne participez pas à la sortie si vous n'avez pas obtenu l'accord de la mairie
- ❑ **d.** vous ne pouvez pas participer à la sortie car cela n'entre jamais dans les missions d'un ATSEM
- ❑ **e.** vous emportez une petite trousse à pharmacie à la demande de l'enseignant(e)

20. Vous devez animer un stand pour une fête d'école sur le temps scolaire :

- ❑ **a.** vous choisissez spontanément l'atelier qui vous plaît le plus
- ❑ **b.** vous choisissez un atelier où vous savez la présence d'un adulte indispensable
- ❑ **c.** vous proposez une nouvelle idée d'atelier à l'équipe enseignante
- ❑ **d.** vous pouvez seulement animer un espace dévolu aux boissons et gâteaux, sans responsabilité d'enfants
- ❑ **e.** vous refusez car cela ne rentre pas dans le cadre de vos fonctions

→ *Retrouvez les corrigés en p. 185*

Sujet 7 | Session 2012

Comment aborder le sujet

Lisez attentivement la question, puis tentez de formuler, dans un premier temps, quelle serait votre réponse au problème posé sans lire les propositions. Cela vous donnera des pistes et vous évitera les confusions ou incertitudes éventuelles, qui peuvent vous faire perdre du temps et vous mettre en difficulté.

Proposition de corrigé

1. a. Si vous n'avez pas compris les consignes de l'enseignant, vous devez lui demander de les expliciter avant que ne débute l'atelier confié. En aucun cas vous ne devez prendre les enfants à partie ou mener l'atelier à votre gré.

2. a. et **e.** Vous n'êtes concerné que par les questions relatives à la vie de l'enfant dans l'école, hors apprentissages scolaires. Vous ne pouvez donc vous prononcer sur la qualité des activités menées en classe ni sur le travail de l'enseignant ou sur la relation d'un enfant avec le maître ou la maîtresse. Quant à l'adresse d'un autre enfant, vous n'avez absolument pas le droit de la divulguer à un autre parent.

3. c. Si vous souhaitez faire remonter des problèmes constatés chez l'enseignant, la personne à en référer est le directeur de l'école.

4. a., **b.**, **c.**, **d.** et **e.** Toutes les propositions relèvent de vos missions ! La préparation du matériel pédagogique, le passage aux toilettes, l'accueil du matin ou les sorties scolaires font partie intégrante de vos tâches. Les goûters d'anniversaire se déroulant sur le temps scolaire ne sont pas qu'un temps festif mais sont une approche éducative du calendrier et des saisons, qui aide l'enfant à se repérer dans le temps. La préparation de ce goûter sur le temps scolaire fait donc aussi partie de vos missions.

5. b., **c.** et **e.** Pendant le repas, vous ne devez pas obliger les enfants à manger ni à se taire. Vous pouvez en revanche veiller à leur bien-être en les incitant à manger dans le calme, ou à goûter à tout, en vous assurant du respect des règles d'hygiène et de sécurité.

6. b. et **d.** Si le visage d'un enfant enfle pendant le repas, il vous faut tout de suite vérifier la liste des enfants allergiques et appliquer le PAI. Cela se déroulant sur la pause méridienne, l'enfant n'est pas sous la responsabilité directe de l'enseignant, (ce qui exclut la réponse **a.**), bien que vous puissiez bien sûr l'en informer, à titre indicatif, notamment si l'enfant n'est pas présent en classe l'après-midi suite à cet incident.

7. b., **c.** et **e.** L'apprentissage des règles d'hygiène fait pleinement partie de vos missions. C'est pourquoi vous devez montrer comment procéder à l'enfant, en lui expliquant pourquoi il faut le faire. S'agissant de l'apprentissage de l'hygiène et non d'un apprentissage scolaire, vous pouvez en parler au parent sans passer par l'enseignant.

8. a. et **d.** Si l'alarme sonne, c'est qu'il y a potentiellement un danger imminent : nul besoin de confirmation et pas le temps de rhabiller les enfants ni de ramasser les doudous ! Il faut sortir rapidement, mais dans le calme, et compter les enfants au point de rassemblement.

9. d. En cas de suspicion de maltraitance, il est nécessaire de prévenir en premier lieu l'enseignant. Il serait en revanche déplacé et non professionnel d'en parler à l'extérieur.

10. c. Ce que l'on appelle « hygiène et sécurité au travail » regroupe tous les éléments de l'environnement professionnel d'une personne susceptibles d'affecter son intégrité physique, sa santé, son bien-être, etc. La personne référente est donc le médecin du travail qui préconise, informe, conseille, oriente la collectivité sur les choix d'organisation de l'espace professionnel et des conditions de travail afin que celles-ci ne soient pas néfastes à la santé des personnels.

11. c. Les draps du dortoir doivent être changés en moyenne une fois par semaine.

12. c. et **e.** Un balayage humide ramasse la poussière avec une gaze humidifiée. Le type de balai à utiliser est de fait un balai trapèze, sur lequel vous pouvez adjoindre une gaze, ce qui n'est pas possible sur un balai coco (c'est-à-dire un balai traditionnel «à poils»).

13. a. et **c.** Il est commun que les enfants pleurent le premier jour: vous devez les rassurer gentiment et n'avez pas à utiliser de «palliatif» comme les bonbons, puisque vous n'avez de toute façon pas à distribuer de nourriture aux enfants. Vous pouvez lui proposer son doudou si l'école autorise les doudous dans les classes.

14. d. Bien qu'enseigner l'écriture soit un apprentissage dévolu au maître ou à la maîtresse, vous avez tout de même une mission d'assistance et ne pouvez pas «rien faire», sous prétexte que cela ne vous concerne pas directement. Vous devez donc demander à l'enseignant qu'il vous indique en quoi vous pouvez lui être utile.

15. b. et **d.** Le langage de l'ATSEM doit être compréhensible pour l'enfant, ce qui n'implique pas une pauvreté de vocabulaire, bien au contraire. Ce langage doit être adapté en fonction des situations, en groupe ou individuellement, par exemple.

16. b. et **d.** L'énurésie indique tout simplement «les pipis sur soi» au lit pendant la sieste ou pendant la journée. C'est une incontinence urinaire de l'enfant qui ne maîtrise pas encore parfaitement son besoin, ce qui revient à dire qu'il lui est impossible de se retenir d'uriner.

17. c. et **e.** L'ATSEM aide les enfants au lavage des mains et au rangement/nettoyage du matériel pédagogique. S'il doit certes consulter l'enseignant pour ne pas interférer avec ce que lui-même met en place, l'ATSEM ne doit pas forcément «attendre les directives» (ce qui exclut la réponse **a.**) mais peut faire preuve d'initiative, surtout s'agissant de certaines pratiques récurrentes comme le lavage des mains après une activité salissante.

18. a., **b.** et **e.** Un enfant en situation de handicap est accueilli dans le cadre d'un projet personnalisé de scolarisation. Bien qu'il bénéficie généralement d'un AESH (ex AVS), cet accompagnement n'est pas obligatoire et il peut être scolarisé dans une classe «normale», aménagée selon son degré de handicap.

19. b. et **e.** Les sorties font partie du temps scolaire. Vous devez donc y participer, sous l'égide du directeur d'école. Votre mission pendant la sortie est de vous assurer de la sécurité des enfants, ce pourquoi vous pouvez par exemple être chargée d'emmener une petite trousse à pharmacie.

20. d. Pendant le temps scolaire, vous ne pouvez encadrer seul les enfants sans la présence de l'enseignant.

Chapitre 2
QCM – ASEM

Sujet 1 session 2014 (Ville de Paris)

Sujet 2 session 2011 (Ville de Paris)

Sujet 3 session 2010 (Ville de Paris)

Sujet 4 inédit

Sujet 1 | Session 2014

45 min

ÉNONCÉ

Ville de Paris

Cochez la ou les bonne(s) réponse(s).

1. La mairie de Paris :

- ❑ **a.** gère la construction des écoles élémentaires
- ❑ **b.** gère l'approvisionnement des écoles maternelles en produits d'entretien
- ❑ **c.** définit les programmes scolaires dans les établissements parisiens
- ❑ **d.** finance des voyages scolaires

2. À Paris, qui a la compétence de l'aide sociale à l'enfance ?

- ❑ **a.** Le président de la République
- ❑ **b.** Le président du conseil départemental
- ❑ **c.** Le président du conseil régional
- ❑ **d.** Le maire de Paris

3. Un PAI est un :

- ❑ **a.** projet d'assistance et d'intégration
- ❑ **b.** protocole d'activités informelles
- ❑ **c.** projet d'accueil individualisé

4. L'étiquette du produit que vous utilisez pour laver le sol signale un dosage à 2 %. Le dosage juste est le suivant :

- ❑ **a.** 2 ml de produit dans 1 litre d'eau
- ❑ **b.** 20 ml de produit dans 1 litre d'eau
- ❑ **c.** 20 ml de produit dans 10 litres d'eau

5. N'est/Ne sont pas recruté(s) par le ministère de l'Éducation nationale :

- ❑ **a.** le directeur d'école maternelle
- ❑ **b.** le médecin scolaire
- ❑ **c.** le gardien d'école maternelle
- ❑ **d.** l'auxiliaire de vie scolaire

6. Vous accompagnez un enfant aux toilettes. Vous remarquez d'importants hématomes dans son dos. Que faites-vous ?

- ❑ **a.** Vous appelez la police
- ❑ **b.** Vous l'emmenez chez le pédiatre le plus proche de l'école
- ❑ **c.** Vous en parlez aux parents
- ❑ **d.** Vous prévenez l'enseignant(e) ou le(la) directeur(trice)

7. Avec la mise en place de l'ARE (aménagement des rythmes éducatifs) :

- ❑ **a.** les ASEM sont intégré(e)s dans le corps des animateurs
- ❑ **b.** les ASEM ont des missions d'animation
- ❑ **c.** les ASEM assistent les animateurs dans l'animation des ateliers éducatifs
- ❑ **d.** rien n'a changé pour les ASEM

8. L'ASEM titulaire à temps plein :

- ❑ **a.** assiste les enfants et l'enseignant(e) dans une classe le mercredi matin
- ❑ **b.** assiste les enfants et l'enseignant(e) dans une classe le samedi matin
- ❑ **c.** participe à l'animation du centre de loisirs le mercredi
- ❑ **d.** participe au service de cantine (interclasse)

9. Une monobrosse est :

- ❑ **a.** un balai de soie
- ❑ **b.** une machine autoportée
- ❑ **c.** une machine autotractée
- ❑ **d.** une machine utilisant des disques de couleurs différentes

10. L'ASEM :

- ❑ **a.** effectue les mêmes tâches en temps scolaire et pendant les vacances scolaires
- ❑ **b.** doit entretenir l'école le samedi matin
- ❑ **c.** doit entretenir le linge de l'école
- ❑ **d.** doit remplacer le gardien pendant sa pause quotidienne
- ❑ **e.** doit laver les vitres de l'école

11. Un parent d'élève vous demande des informations sur le comportement de son enfant pendant la journée d'école. Comment réagissez-vous ?

- ❑ **a.** vous n'avez pas le droit de parler aux parents
- ❑ **b.** vous expliquez au parent ce que l'enfant réussit ou non en classe
- ❑ **c.** s'il arrive à l'enfant de se conduire mal avec ses camarades en classe, vous le dites au parent afin qu'il en prenne conscience
- ❑ **d.** vous renvoyez le parent à l'enseignant(e)
- ❑ **e.** vous pouvez lui parler de son comportement sur le temps de cantine

12. Le registre santé sécurité au travail (précédemment appelé registre hygiène et sécurité) :

- ❑ **a.** est disponible à la loge de l'école
- ❑ **b.** peut être rempli par toute personne travaillant dans l'école
- ❑ **c.** ne peut être rempli que par le directeur d'école
- ❑ **d.** permet de signaler toute observation relative à l'hygiène et la sécurité

13. En qualité d'ASEM, votre présence au conseil d'école est :

- ❑ **a.** obligatoire
- ❑ **b.** interdite
- ❑ **c.** possible avec voix délibérative sur les sujets vous concernant
- ❑ **d.** possible avec voix consultative sur les sujets vous concernant

14. Les produits de nettoyage doivent être rangés :

- ❑ **a.** sous l'évier
- ❑ **b.** en présence du directeur d'école
- ❑ **c.** dans une armoire
- ❑ **d.** dans un local fermé à clé

15. Le PPS est un(e) :

- ❑ **a.** projet personnalisé de scolarisation
- ❑ **b.** protocole particulier de sécurité
- ❑ **c.** participation pédagogique à la surveillance

16. Dans une école maternelle, l'ASEM :

- ❑ **a.** est soumis(e) à l'autorité fonctionnelle du directeur de l'établissement
- ❑ **b.** est soumis(e) à la seule autorité du directeur de l'établissement
- ❑ **c.** est soumis(e) à l'autorité du responsable des ressources humaines de la circonscription des affaires scolaires/et de la petite enfance (CAS/PE)
- ❑ **d.** est soumis(e) à l'autorité hiérarchique du directeur de l'établissement

17. Lorsque je manipule un produit d'entretien :

- ❑ **a.** je dois porter les équipements de protection nécessaires
- ❑ **b.** je dois le manipuler dans un local fermé à clef
- ❑ **c.** je dois le transvaser dans un récipient plus adapté
- ❑ **d.** je dois le manipuler en hauteur

18. L'alarme incendie se déclenche pendant le repas des enfants. Que faites-vous ?

- ❑ **a.** Vous faites sortir les enfants table après table en leur demandant de continuer leur repas
- ❑ **b.** Vous guidez les enfants vers le point de rassemblement prévu à cet effet
- ❑ **c.** Vous attendez les directives d'un(e) enseignant(e) pour agir
- ❑ **d.** Vous prévenez immédiatement les pompiers
- ❑ **e.** Vous pensez à prendre les manteaux des enfants afin qu'ils n'attrapent pas froid

19. La participation de l'ASEM au service d'interclasse est :

- ❑ **a.** possible sur la base du volontariat
- ❑ **b.** obligatoire sauf le mercredi
- ❑ **c.** obligatoire si un surveillant est absent
- ❑ **d.** obligatoire tous les jours

20. **Au moment de l'accueil du matin, une maman vous donne discrètement les médicaments que son enfant doit prendre au moment du repas pour soigner son allergie. Quelle attitude adoptez-vous ?**

- ❑ **a.** vous orientez la maman vers l'enseignant(e)
- ❑ **b.** vous acceptez les médicaments en notant bien la posologie et l'heure
- ❑ **c.** vous n'acceptez que parce que les médicaments sont accompagnés d'une ordonnance
- ❑ **d.** vous refusez sous prétexte que vous avez peur d'oublier
- ❑ **e.** vous refusez car ce n'est pas de votre responsabilité

21. **Pendant les vacances scolaires, les ASEM :**

- ❑ **a.** ne font que le ménage des salles de classe
- ❑ **b.** ont en charge le nettoyage approfondi des locaux
- ❑ **c.** travaillent en centre de loisirs en qualité d'animateurs
- ❑ **d.** sont toujours en congés
- ❑ **e.** peuvent être en congés

22. **La direction de l'école vous demande d'effectuer un achat en vous remettant de l'argent. Que répondez-vous ?**

- ❑ **a.** vous acceptez
- ❑ **b.** vous refusez
- ❑ **c.** vous acceptez si une demande écrite est faite
- ❑ **d.** vous refusez si ce n'est pas un achat nécessaire aux enfants

23. **Quel est le nombre d'enfants normalement pris en charge par un(e) ASEM lors de l'ARE ?**

- ❑ **a.** 8
- ❑ **b.** 12
- ❑ **c.** 14
- ❑ **d.** L'ASEM ne peut pas prendre en charge un groupe d'enfants

24. **Que faites-vous lorsqu'un enfant s'agite et joue avec sa nourriture à la cantine ?**

- ❑ **a.** Vous le sortez de la cantine et le laissez seul dans un coin
- ❑ **b.** Vous pouvez l'asseoir à une autre table le temps qu'il se calme
- ❑ **c.** Vous le privez de dessert
- ❑ **d.** Vous lui expliquez que la nourriture n'est pas un jouet

25. **Les classes doivent faire l'objet d'un balayage humide :**

- ❑ **a.** quotidien
- ❑ **b.** hebdomadaire
- ❑ **c.** bi-quotidien
- ❑ **d.** mensuel

26. **Pour l'enfant, le jeu est avant tout :**

- ❑ **a.** une activité moins importante que le travail
- ❑ **b.** une activité indispensable à son équilibre et à son apprentissage
- ❑ **c.** une activité secondaire
- ❑ **d.** une activité socialisante

27. **L'ASEM :**

- ❑ **a.** anime les ateliers éducatifs dans le cadre de l'aménagement des rythmes éducatifs
- ❑ **b.** ne surveille pas le dortoir
- ❑ **c.** anime des activités de soutien pour les élèves en difficultés
- ❑ **d.** accueille les enfants avec l'enseignant

28. **Un différend vous oppose à un collègue qui ne participe jamais aux tâches d'entretien que vous devez faire ensemble. Quelle attitude adoptez-vous ?**

- ❑ **a.** vous effectuez le travail seul(e) et ne dites rien
- ❑ **b.** vous demandez à ce collègue de s'expliquer devant les enfants
- ❑ **c.** vous demandez aux autres ASEM de l'école de ne plus avoir de contact avec ce collègue
- ❑ **d.** vous en informez le directeur d'école

29. **Le supérieur hiérarchique direct de l'ASEM est :**

- ❑ **a.** le responsable éducatif ville
- ❑ **b.** le responsable des ressources humaines de la CAS/PE
- ❑ **c.** le directeur d'école
- ❑ **d.** le maire de Paris

30. **Dans le cadre de l'aménagement des rythmes éducatifs à Paris, les ateliers éducatifs :**

- ❑ **a.** ont lieu tous les jours de 15 h 00 à 15 h 45
- ❑ **b.** ont lieu le mardi et le vendredi de 15 h 00 à 16 h 30
- ❑ **c.** ont lieu tous les jours de 15 h 00 à 16 h 30
- ❑ **d.** ne concernent pas les ASEM

→ *Retrouvez les corrigés en p. 191*

Sujet 1 | Session 2014

Comment aborder le sujet

- Lisez attentivement la consigne afin de savoir si vous devez cocher une ou plusieurs réponses.
- Prenez soin de relire plusieurs fois la question, car sa formulation peut faire varier la réponse. Méfiez-vous notamment de la forme négative de certaines questions, qui peut vous induire en erreur.
- Ne lisez pas tout de suite les propositions de réponse mais essayez de répondre de vous-même à la question posée. Cela peut vous éviter d'hésiter entre plusieurs réponses similaires.
- Gérez votre temps, sans précipitation, ni lenteur.
- Les réponses basées sur les apports théoriques (lecture, formation, etc.) sont à privilégier par rapport aux réponses basées sur l'expérience, car la pratique ne correspond pas toujours à la règle.

Proposition de corrigé

1. a. et **b.** Paris, en tant que commune, est chargée de la construction, de l'entretien et du fonctionnement matériel des maternelles. Les programmes scolaires sont définis par l'Éducation nationale, tandis que les voyages peuvent être financés par une participation des parents.

2. d. La compétence de l'aide sociale à l'enfance relève habituellement du président du conseil départemental. Paris étant à la fois une commune et un département, la compétence de l'ASE de Paris revient au maire de Paris.

3. c. Un projet d'accueil individualisé (PAI) est mis en place pour l'enfant atteint de maladie chronique, d'allergie et d'intolérance alimentaire. Il doit lui permettre de suivre une scolarité normale ou d'être accueilli en collectivité. L'enfant pourra ainsi bénéficier de son traitement ou de son régime alimentaire, assurer sa sécurité et compenser les inconvénients liés à son état de santé.

4. b. Il vous faut calculer 2 % de 1 litre, soit 1 000 ml. En multipliant 1 000 par 2 et en divisant par 100, on obtient 20 ml.

5. c. Dans cette liste, seuls les gardiens d'école maternelle sont recrutés par la Ville de Paris et non par l'Éducation nationale.

6. d. Dans cette situation, ne tirez pas de conclusions hâtives mais faites preuve de vigilance et de prudence en prévenant immédiatement le directeur ou l'enseignant.

7. b. Dans le cadre des ARE, les ASEM ont des missions d'animation au même titre que les animateurs, qu'ils/elles n'assistent pas mais avec qui ils/elles collaborent.

8. a. et **d.** À Paris, l'organisation de la semaine dans le cadre de la réforme des rythmes scolaires inclut la classe le mercredi matin, qui entre donc dans le temps de travail des ASEM, tout comme l'interclasse.

9. b., **c.** et **d.** Une monobrosse peut être autoportée ou autotractée, selon le type de machine. Dans tous les cas, la monobrosse est constituée d'un disque horizontal de grand diamètre qui agit sur la surface comme un balai rotatif, une brosse de lavage ou des disques de décrassage, cirage et lustrage.

10. c., **d.** et **e.** En raison de la présence des enfants et des missions éducatives, les tâches de l'ASEM ne peuvent être identiques pendant et en dehors du temps scolaire. L'ASEM a pour mission l'entretien du linge et des locaux, dont les vitres. Le remplacement à la loge par un des ASEM peut être inclus dans le planning de travail hebdomadaire. Pendant ce temps de remplacement, l'ASEM ne peut pas effectuer de tâches d'entretien.

11. d. et **e.** L'ASEM doit informer les parents de tout ce qui est relatif au déroulement de la journée de leur enfant, hors apprentissage scolaire. Cela peut concerner son état de santé, son comportement lors de la récréation, son sommeil, son appétit, etc. Pour toute question liée aux apprentissages scolaires, renvoyez le parent vers l'enseignant.

12. b. et **d.** Ce registre est un document obligatoire qui peut être rempli par toute personne désireuse d'exprimer un constat relatif à l'hygiène et la sécurité de l'école. Il doit être accessible à tous, mais pas forcément à la loge.

13. d. Les ASEM sont invité(e)s au conseil d'école. Ils/elles peuvent donner un avis consultatif.

14. d. Les produits d'entretien doivent être tenus en dehors de la portée des enfants, c'est-à-dire dans un local fermé à clé.

15. a. Un projet personnalisé de scolarisation (PPS) définit les modalités de déroulement de la scolarité et les actions pédagogiques, psychologiques, éducatives, sociales, médicales et paramédicales répondant aux besoins particuliers des élèves présentant un handicap.

16. a. et **c.** L'ASEM est placé(e) sous l'autorité hiérarchique du responsable des ressources humaines de la circonscription des affaires scolaires/et de la petite enfance (CAS/PE) et sous l'autorité fonctionnelle du directeur d'établissement.

17. a. Les produits d'entretien doivent se manipuler muni(e) des équipements de protection nécessaires et en dehors de la présence des enfants, par exemple dans le local de stockage des produits qui doit être fermé à clé.

18. b. En cas d'alarme incendie, il faut mettre en œuvre le protocole prévu à cet effet sans perdre de temps, et ne pas procéder à d'autres actions que celles prescrites par le protocole d'évacuation car cela peut s'avérer dangereux (comme prendre les manteaux, attendre un enseignant, etc.).

19. b. et **d.** Lors de l'interclasse, les ASEM sont intégré(e)s à l'équipe d'encadrement des enfants. Dans ce cadre, si l'organisation et le fonctionnement du service le permettent, les ASEM doivent être affecté(e)s en priorité à l'encadrement des enfants au réfectoire. Pendant le repas et le temps libre précédant ou suivant le repas, les ASEM ont les mêmes missions que les autres intervenants. Sachant qu'il n'y a pas d'interclasse le mercredi, cela revient à dire que l'ASEM participe à l'interclasse tous les jours.

20. a. et **e.** L'ASEM a interdiction d'administrer quelconque médication à un enfant, quelles que soient les circonstances. Les médicaments devant être donnés dans le cadre d'un PAI, il est préférable d'orienter cette maman vers l'enseignant qui lui indiquera comment le mettre en place.

21. b. et **e.** Les ASEM peuvent prendre leurs congés pendant les vacances scolaires. Sinon, ce temps est l'occasion d'un ménage plus en profondeur des locaux de l'école.

22. b. Vous ne devez pas recevoir d'argent, ni aller faire des courses pour la direction de l'école ou tout autre membre du personnel.

23. a., **b.** et **c.** Lors des ARE, le taux d'encadrement est d'1 adulte pour 14 enfants.

24. b. et **d.** Dans ce cas, il faut faire preuve de pédagogie et expliquer à l'enfant pourquoi son comportement est inadapté. Vous pouvez également le faire asseoir à une autre table afin qu'il se calme.

25. a. Les classes doivent faire l'objet d'un balayage humide quotidien.

26. b. et **d.** Pour les enfants scolarisés en maternelle, le jeu est un apprentissage et un moyen de sociabilisation.

27. a. et **d.** Parmi de nombreuses missions, l'accueil des enfants aux côtés de l'enseignant et l'animation des ARE font partie des tâches de l'ASEM. Attention à la forme négative de la deuxième proposition, qui exclut cette réponse.

28. d. Si vous avez un différend avec un collègue, vous pouvez en informer le directeur d'école afin que celui-ci trouve une solution et tranche sur ce conflit. Bien entendu, vous ne devez ni subir une situation, ni prendre à partie d'autres personnes, encore moins les enfants.

29. b. Le supérieur hiérarchique direct de l'ASEM est le responsable des ressources humaines de la CAS/PE, lui-même placé sous l'autorité du maire de Paris.

30. b. À Paris, les ateliers éducatifs ARE se déroulent le mardi et le vendredi de 15 h 00 à 16 h 30. Ils sont gratuits et facultatifs, bien que l'inscription des enfants y participant soit obligatoire.

Sujet 2 | Session 2011

45 min

ÉNONCÉ

Ville de Paris

Cochez la bonne réponse (une seule réponse acceptée).

1. Qu'entend-on par la notion d'hygiène à l'école?

❑ **a.** L'hygiène corporelle des enfants
❑ **b.** L'hygiène corporelle des ASEM
❑ **c.** L'hygiène des repas
❑ **d.** L'hygiène des locaux

2. La marche en avant est:

❑ **a.** une activité ludique qui permet aux enfants d'apprendre à marcher plus rapidement
❑ **b.** un jeu facilitant le développement moteur de l'enfant
❑ **c.** une pratique qui permet d'éviter les bousculades d'enfants
❑ **d.** une méthode de travail qui permet d'éviter la contamination des aliments servis, en allant du sale vers le propre

3. Qu'est-ce que l'asepsie?

❑ **a.** C'est l'ensemble des mesures destinées à empêcher tout apport de micro-organismes
❑ **b.** C'est l'opération permettant de tuer les micro-organismes
❑ **c.** C'est l'action qui consiste à soigner une plaie simple pour empêcher une infection

4. La protection maternelle et infantile (PMI):

❑ **a.** dépend du ministère de la Santé, de la Jeunesse, des Sports et de la Vie associative
❑ **b.** dépend du département
❑ **c.** dépend de la commune

5. L'organe exécutif de la commune est:

❑ **a.** le conseil municipal
❑ **b.** formé par le conseil municipal et le maire
❑ **c.** formé du maire et de ses adjoints

6. Afin d'éviter l'oxyurose chez l'enfant, il faut:

❑ **a.** lui donner des aliments riches en vitamines
❑ **b.** conseiller aux parents de lui faire couper les cheveux très courts
❑ **c.** lui faire se laver les mains fréquemment

7. Que signifie ce pictogramme?

❑ **a.** Produit toxique
❑ **b.** Produit irritant
❑ **c.** Produit dangereux pour l'environnement

8. Il a gelé dans la nuit. Pour lutter contre le verglas dans la cour, vous répandez:

❑ **a.** de l'eau chaude avec du produit de nettoyage
❑ **b.** de l'eau chaude additionnée d'alcool à brûler
❑ **c.** du sel ou du sable

9. L'expression «personnalité morale», appliquée à une collectivité territoriale, signifie:

❑ **a.** qu'elle peut agir en justice
❑ **b.** qu'elle est tenue à un devoir de moralité publique
❑ **c.** qu'elle dispose de son propre budget

10. Le département a notamment en charge:

❑ **a.** le fonds d'aide aux jeunes
❑ **b.** les conservatoires municipaux
❑ **c.** le fonds solidarité logement
❑ **d.** la construction et l'entretien des lycées

11. Qu'est-ce que le tartre?

❑ **a.** Un dépôt de sels calcaires
❑ **b.** Un dépôt de graisse
❑ **c.** Un dépôt de poussières humides

12. Qu'est-ce que le balayage assisté?

- ❑ **a.** Lorsqu'un collègue vient vous aider à balayer
- ❑ **b.** Un balayage réalisé avec une nouvelle gamme de balai
- ❑ **c.** Un balayage à sec avec de la sciure ou du sable préalablement répandu sur le sol

13. Durant le temps scolaire, en cas de difficulté dans l'organisation du travail, l'ASEM doit se référer:

- ❑ **a.** au directeur de l'école
- ❑ **b.** à la directrice des affaires scolaires par l'intermédiaire de la circonscription des affaires scolaires
- ❑ **c.** à l'adjoint au maire chargé des affaires scolaires

14. Le supérieur hiérarchique direct des enseignants de l'école est:

- ❑ **a.** le directeur d'école
- ❑ **b.** l'adjoint au maire chargé des affaires scolaires
- ❑ **c.** l'inspecteur de l'Éducation nationale

15. Les conseils régionaux ont été élus au suffrage universel pour la première fois en:

- ❑ **a.** 1946
- ❑ **b.** 1972
- ❑ **c.** 1982
- ❑ **d.** 1986

16. Qui fixe en premier lieu les horaires de service?

- ❑ **a.** La circonscription des affaires scolaires
- ❑ **b.** Le directeur
- ❑ **c.** Les enseignants

17. Vous devez effectuer le nettoyage du sol des classes avec un produit dont le dosage est de 2 % par litre d'eau. Combien faut-il de produit pour 10 litres d'eau?

- ❑ **a.** 2 cl
- ❑ **b.** 10 ml
- ❑ **c.** 20 cl

18. Les aérosols ménagers qui contiennent des CFC (chlorofluorocarbones) ne devraient pas être utilisés à l'école car:

- ❑ **a.** ils attaquent la couche d'ozone
- ❑ **b.** ils provoquent de l'asthme
- ❑ **c.** ils peuvent être facilement avalés

19. Le germe le plus souvent mis en cause dans les infections alimentaires est:

- ❑ **a.** la salmonelle
- ❑ **b.** le bacille de Koch
- ❑ **c.** le staphylocoque

20. Un fonctionnaire territorial qui rejoint la fonction publique d'État:

- ❑ **a.** effectue un détachement
- ❑ **b.** effectue son droit à la mobilité
- ❑ **c.** effectue une mutation

21. Que signifie ASE?

- ❑ **a.** Association sociale et éducative
- ❑ **b.** Aide sociale à l'enfance
- ❑ **c.** Aide sanitaire et éducative

22. Durant l'accueil du matin, la mère d'un élève vous confie une information importante concernant la santé de son enfant. Comment réagissez-vous?

- ❑ **a.** Vous l'écoutez et vous évaluez si vous devez ou non garder l'information pour vous
- ❑ **b.** Vous lui dites d'en parler à l'enseignant ou au directeur
- ❑ **c.** Vous lui dites que ce n'est pas votre rôle et que vous ne voulez rien entendre

23. Les règles de secourisme sont, dans l'ordre:

- ❑ **a.** alerter, protéger, secourir
- ❑ **b.** protéger, alerter, secourir
- ❑ **c.** secourir, protéger, alerter

24. Les commissions administratives paritaires sont compétentes pour:

- ❑ **a.** la question d'organisation des services et de formation professionnelle
- ❑ **b.** les décisions individuelles concernant le fonctionnaire
- ❑ **c.** les problèmes d'hygiène et de sécurité

25. Les arrêtés municipaux sont:

- ❑ **a.** des actes relevant du pouvoir exécutif
- ❑ **b.** des actes votés en conseil municipal
- ❑ **c.** des actes notamment liés au pouvoir de police du maire

26. Vous remarquez depuis plusieurs jours un enfant qui arrive dans un état de grande saleté. Que faites-vous?

- ❑ **a.** Vous interpellez les parents pour qu'ils réagissent

- ❑ **b.** Vous sermonnez l'enfant en lui montrant à quel point il est sale
- ❑ **c.** Vous proposez à l'enfant d'aller se laver les mains et le visage et avertissez l'enseignant de la situation

27. À la fin d'une activité peinture, l'enseignant vous demande de nettoyer les tables et les pinceaux. Que faites-vous?

- ❑ **a.** Vous acceptez, cela fait partie de vos responsabilités
- ❑ **b.** Vous le faites pour aider l'enseignant, même si cela ne fait pas partie de votre travail
- ❑ **c.** Vous refusez, c'est aux enfants de ranger et de nettoyer le matériel

28. Pour améliorer la qualité de l'air à l'intérieur d'une classe, il faut:

- ❑ **a.** utiliser des aérosols pour désodoriser
- ❑ **b.** baisser le chauffage
- ❑ **c.** aérer régulièrement

29. La décision de créer un poste d'ASEM relève de la compétence:

- ❑ **a.** du maire après avis du directeur de l'école
- ❑ **b.** du directeur de l'école après avis du maire
- ❑ **c.** de l'inspecteur d'académie après avis du conseil d'école
- ❑ **d.** du conseil municipal

30. La juridiction compétente pour régler les litiges entre un agent et sa commune est:

- ❑ **a.** le conseil des prud'hommes
- ❑ **b.** le tribunal d'instance
- ❑ **c.** le tribunal administratif
- ❑ **d.** le tribunal correctionnel

31. Quel est l'aliment qui apporte du fer le plus facilement assimilable?

- ❑ **a.** Les épinards
- ❑ **b.** L'emmental
- ❑ **c.** L'œuf
- ❑ **d.** Les lentilles

32. À table, un enfant accueilli dans le cadre d'un PAI en raison d'allergies alimentaires est sur le point d'échanger des denrées avec ses voisins. Que faites-vous?

- ❑ **a.** Vous le laissez faire
- ❑ **b.** Vous le lui interdisez strictement
- ❑ **c.** Vous le lui interdisez en lui expliquant pourquoi

33. Une salle de motricité est:

- ❑ **a.** une salle équipée pour que les enfants puissent pratiquer des sports collectifs (basket, mini-foot...)
- ❑ **b.** une salle où l'enfant développe ses facultés d'exploration motrice
- ❑ **c.** une salle informatique adaptée aux enfants
- ❑ **d.** une salle dont la nature des sols et revêtements muraux est particulière

34. Le maire n'est pas:

- ❑ **a.** élu pour 5 ans
- ❑ **b.** élu pour 6 ans
- ❑ **c.** élu par le conseil municipal

35. La caisse des écoles est:

- ❑ **a.** une association
- ❑ **b.** un service municipal
- ❑ **c.** un établissement public

36. La rémanence d'un produit d'entretien est:

- ❑ **a.** le reflet et l'odeur du produit
- ❑ **b.** la poursuite de l'action du produit
- ❑ **c.** une nouvelle technique d'utilisation du produit

37. Les couleurs des disques pour monobrosse vont du plus sombre au plus clair, soit:

- ❑ **a.** du plus doux au plus abrasif
- ❑ **b.** cela ne correspond à rien, la couleur n'a pas d'importance
- ❑ **c.** du décapage au lustrage

38. À quel rythme effectuez-vous un balayage humide des sols de la classe?

- ❑ **a.** Quotidien
- ❑ **b.** Hebdomadaire
- ❑ **c.** Lors des vacances scolaires

39. Qui préside la caisse des écoles à Paris?

- ❑ **a.** Le maire d'arrondissement
- ❑ **b.** Le directeur général des services de la mairie d'arrondissement
- ❑ **c.** L'adjoint chargé des affaires scolaires

40. Quand se sont déroulées les dernières élections municipales?

- ❑ **a.** En janvier 2014
- ❑ **b.** En février 2014
- ❑ **c.** En mars 2014

[Nous avons revu les propositions de ce QCM]

41. Les ASEM ont, à l'égard des élèves de maternelle :

- ❑ **a.** un rôle médical
- ❑ **b.** un rôle éducatif
- ❑ **c.** un rôle affectif

42. L'apport de vitamine D est important durant la petite enfance pour prévenir :

- ❑ **a.** l'anorexie mentale
- ❑ **b.** la boulimie
- ❑ **c.** une maladie affectant le squelette

43. Le projet personnalisé de scolarisation (PPS) :

- ❑ **a.** concerne les enfants souffrant de maladies telles que les allergies alimentaires ou l'asthme
- ❑ **b.** a été instauré par la loi « handicap » du 11 février 2005 pour l'égalité des droits et des chances, la participation et la citoyenneté des personnes handicapées
- ❑ **c.** est mis en œuvre par le directeur de l'école et porté à la connaissance de l'ASEM

44. Les ASEM font partie :

- ❑ **a.** de la communauté éducative
- ❑ **b.** du conseil des parents
- ❑ **c.** du conseil des maîtres

45. Pour participer à l'accompagnement des enfants à la piscine hors temps scolaire, l'ASEM :

- ❑ **a.** doit être titulaire du PSC1
- ❑ **b.** doit avoir suivi une formation spécifique
- ❑ **c.** doit se déclarer volontaire

46. Un détergent :

- ❑ **a.** détruit certains microbes ou organismes
- ❑ **b.** élimine les salissures organiques
- ❑ **c.** désinfecte les surfaces

47. Le mode d'action des vaccins :

- ❑ **a.** est durable et définitif
- ❑ **b.** nécessite des rappels réguliers
- ❑ **c.** est variable suivant les individus

48. Pour détartrer efficacement les toilettes, il faut :

- ❑ **a.** un détartrant
- ❑ **b.** de l'eau de Javel
- ❑ **c.** un mélange des deux

49. L'enfant de 3 ans ne sait pas :

- ❑ **a.** enfiler sa veste
- ❑ **b.** déboutonner sa veste
- ❑ **c.** lacer ses chaussures

50. Quel est le premier objectif de santé publique défini par le PNNS (programme national nutrition santé) ?

- ❑ **a.** Augmenter la consommation de produits laitiers
- ❑ **b.** Augmenter la consommation des fruits et légumes
- ❑ **c.** Augmenter la consommation d'acides gras saturés

51. L'aliment qui appartient au groupe des glucides est :

- ❑ **a.** la viande
- ❑ **b.** l'huile de colza
- ❑ **c.** les céréales

52. Pour l'enfant, le jeu est avant tout :

- ❑ **a.** une activité moins importante que le travail
- ❑ **b.** une activité indispensable à son équilibre et à son apprentissage
- ❑ **c.** une activité secondaire

53. Un enfant souffre de constipation passagère. Au self de la cantine, vous enlèveriez de son plateau ce qui ne convient pas :

- ❑ **a.** la salade de tomates
- ❑ **b.** la compote d'abricots
- ❑ **c.** la purée de carottes

54. Vous rencontrez, en faisant votre marché, les parents d'un enfant de l'école. Ils vous demandent si leur enfant apprend bien en classe :

- ❑ **a.** vous répondez que c'est un bon élève
- ❑ **b.** vous dites aux parents de prendre un rendez-vous avec l'enseignant
- ❑ **c.** vous leur parlez des problèmes relationnels de leur enfant avec les autres enfants de la classe

55. Une infection nosocomiale est :

- ❑ **a.** une infection urinaire
- ❑ **b.** une infection contractée en milieu hospitalier
- ❑ **c.** une rhinite allergique

56. En moyenne, à 3 ans, un enfant pèse :

- ❑ **a.** 10 kg
- ❑ **b.** 12 kg
- ❑ **c.** 15 kg

57. Le directeur d'école où vous êtes en poste vous demande de modifier temporairement vos horaires de travail :

- ❑ **a.** vous refusez si la CAS (circonscription des affaires scolaires) n'a pas donné son accord
- ❑ **b.** vous refusez si les horaires ne vous conviennent pas
- ❑ **c.** vous acceptez, bien que les horaires proposés ne vous conviennent pas

58. Pour augmenter la qualité du nettoyage, quelle est la bonne solution ?

- ❑ **a.** Laisser les produits de nettoyage agir un peu plus longtemps
- ❑ **b.** Doubler la dose de produit de nettoyage prévue
- ❑ **c.** Mettre de l'eau très chaude avec le produit de nettoyage

59. L'alarme incendie se déclenche pendant le repas des enfants. Quelle est la première mesure à prendre ?

- ❑ **a.** Vous faites sortir les enfants table après table en leur demandant de continuer leur repas
- ❑ **b.** Vous faites sortir les enfants dans un endroit prévu à cet effet
- ❑ **c.** Vous attendez les directives d'un enseignant pour agir
- ❑ **d.** Vous prévenez immédiatement les pompiers

60. À la sortie de l'école, un parent se présente pour récupérer son enfant. Il titube et sent l'alcool. Que faites-vous ?

- ❑ **a.** Vous lui demandez de laisser sa fille à l'accueil, le temps d'appeler l'autre parent
- ❑ **b.** Vous refusez de lui remettre l'enfant
- ❑ **c.** Vous appelez l'enseignant ou le directeur pour lui soumettre la situation
- ❑ **d.** Vous laissez le parent récupérer son enfant puisqu'il en est le responsable légal

→ *Retrouvez les corrigés en p. 198*

CORRIGÉ

Sujet 2 | Session 2011

Comment aborder le sujet

Les QCM ASEM comportent généralement un grand nombre de questions. Organisez-vous afin d'être efficace : cochez d'abord les réponses dont vous être sûr ; passez ensuite aux questions sur lesquelles vous avez un doute, en vous laissant une marge de réflexion par question (sans vous attarder trop) ; essayez enfin de répondre aux questions qui vous laissent perplexe.

Proposition de corrigé

1. d. L'hygiène peut se définir comme l'ensemble des principes et des pratiques individuelles ou collectives qui visent à conserver les personnes en bonne santé. L'hygiène de l'environnement est donc primordiale pour éviter les risques de contamination.

2. d. La marche en avant : Organisation des opérations de fabrication visant à ce que le produit devienne de plus en plus sain, au fur et à mesure de ses transferts, aux différentes étapes du processus (élimination des conditionnements souillés, cheminement vers des zones de plus en plus propres, mesures pour ne pas contaminer un produit assaini, etc.).

3. a.

4. b.

5. c.

6. c. L'oxyurose est la maladie provoquée par des oxyures (vers). Elle se produit lorsque la personne vit dans de mauvaises conditions d'hygiène ou lorsqu'elle a été infectée par un aliment contaminé.

7. c.

8. c.

9. a.

10. a. Les réponses **c.** et **d.** sont correctes également.

11. a.

12. c.

13. a.

14. c.

15. d.

16. a.

17. c.

18. a.

19. a.

20. a.

21. b.

22. b.

23. b.

24. b.

25. a.

26. c.

27. a.

28. c.

29. a.

30 c.

31. d.

32. c.

33. b.

34. a.

35. c.

36. b.

37. c.

38. a.

39. a.

40. c.

41. b.

42. c.

43. b.

44. a.

45. c.

46. b.

47. b.

48. a.

49. c.

50. b.

51. c.

52. b.

53. c.

54. b.

55. b.

56. c.

57. a.

58. a.

59. b.

60. c.

Sujet 3 | Session 2010

45 min

ÉNONCÉ

Ville de Paris

Cochez la bonne réponse (une seule réponse acceptée).

1. Le directeur de l'école vous demande de surveiller les enfants dans les toilettes pendant la récréation :

- ❑ **a.** vous acceptez
- ❑ **b.** vous refusez car ce n'est pas de votre responsabilité
- ❑ **c.** vous acceptez à condition qu'un enseignant soit à proximité

2. À Paris, le statut des ASEM leur attribue des missions :

- ❑ **a.** d'entretien des locaux exclusivement
- ❑ **b.** d'assistance aux enseignants, de soins d'hygiène à apporter aux enfants
- ❑ **c.** d'ordre pédagogique

3. Qu'est-ce que l'encoprésie ?

- ❑ **a.** Le fait de faire pipi au lit
- ❑ **b.** Un trouble mental
- ❑ **c.** Une pathologie de la peau
- ❑ **d.** Le fait de déféquer dans ses sous-vêtements

4. Les compétences en matière de RSA (revenu de solidarité active) sont exercées par :

- ❑ **a.** la région
- ❑ **b.** le département
- ❑ **c.** la commune

5. Un produit doit être dilué à 10 %. Cela veut dire qu'il faut :

- ❑ **a.** une mesure de produit pour 10 mesures d'eau
- ❑ **b.** une mesure de produit pour 9 mesures d'eau
- ❑ **c.** 9 mesures de produit pour 1 mesure d'eau

6. Le numéro d'urgence à appeler est le 15. Il s'agit :

- ❑ **a.** des pompiers
- ❑ **b.** du SAMU
- ❑ **c.** de la police

7. Lorsque l'État transfère des compétences à des collectivités territoriales, il :

- ❑ **a.** centralise
- ❑ **b.** décentralise
- ❑ **c.** délocalise
- ❑ **d.** déconcentre

8. La loi du 2 mars 1982 crée une nouvelle catégorie de collectivités territoriales, c'est :

- ❑ **a.** la communauté de communes
- ❑ **b.** la région
- ❑ **c.** le département

9. En cas d'hyperthermie d'un enfant, il est conseillé de :

- ❑ **a.** le couvrir car il frissonne
- ❑ **b.** ne pas lui donner à boire car il risque de vomir
- ❑ **c.** le dévêtir pour favoriser les échanges thermiques

10. Dans un régime antidiarrhéique, il est conseillé :

- ❑ **a.** de donner du jus de fruits
- ❑ **b.** d'augmenter le pain ou les pâtes
- ❑ **c.** de supprimer le lait et les laitages

11. Un enfant chute violemment et ne se relève pas. Que faites-vous ?

- ❑ **a.** Vous le relevez immédiatement
- ❑ **b.** Vous le mettez en PLS, tout en faisant appeler les secours
- ❑ **c.** Vous lui parlez pour le maintenir éveillé

12. Depuis la mise en œuvre de la réforme de la catégorie C à la Ville de Paris, le corps des ASEM :

- ❑ **a.** comporte deux grades en échelles 3 et 4
- ❑ **b.** est restructuré en trois grades : échelles 4, 5 et 6
- ❑ **c.** comporte au total quatre grades, des échelles 3 à 6

13. Les commissions administratives paritaires sont compétentes pour :

- ❑ **a.** les questions d'organisation des services et de formation professionnelle
- ❑ **b.** les décisions individuelles concernant les fonctionnaires
- ❑ **c.** les problèmes d'hygiène et de sécurité

14. L'évolution staturale d'un enfant est l'évolution :

- ❑ **a.** du poids
- ❑ **b.** de la taille
- ❑ **c.** du périmètre crânien

15. En France, la scolarité est obligatoire à partir de l'âge de :

- ❑ **a.** 3 ans
- ❑ **b.** 4 ans
- ❑ **c.** 5 ans
- ❑ **d.** 6 ans

16. Il est exact que l'eau de Javel :

- ❑ **a.** est un produit bactéricide
- ❑ **b.** est plus efficace diluée avec de l'eau chaude
- ❑ **c.** est plus efficace mélangée à un produit détergent

17. Un enfant de 3 ans sait généralement :

- ❑ **a.** réciter les lettres de l'alphabet
- ❑ **b.** dessiner un bonhomme têtard
- ❑ **c.** répéter une histoire que lui a racontée un adulte

18. La titularisation des ASEM intervient généralement après un stage de :

- ❑ **a.** 3 mois
- ❑ **b.** 6 mois
- ❑ **c.** 12 mois
- ❑ **d.** 18 mois

19. La nomination des ASEM se fait par :

- ❑ **a.** un décret
- ❑ **b.** un vote
- ❑ **c.** une décision du directeur d'école
- ❑ **d.** un arrêté

20. Pour nettoyer le sol de la classe, vous utilisez un seau contenant 10 l d'eau et un détergent qui se dilue à 0,5 %. Cela correspond à une dose de produit de :

- ❑ **a.** 5 ml
- ❑ **b.** 5 cl
- ❑ **c.** 5 dl

21. Pour détartrer les surfaces en émail dans les toilettes, vous utilisez un produit indiquant un pH :

- ❑ **a.** inférieur à 7
- ❑ **b.** égal à 7
- ❑ **c.** supérieur à 7

22. Prendre la température axillaire signifie :

- ❑ **a.** dans l'oreille
- ❑ **b.** sur le front
- ❑ **c.** sous le bras

23. Un antipyrétique est un médicament :

- ❑ **a.** contre la fièvre
- ❑ **b.** contre la douleur
- ❑ **c.** contre les vomissements

24. Le budget de la commune est voté pour :

- ❑ **a.** une année civile
- ❑ **b.** une année scolaire
- ❑ **c.** la durée du mandat du maire
- ❑ **d.** deux années

25. Les ASEM constituent :

- ❑ **a.** un poste
- ❑ **b.** une filière
- ❑ **c.** un cadre d'emplois
- ❑ **d.** un corps

26. Le lavage des mains diminue la contamination pour :

- ❑ **a.** la rougeole
- ❑ **b.** la varicelle
- ❑ **c.** la gastro-entérite

27. Un point de compression est :

- ❑ **a.** un problème respiratoire suite à un effort intensif
- ❑ **b.** une technique destinée à faire repartir le cœur en cas d'arrêt
- ❑ **c.** un symptôme de maladie circulatoire liée au port de vêtements trop serrés
- ❑ **d.** une technique pour arrêter un écoulement sanguin

28. **Les toilettes doivent être nettoyées :**
- ❑ **a.** toutes les semaines
- ❑ **b.** tous les jours
- ❑ **c.** après chaque passage collectif

29. **Vous ne devez pas donner à un enfant intolérant au gluten :**
- ❑ **a.** des fruits
- ❑ **b.** des légumes
- ❑ **c.** des yaourts
- ❑ **d.** du pain

30. **En matière scolaire, la commune est :**
- ❑ **a.** chargée de la construction et de l'entretien des collèges
- ❑ **b.** chargée de la construction et de l'entretien des lycées
- ❑ **c.** chargée de la construction et de l'entretien des écoles maternelles et élémentaires
- ❑ **d.** chargée de la rémunération des professeurs des écoles

31. **À Paris, le premier maire élu au suffrage universel direct est :**
- ❑ **a.** Jacques Chirac en 1974
- ❑ **b.** Jacques Chirac en 1977
- ❑ **c.** Jean Tiberi en 1982

32. **Durant le temps scolaire, l'ASEM est placé sous l'autorité fonctionnelle du directeur de l'école. Cela signifie que ce dernier :**
- ❑ **a.** est habilité à modifier les horaires de travail de l'ASEM pour le bon fonctionnement de l'école
- ❑ **b.** peut infliger une sanction disciplinaire à l'ASEM
- ❑ **c.** peut demander à l'ASEM de surveiller seul un groupe d'enfants sur le temps scolaire

33. **Le DTPolio et un vaccin obligatoire pour l'entrée à l'école. Contre quelles maladies protège-t-il ?**
- ❑ **a.** La poliomyélite, tuberculose, dyshidrose
- ❑ **b.** La poliomyélite, tétanos, diphtérie
- ❑ **c.** La poliomyélite, coqueluche, dyshidrose

34. **Un enfant a acquis la propreté diurne. Cela signifie :**
- ❑ **a.** qu'il est propre le jour
- ❑ **b.** qu'il est propre la nuit
- ❑ **c.** qu'il est propre le jour et la nuit

35. **Quel est le mode d'action d'un produit abrasif ?**
- ❑ **a.** Il élimine les saletés en frottant
- ❑ **b.** Il désinfecte
- ❑ **c.** Il enlève les saletés et les dissout

36. **TIAC signifie :**
- ❑ **a.** toxicité interactive en crèche
- ❑ **b.** toxi-infection alimentaire collective
- ❑ **c.** traitement individuel des infections collectives

37. **Que signifie PLS ?**
- ❑ **a.** Position latérale de sécurité
- ❑ **b.** Pratique légale de secourisme
- ❑ **c.** Plan local sanitaire

38. **Dans une collectivité locale, l'avis du comité technique est nécessaire pour :**
- ❑ **a.** modifier l'organisation générale des services
- ❑ **b.** apprécier les sanctions disciplinaires à l'égard des agents
- ❑ **c.** intervenir préalablement à toutes les décisions de l'assemblée délibérante de la collectivité

39. **Le compte personnel de formation (CPF) :**
- ❑ **a.** est réservé aux fonctionnaires
- ❑ **b.** est un compte destiné à capitaliser au maximum un total de 150 heures mobilisables pour se former
- ❑ **c.** est réservé aux agents qui travaillent à temps plein
- ❑ **d.** peut permettre de financer son permis B

40. **Quelle(s) conduite(s) particulière(s) adopter en cas d'épidémie de gastro-entérite ?**
- ❑ **a.** Augmenter la fréquence de nettoyage des toilettes
- ❑ **b.** Changer les draps plus fréquemment
- ❑ **c.** Veiller à ce que les portes et fenêtres soient correctement fermées
- ❑ **d.** Porter un masque de chirurgien

41. **Un enfant se pince les doigts dans une porte :**
- ❑ **a.** vous lui passez les mains sous l'eau froide
- ❑ **b.** vous appliquez une pommade contre les coups
- ❑ **c.** vous avertissez le médecin scolaire

42. **L'oxyurose est une malade parasitaire assez fréquente chez l'enfant. Elle est due à :**

❑ **a.** des vers ronds présents dans le gros intestin et l'anus
❑ **b.** un ver dit « ver solitaire » présent dans l'intestin
❑ **c.** des parasites qui circulent sous la peau et se transmettent par contact avec les mains

43. **Combien de calories sont nécessaires par jour à un enfant de 3 ans pesant 15 kg ?**

❑ **a.** 1 400
❑ **b.** 2 700
❑ **c.** 3 500

44. **Le maire est élu pour une durée de :**

❑ **a.** 3 ans
❑ **b.** 5 ans
❑ **c.** 6 ans
❑ **d.** 9 ans

45. **Les obligations du fonctionnaire sont :**

❑ **a.** l'obligation d'exercer une activité accessoire
❑ **b.** l'obligation de retrait
❑ **c.** le devoir de discrétion professionnelle

46. **Le maire est élu :**

❑ **a.** par les conseillers municipaux
❑ **b.** par les grands électeurs
❑ **c.** par les adjoints au maire

47. **Quelles précautions faut-il respecter en utilisant une monobrosse ?**

❑ **a.** Travailler en reculant, les pieds toujours sur un sol humide
❑ **b.** Poser le fil électrique sur l'épaule
❑ **c.** Poser le fil électrique sur le bras

48. **La technique des cinq claques dans le dos permet :**

❑ **a.** de stopper une toux violente
❑ **b.** de réanimer l'enfant après un arrêt respiratoire
❑ **c.** de restaurer le libre passage en cas d'obstruction des voies aériennes

49. **Un(e) ASEM est un(e) adulte auprès de l'enfant. Il (elle) joue un rôle affectif dans la communication de l'enfant de 2-3 ans. Que doit-il (elle) faire ?**

❑ **a.** Répondre positivement à tous les désirs de l'enfant
❑ **b.** Répondre négativement à tous les désirs de l'enfant
❑ **c.** Rester indifférent aux désirs de l'enfant
❑ **d.** Être à l'écoute de l'enfant mais mettre des limites et expliquer les interdits

50. **Le signe suivant**  **signifie :**

❑ **a.** comburant
❑ **b.** extrêmement inflammable
❑ **c.** facilement inflammable

51. **La prévention de la lombalgie chez l'ASEM est un facteur d'amélioration des conditions de travail. L'agent doit veiller à :**

❑ **a.** se pencher en avant en gardant les jambes tendues
❑ **b.** s'asseoir à la hauteur des enfants
❑ **c.** se plier en deux pour parler aux enfants

52. **Les droits et obligations des fonctionnaires sont énumérés dans :**

❑ **a.** la Constitution de 1958
❑ **b.** la loi du 13 août 2004 relative aux libertés et responsabilités locales
❑ **c.** la loi du 13 juillet 1983 portant sur les droits et obligations des fonctionnaires

53. **Le conseil municipal :**

❑ **a.** est un organe consultatif
❑ **b.** est l'organe délibérant de la commune
❑ **c.** a pour seule compétence d'adopter le budget de la commune

54. **Si un enfant est porteur d'un handicap sensoriel, il peut être atteint :**

❑ **a.** d'une cécité
❑ **b.** d'une myopathie
❑ **c.** d'une allergie alimentaire lourde

55. **L'agent d'entretien ne peut pas assurer son service et le nettoyage ne pourra pas être fait. À votre avis, quelle est la priorité pour accueillir les enfants dans de bonnes conditions ?**

❑ **a.** Laisser les locaux en l'état car le nettoyage est programmé le lendemain
❑ **b.** Le soir même, se partager les tâches entre ASEM en acceptant de donner un coup de balai, de vider les poubelles et de s'occuper des sanitaires
❑ **c.** Le soir même, aérer les locaux

56. **Quel(s) aliment(s) fait (font) partie de la famille des protéines ?**

❑ **a.** Les produits laitiers
❑ **b.** Les légumes
❑ **c.** Les gâteaux secs

57. Quel est le supérieur hiérarchique du directeur d'école ?

- ❑ **a.** Le maire de la commune où se trouve l'école
- ❑ **b.** L'inspecteur de l'Éducation nationale
- ❑ **c.** Le préfet
- ❑ **d.** Le directeur de l'Espé

58. Dans un accès de colère, un enfant de 3 ans vous donne un coup de pied. Comment réagissez-vous ?

- ❑ **a.** Vous en parlez à l'enseignant
- ❑ **b.** Vous donnez une légère fessée à l'enfant
- ❑ **c.** Vous ne faites rien compte tenu de l'âge de l'enfant

59. Que signifie le sigle RASED ?

- ❑ **a.** Réseau d'aide et de soutien aux enfants déficients
- ❑ **b.** Regroupement associatif des spécialistes de l'enfance en danger
- ❑ **c.** Réseau d'aide spécialisée aux élèves en difficulté

60. Un enfant est contagieux avec une conjonctivite.

- ❑ **a.** Vrai
- ❑ **b.** Faux

→ ***Retrouvez les corrigés en p. 204***

CORRIGÉ

Sujet 3 | Session 2010

Comment aborder le sujet

Il est important de consacrer du temps à analyser la forme des questions (que me demande-t-on exactement?) et d'en évaluer chaque terme. Des termes comme «pouvoir», «devoir», «uniquement», «toujours», etc. apportent une nuance qui peut changer catégoriquement le sens de la question et, par conséquent, la réponse.

Proposition de corrigé

1. c.
2. b.
3. d.
4. b.
5. b.
6. b.
7. b.
8. b.
9. c.
10. c.
11. c.
12. b.
13. b.
14. b.
15. d.
16. a.
17. b.
18. c.
19. d.
20. b.
21. a.
22. c.
23. a.
24. a.
25. c.
26. c.
27. d.
28. b.
29. d.
30. c.
31. b.
32. a.
33. b.
34. a.
35. a.
36. b.
37. a.

ATTENTION
Beaucoup de questions concernant les dénominations exactes des sigles. Pensez à les mémoriser, ce sont des points facilement gagnés !

38. a.
39. b. et **d.**
40. a.
41. a.
42. a.
43. a.
44. c.
45. c.
46. a.
47. b.
48. c.
49. d.
50. a.
51. b.
52. c.
53. b.
54. a.
55. b.
56. a.
57. b.
58. a.
59. c.
60. a.

Sujet 4 | inédit

45 min

ÉNONCÉ

Cochez la bonne réponse (une seule réponse acceptée).

1. Le supérieur hiérarchique de l'ASEM est :

- ❑ **a.** le maire de Paris
- ❑ **b.** le directeur général des services
- ❑ **c.** l'inspecteur d'académie
- ❑ **d.** le responsable des ressources humaines de la circonscription des affaires scolaires (CAS)

2. Pour nettoyer la salle de classe, dans quel ordre devez-vous procéder ?

- ❑ **a.** Dépoussiérage humide, balayage humide, lavage du sol
- ❑ **b.** Balayage sec, dépoussiérage humide, lavage du sol
- ❑ **c.** Balayage humide, dépoussiérage humide, lavage du sol
- ❑ **d.** Dépoussiérage humide, lavage du sol

3. En petite section, un enfant :

- ❑ **a.** sait reconnaître les lettres de l'alphabet
- ❑ **b.** répond à son nom
- ❑ **c.** fait des phrases complètes
- ❑ **d.** comprend plus de mots qu'il n'en dit

4. Un enfant est « propre ».

- ❑ **a.** Il contrôle ses organes
- ❑ **b.** Il contrôle ses sphincters
- ❑ **c.** Il contrôle ses pores
- ❑ **d.** Il contrôle ses intestins

5. Combien d'arrondissements compte la Ville de Paris ?

- ❑ **a.** 20
- ❑ **b.** 21
- ❑ **c.** 19
- ❑ **d.** 18

6. Qu'est-ce que le Grand Paris ?

- ❑ **a.** Un projet de renforcement économique de la région de Paris
- ❑ **b.** Un projet de prolongement des lignes du métro
- ❑ **c.** Un programme de développement des logements sociaux
- ❑ **d.** L'extension des zones de Velib' et Autolib' en Première Couronne

7. Vous devez préparer l'atelier peinture. L'enseignant vous demande de préparer du violet. Que devez-vous mélanger ?

- ❑ **a.** Du rouge et du jaune
- ❑ **b.** Du bleu et du rouge
- ❑ **c.** Du bleu et du jaune
- ❑ **d.** Du rouge et du noir

8. Les salmonelles sont :

- ❑ **a.** de petits saumons
- ❑ **b.** des lingettes imprégnées pour nettoyer le sol
- ❑ **c.** des bactéries
- ❑ **d.** des jeux en bois ressemblant aux puzzles

9. À quoi est due la fatigue de l'enfant ?

- ❑ **a.** Surmenage
- ❑ **b.** Alimentation déséquilibrée
- ❑ **c.** Manque de sommeil
- ❑ **d.** Hyperactivité

10. À la piscine :

- ❑ **a.** vous nagez auprès des enfants
- ❑ **b.** vous restez sur le bord et intervenez en cas d'incident
- ❑ **c.** vous êtes dans les vestiaires et habillez et déshabillez les enfants
- ❑ **d.** vous n'avez pas à accompagner les enfants à la piscine

11. À la cantine, vous pouvez demander aux enfants :

❑ **a.** de distribuer le pain
❑ **b.** servir les assiettes
❑ **c.** de débarrasser leurs assiettes
❑ **d.** de finir leur assiette

12. Raconter une histoire aux enfants, cela sert à :

❑ **a.** les endormir
❑ **b.** susciter leur imagination et leur écoute
❑ **c.** les divertir
❑ **d.** les occuper

13. Le maire n'est pas :

❑ **a.** fonctionnaire nommé par le préfet
❑ **b.** élu pour 6 ans
❑ **c.** organe exécutif de la commune
❑ **d.** élu au suffrage indirect

14. Un conseiller régional :

❑ **a.** est hiérarchiquement supérieur à un conseiller général
❑ **b.** est hiérarchiquement supérieur au maire
❑ **c.** est élu pour 6 ans
❑ **d.** est nommé en Conseil des ministres

15. Le budget de la commune doit être voté :

❑ **a.** en excédent
❑ **b.** en équilibre
❑ **c.** en deux fois
❑ **d.** en déséquilibre

16. Un enfant souffrant de pédiculose a été contaminé :

❑ **a.** par des champignons
❑ **b.** par des bactéries
❑ **c.** par des vers
❑ **d.** par des poux

17. Quel est le poids moyen d'un enfant de 3 ans ?

❑ **a.** 8 kg
❑ **b.** 14 kg
❑ **c.** 17 kg
❑ **d.** 20 kg

18. Lorsqu'un enfant est fiévreux, il ne faut pas :

❑ **a.** le coucher
❑ **b.** lui donner un médicament
❑ **c.** lui donner à boire
❑ **d.** le découvrir

19. Quel est le numéro d'Allô enfance maltraité ?

❑ **a.** 118
❑ **b.** 119
❑ **c.** 112
❑ **d.** 115

20. Les poux sont de la famille :

❑ **a.** des parasites
❑ **b.** des acariens
❑ **c.** des bactéries
❑ **d.** des vers

21. Qu'est-ce qu'un « doudou » ?

❑ **a.** Un objet transformationnel
❑ **b.** Un objet transitionnel
❑ **c.** Un objet transactionnel
❑ **d.** Un objet transitif

22. Un détergent s'attaque :

❑ **a.** aux taches
❑ **b.** aux bactéries
❑ **c.** aux acariens
❑ **d.** aux salissures

23. En cas de forte chaleur, que pouvez-vous proposer aux enfants pour le goûter ?

❑ **a.** Pastèque
❑ **b.** Pruneaux
❑ **c.** Bananes
❑ **d.** Tomates

24. Laquelle de ces maladies est d'origine virale ?

❑ **a.** La grippe
❑ **b.** Le tétanos
❑ **c.** L'eczéma
❑ **d.** Les poux

25. Quelle proposition ne fait pas partie des objectifs de l'école maternelle ?

❑ **a.** Apprendre à l'enfant à lire
❑ **b.** Accompagner le développement du langage
❑ **c.** Transmettre les règles de base d'hygiène à l'enfant
❑ **d.** Accompagner l'enfant vers l'autonomie

26. Un enfant est allongé par terre dans la cour et semble inconscient. Que faites-vous en premier ?

❑ **a.** Vous lui parlez
❑ **b.** Vous le ramenez dans la classe
❑ **c.** Vous le grondez, il se salit
❑ **d.** Vous le relevez

27. Quel germe est souvent mis en cause dans les infections alimentaires?

- ❑ **a.** La salmonelle
- ❑ **b.** Le staphylocoque
- ❑ **c.** Le streptocoque
- ❑ **d.** La légionellose

28. Vous devez effectuer le nettoyage du sol des classes avec un produit dont le dosage est 2 % par litre d'eau. Combien faut-il de produit pour 10 litres d'eau?

- ❑ **a.** 2 cl
- ❑ **b.** 15 ml
- ❑ **c.** 10 ml
- ❑ **d.** 20 cl

29. Pour stocker un produit dangereux, vous devez:

- ❑ **a.** le placer caché dans un coin par terre
- ❑ **b.** mettre une étiquette sur la porte du local
- ❑ **c.** ne pas le transvaser
- ❑ **d.** le maintenir dans une pièce étanche à l'air

30. Un élu local peut être:

- ❑ **a.** directeur général des services
- ❑ **b.** président d'une association
- ❑ **c.** président d'une entreprise locale
- ❑ **d.** conseiller municipal

31. Quelle est la fonction publique qui n'existe pas?

- ❑ **a.** Territoriale
- ❑ **b.** Parisienne
- ❑ **c.** État
- ❑ **d.** Hospitalière

32. De quelle filière l'ASEM fait-il partie?

- ❑ **a.** Technique
- ❑ **b.** Sociale
- ❑ **c.** Médicosociale
- ❑ **d.** Sanitaire

33. Quel est le principal facteur de l'obésité infantile?

- ❑ **a.** Le chocolat
- ❑ **b.** La sédentarité
- ❑ **c.** Les chips
- ❑ **d.** Les boissons sucrées

34. Pendant la sieste, quand les enfants se réveillent:

- ❑ **a.** vous ouvrez les rideaux et leur parlez doucement pour marquer la fin de la sieste
- ❑ **b.** vous attendez qu'ils se lèvent
- ❑ **c.** vous sonnez la fin de la sieste et leur demandez de se dépêcher
- ❑ **d.** vous faites du bruit

35. Un enfant de grande section semble s'étouffer en mangeant. Que faites-vous en premier lieu?

- ❑ **a.** Vous lui donnez à boire
- ❑ **b.** La manœuvre de Heimlich
- ❑ **c.** Vous lui tapez fortement dans le dos
- ❑ **d.** Vous appelez les secours

36. Le rôle de l'ASEM est:

- ❑ **a.** d'apprendre aux enfants à dessiner
- ❑ **b.** de veiller à la sécurité des enfants
- ❑ **c.** d'apprendre aux enfants à compter
- ❑ **d.** de permettre aux enfants de connaître l'alphabet

37. La méthode des deux seaux est:

- ❑ **a.** une méthode particulière de nettoyage des sanitaires
- ❑ **b.** une technique de dissociation de l'eau de lavage et de l'eau de rinçage
- ❑ **c.** une méthode de désinfection des jouets
- ❑ **d.** une méthode de récupération d'eau

38. Que signifie ce pictogramme?

- ❑ **a.** Mortel
- ❑ **b.** Dangereux
- ❑ **c.** Toxique
- ❑ **d.** Pirates

39. L'anémie est une carence en:

- ❑ **a.** calcium
- ❑ **b.** potassium
- ❑ **c.** magnésium
- ❑ **d.** fer

40. Avant de manger, il faut:

- ❑ **a.** aller se laver les mains
- ❑ **b.** compter les enfants
- ❑ **c.** faire mettre les enfants en rang
- ❑ **d.** préparer le programme de l'après-midi

41. De quels constituants alimentaires sont formés les produits gras?

- ❑ **a.** Les glucides
- ❑ **b.** Les lipides
- ❑ **c.** Les protides
- ❑ **d.** Les huiles

42. Donnez un synonyme d'« alcalin ».

- ❑ **a.** Neutre
- ❑ **b.** Basique
- ❑ **c.** Acide
- ❑ **d.** Actif

43. Qu'allez-vous donner pour le goûter des enfants ?

- ❑ **a.** Du chocolat
- ❑ **b.** Des fruits
- ❑ **c.** Du soda
- ❑ **d.** Des bonbons

44. Un petit garçon prend violemment un camion à un camarade, l'ATSEM :

- ❑ **a.** les laisse se disputer
- ❑ **b.** punit les deux enfants
- ❑ **c.** explique au petit garçon les règles de partage et lui propose un autre jouet
- ❑ **d.** demande au camarade de prêter son camion

45. Dans le cas de la scolarisation d'un enfant handicapé dans la classe :

- ❑ **a.** vous pouvez refuser de vous en occuper
- ❑ **b.** vous devez vous en occuper au même titre que les autres élèves de la classe
- ❑ **c.** vous pouvez exercer votre droit de retrait et demander à changer de classe
- ❑ **d.** vous pouvez demander à ce qu'un AVS soit nommé

[Attention, les AVS sont progressivement remplacés par des AESH.]

→ *Retrouvez les corrigés en p. 209*

CORRIGÉ

Sujet 4 | inédit

Comment aborder le sujet

Dans les QCM, la gestion du temps est la clé de la réussite. Il est utile de lire d'abord brièvement l'ensemble du QCM avant d'y répondre, afin de repérer les questions qui vont éventuellement vous poser problème, et donc de vous organiser.

Ménagez également du temps en fin d'épreuve pour la relecture.

Proposition de corrigé

1. d.
2. a.
3. b.
4. b.
5. a.
6. a.
7. b.
8. c.
9. c.
10. c.
11. a.
12. b.
13. a.
14. c.
15. b.
16. d.
17. b.
18. b.
19. a.
20. a.
21. b.
22. d.
23. a.
24. a.
25. a.
26. a.
27. a.
28. a.
29. c.
30. d.
31. b.
32. c.
33. b.
34. a.
35. c.
36. b.
37. b.
38. c.
39. d.
40. a.
41. b.
42. b.
43. b.
44. c.
45. b.

PARTIE 2

Sujets corrigés

Chapitre 3
QRC – ATSEM
3e concours

Sujet 1 session 2016

Sujet 2 session 2015

Sujet 1 | Session 2016

2 heures

ÉNONCÉ

Ain

À partir du dossier ci-après, vous répondrez aux questions suivantes :

Document 1 : Charte de la laïcité à l'école.
Document 2 : Hygiène des dents et des mains.
Document 3 : Les espaces en maternelle.
Document 4 : Nouveaux rythmes scolaires : les bonnes pratiques en maternelle.
Document 5 : Entretien de l'environnement – Techniques d'entretien.

QUESTION 1 : CHARTE DE LA LAÏCITÉ À L'ÉCOLE (4 POINTS)

Document 1

En France, l'école de la République est laïque.

A. Qui est concerné par la « charte de la laïcité à l'école » ? (1 point)

B. Citez deux articles de la charte qui concernent particulièrement vos obligations en tant qu'ATSEM et illustrez vos réponses. (1 point)

C. Expliquez le terme « prosélytisme » cité dans l'article 6 de la « charte de la laïcité à l'école ». (0,5 point)

D. En tant qu'ATSEM, proposez deux messages évoquant les principes de laïcité dans l'enceinte de l'école que vous feriez passer aux élèves. (1,5 point)

QUESTION 2 : HYGIÈNE DES DENTS ET DES MAINS (4 POINTS)

Document 2

L'école dans laquelle vous travaillez a inscrit dans son projet le renforcement de l'hygiène corporelle des enfants.

A. Quelle(s) action(s) particulière(s) vous concernant en tant qu'ATSEM pourra (pourront) être mise(s) en place autour du repas pour les enfants déjeunant à la cantine ? (0,5 point)

B. Quelle est l'utilité du lavage des mains ? (0,5 point)

C. Quelle est l'utilité de sensibiliser au brossage des dents les enfants d'école maternelle ? (0,5 point)

D. Proposez un protocole en quelques étapes permettant d'expliquer aux enfants comment procéder au brossage des dents. (1 point)

E. En période d'épidémie hivernale à l'école, sur quel(s) point(s) particulier(s) du protocole de lavage des mains allez-vous être plus vigilant(e) ? Justifiez votre réponse. (1,5 point)

QUESTION 3 : LES ESPACES EN MATERNELLE (4 POINTS)

Document 3

Les nouveaux programmes de l'école maternelle sont entrés en application en septembre 2015. Leur mise en œuvre par l'enseignant, seul responsable des enseignements, amène à repenser les espaces de la salle de classe.

A. Quel est le principal objectif des nouveaux programmes scolaires ? Pourquoi est-ce important de repenser les espaces des classes maternelles ? (0,5 point)

B. Dans l'exemple présenté, quelles sont les principales modifications apportées à l'aménagement de la classe ? (0,5 point)

C. Quelle est la fonction de l'espace central de la classe ? À quel(s) besoin(s) de l'enfant répond-il ? (1 point)

D. Le plan de la classe fait apparaître une « zone d'intériorité ». À quel(s) besoin(s) de l'enfant doit-elle répondre ? (1 point)

E. Selon vous, quel(s) type(s) d'aménagement(s) peut comporter cette zone d'intériorité ? (1 point)

QUESTION 4 : NOUVEAUX RYTHMES SCOLAIRES : LES BONNES PRATIQUES EN MATERNELLE (4 POINTS)

Document 4

La nouvelle organisation des journées à l'école demande à l'enfant de distinguer les temps scolaires et périscolaires. Les différents moments de la journée sont souvent confondus par les très jeunes enfants.

A. Quelles sont les difficultés que l'enfant peut rencontrer au cours de ces différents moments de la journée? (0,5 point)

B. En qualité d'ATSEM, vous pouvez être amené(e) à gérer les activités proposées aux enfants durant les temps périscolaires. À quoi devez-vous veiller et à quel(s) besoin(s) doivent répondre les activités proposées ? (2 points)

C. Donnez un exemple d'activité(s) que vous proposeriez à des enfants de 4 ans sur un créneau horaire allant de 15 h à 16 h 30. Justifiez votre réponse. (1,5 point)

QUESTION 5 : TECHNIQUES D'ENTRETIEN DES LOCAUX À L'ÉCOLE (4 POINTS)

Document 5

Au quotidien vous effectuez le dépoussiérage et le lavage des mobiliers et sols des salles de classe de l'école. Vous procédez pour cela en plusieurs étapes en respectant les techniques préconisées dans le document 5.

A. L'entretien des locaux vise à prévenir la transmission des germes afin de préserver la santé des enfants et des professionnels. Donnez deux exemples de germes que l'on souhaite éliminer par les techniques d'entretien des locaux. (0,5 point)

B. Quelle technique d'entretien doit être réalisée au moins une fois par semaine ? Indiquez dans quelle zone et expliquez son utilité. (1 point)

C. Rappelez les principes de base à respecter en matière de nettoyage des salles de classe. (0,5 point)

D. Les éponges et serpillères sont à proscrire et le balayage à sec est interdit. Justifiez l'interdiction de ces pratiques et indiquez les bonnes pratiques en remplacement, en complétant le tableau ci-dessous **après l'avoir reproduit sur votre copie**. (2 points)

À proscrire ou interdit	Justifications (2 x 0,5 point)	Bonnes pratiques (2 x 0,5 point)
Balayage à sec		
Éponges et serpillères		

ÉNONCÉ

DOCUMENT 1

Charte de la laïcité à l'école

1 La France est **une République indivisible, laïque, démocratique et sociale**. Elle assure l'égalité devant la loi, sur l'ensemble de son territoire, de tous les citoyens. Elle respecte toutes les croyances.

2 La République laïque organise **la séparation des religions et de l'État**. L'État est neutre à l'égard des convictions religieuses ou spirituelles. Il n'y a pas de religion d'État.

LA RÉPUBLIQUE EST LAÏQUE

3 La laïcité garantit **la liberté de conscience** à tous. **Chacun est libre de croire ou de ne pas croire**. Elle permet la libre expression de ses convictions, dans le respect de celles d'autrui et dans les limites de l'ordre public.

4 La laïcité permet l'exercice de la citoyenneté, en conciliant **la liberté de chacun** avec **l'égalité et la fraternité de tous** dans le souci de l'intérêt général.

5 La République assure dans les établissements scolaires le respect de chacun de ces principes.

CHARTE DE LA LAÏCITÉ À L'ÉCOLE

La Nation confie à l'École la mission de faire partager aux élèves les valeurs de la République.

6 La laïcité de l'École offre aux élèves les conditions pour forger leur personnalité, exercer leur libre arbitre et faire l'apprentissage de la citoyenneté. **Elle les protège de tout prosélytisme et de toute pression** qui les empêcheraient de faire leurs propres choix.

7 La laïcité assure aux élèves l'accès à **une culture commune et partagée**.

8 La laïcité permet l'exercice de **la liberté d'expression** des élèves dans la limite du bon fonctionnement de l'École comme du respect des valeurs républicaines et du pluralisme des convictions.

9 La laïcité implique **le rejet de toutes les violences et de toutes les discriminations**, garantit **l'égalité entre les filles et les garçons** et repose sur une culture du respect et de la compréhension de l'autre.

10 **Il appartient à tous les personnels de transmettre aux élèves le sens et la valeur de la laïcité**, ainsi que des autres principes fondamentaux de la République. Ils veillent à leur application dans le cadre scolaire. Il leur revient de porter la présente charte à la connaissance des parents d'élèves.

11 **Les personnels ont un devoir de stricte neutralité** : ils ne doivent pas manifester leurs convictions politiques ou religieuses dans l'exercice de leurs fonctions.

L'ÉCOLE EST LAÏQUE

12 **Les enseignements sont laïques.** Afin de garantir aux élèves l'ouverture la plus objective possible à la diversité des visions du monde ainsi qu'à l'étendue et à la précision des savoirs, **aucun sujet n'est a priori exclu du questionnement scientifique et pédagogique**. Aucun élève ne peut invoquer une conviction religieuse ou politique pour contester à un enseignant le droit de traiter une question au programme.

13 Nul ne peut se prévaloir de son appartenance religieuse pour refuser de se conformer aux règles applicables dans l'École de la République.

14 Dans les établissements scolaires publics, les règles de vie des différents espaces, précisées dans le règlement intérieur, sont respectueuses de la laïcité. **Le port de signes ou tenues par lesquels les élèves manifestent ostensiblement une appartenance religieuse est interdit.**

15 Par leurs réflexions et leurs activités, **les élèves contribuent à faire vivre la laïcité** au sein de leur établissement.

Liberté • Égalité • Fraternité
RÉPUBLIQUE FRANÇAISE
ministère éducation nationale

DOCUMENT 2

Hygiène des dents et des mains

Le brossage des dents a pour but le maintien de dents saines et d'un parodonte sain par l'élimination de la principale cause de pathologie dentaire : la plaque dentaire. Le dentifrice a pour intérêt principal de faciliter l'élimination de la plaque dentaire. Le principal principe actif du dentifrice est le fluor. Il renforce les couches superficielles de l'émail et les rend plus résistantes aux acides produits par les bactéries. Jusqu'à l'âge de six ans, la teneur en calcium du dentifrice doit être réduite du fait des difficultés de l'enfant à recracher (risque d'ingestion).

Ce n'est pas le temps que l'on passe à se laver les dents qui permet un brossage efficace. Il faut avant tout favoriser la méthode :

1. doit être réalisé après chaque repas.

2. brossage se fait bouche entrouverte.

3. toujours du rouge (gencives) vers le blanc (la dent). Ne pas oublier de brosser la langue qui joue un rôle important dans l'hygiène bucco-dentaire.

La pratique de l'hygiène des mains, plus simplement désignée par « lavage des mains » consiste en l'application d'une série de mesures destinées à assurer la propreté des mains dans un objectif essentiellement sanitaire. Le but du lavage des mains, dans la vie quotidienne, est la détersion, laquelle consiste à enlever les saletés, notamment les graisses et la matière organique, d'éventuels produits toxiques, et certains microbes.

La prise de conscience du risque de transmission par les mains d'agents infectieux est un enjeu de santé publique. Elle fait également partie de l'hygiène vitale enseignée à l'enfant.

Dans le cas général, on se lave les mains à l'eau avec un savon doux, en faisant attention à se laver la paume, le dos de la main, les doigts et leurs interstices, pendant au moins 30 secondes, rincer à l'eau claire et si possible tiède et sécher avec une serviette propre ou un papier à usage unique. Si les ongles sont longs et que le dessous des ongles est souillé, il est recommandé de se brosser les ongles avec une brosse douce. Le lavage avec un savon bactéricide peut être indiqué en fonction des germes à éliminer durant le lavage.

Wikipedia.fr

HYGIÈNE DES MAINS SIMPLE ET EFFICACE

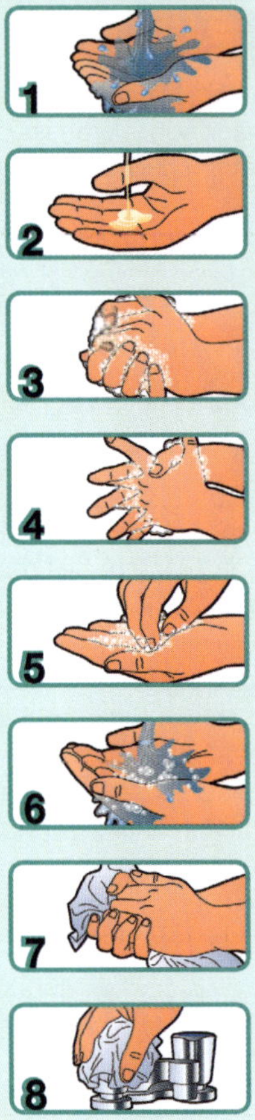

1. **Mouillez**-vous les mains avec de l'eau
2. **Versez** du savon dans le creux de votre main
3. **Frottez**-vous les mains de 15 à 20 secondes : les doigts, les paumes, le dessus des mains et les poignets
4. **Entrelaçez** vos mains pour nettoyer la zone entre les doigts
5. **Nettoyez** également les ongles
6. **Rincez**-vous les mains sous l'eau
7. **Séchez**-vous les mains si possible avec un essuie-main à usage unique
8. **Fermez** le robinet avec l'essuie-main puis jetez-le dans une poubelle

DOCUMENT 3

Les espaces en maternelle (extraits, Nathalie Zulemanian, 2014-2015)

Les constats

Extrait du rapport de l'IGEN 2011-108 d'octobre 2011 sur la maternelle
extrait de la page 89 à la page 97
ttp://media.education.gouv.fr/file/2011/54/5/2011-108-IGEN-IGAENR_215545.pdf

« Il semble utile de rappeler que la première finalité d'un aménagement bien conçu est de favoriser en permanence la réponse aux besoins des enfants, et ces besoins sont variés et évolutifs justifiant que la classe soit **différente selon les sections et modifiée au fil de l'année**. »

« Dans une classe maternelle, il devrait se trouver des espaces d'extension variable et de ressources variées selon les sections, permettant de satisfaire :

- les besoins physiologiques des enfants [...]
- les besoins psychomoteurs[...]
- les besoins de découverte et de connaissances nouvelles [...]
- les besoins d'expression et de communication [...]

Le projet de programme pour la maternelle

Dans ces nouveaux programmes, l'accent est mis sur la nécessité d'adapter l'école aux jeunes enfants et non pas de demander aux jeunes enfants de s'adapter à l'école...

Ces programmes prennent en compte le rapport de 2011

« Une école adaptée aux jeunes enfants »

- accueillir dans une école et une classe
- accompagner les transitions
- tenir compte du développement de l'enfant

Les besoins du jeune enfant

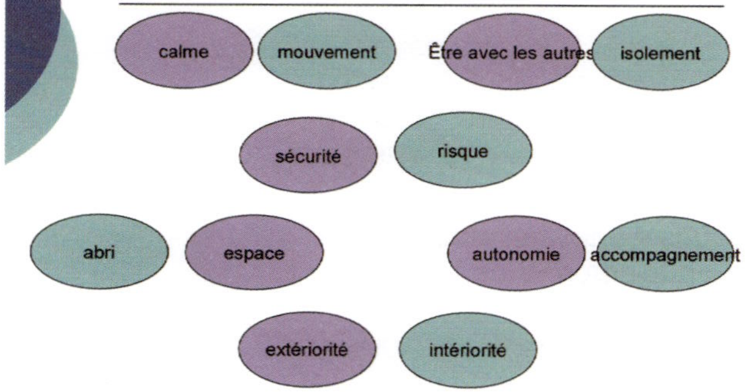

Les besoins de l'élèves: exemple avec la classe de Claire Humbert

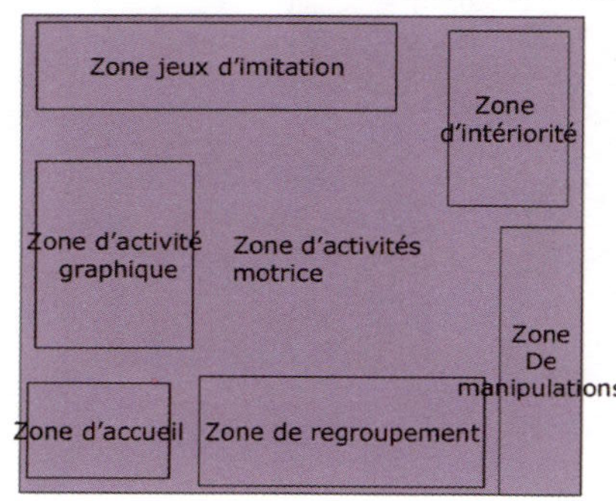

La zone d'activités motrices

Elle répond au besoin fondamental de mouvement du jeune enfant.

On libère de l'espace pour bouger, danser... mais également pour explorer, jouer et entrer en relation avec les autres

Au début…c'était avant

Densité des équipements

Densité des écrits

Et aujourd'hui…

Ouvrir l'espace

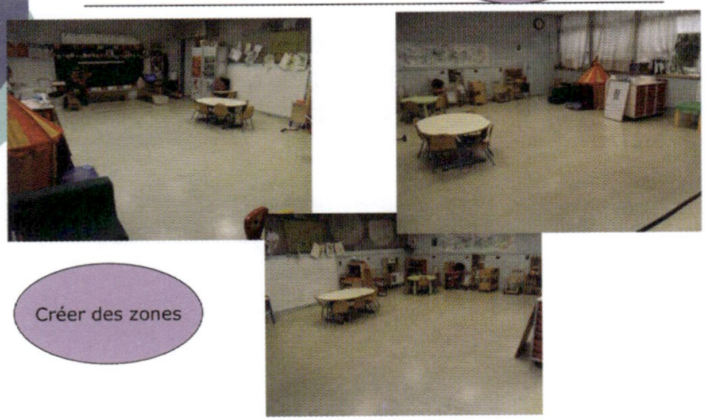

Créer des zones

Zone d'intériorité, de repos

DOCUMENT 4

Nouveaux rythmes scolaires : les bonnes pratiques en maternelle

[Extraits]

[ ] Sur la base des meilleures pratiques identifiées dans différentes écoles, le ministère de l'Éducation nationale recommande de porter une attention particulière sur quatre points.

1. Respecter une alternance équilibrée entre les temps d'activité et les temps calmes et de repos des enfants : comme cela se pratique habituellement, il convient de coucher l'enfant après le repas sans attendre la fin de la pause méridienne. Il faut permettre aux élèves de dormir pendant une heure trente à deux heures pour satisfaire leur besoin de sommeil. L'organisation de la sieste doit pouvoir se faire avec toute la souplesse nécessaire à la prise en compte des besoins de chaque enfant, qui évoluent entre 2 et 5 ans. La sieste des élèves de 2 et 3 ans prime, sauf exception, sur d'autres activités.

2. Aider les enfants à se repérer dans les lieux de l'école et à identifier les adultes de l'école : il convient de favoriser l'identification des lieux par les enfants et de préciser les règles d'utilisation de ces locaux selon les activités et les horaires. Avec les nouveaux rythmes, des intervenants, qui prennent en charge les activités périscolaires, peuvent s'occuper des enfants dans les locaux scolaires. Il est donc nécessaire que les parents et les enfants identifient et connaissent les différentes personnes présentes dans l'école, ainsi que leurs rôles et leurs fonctions.

3. Organiser avec un soin particulier la transition entre le scolaire et le périscolaire : les enfants ont aussi besoin de connaître les règles de vie de l'école, selon les temps et les lieux. L'appropriation par les enfants de règles bien identifiées et stables selon les temps, les lieux et les personnes, contribue à faire de l'école un lieu d'autonomie et d'épanouissement dans lequel l'enfant peut évoluer en sécurité.

4. Adapter les activités aux besoins des jeunes enfants : il est souhaitable que les activités périscolaires soient adaptées aux capacités des enfants de 3 à 5 ans, qu'elles préservent des temps calmes ou de repos dont les enfants ont besoin en maternelle, et leur permettent de prendre le temps de jouer, d'observer, d'agir, de manipuler, de lire, de chanter, de rêver... et d'avoir aussi du « temps pour soi ».

[Rythmes scolaires] - Brève - 20/12/2013 Site éducation.gouv.fr

ÉNONCÉ

DOCUMENT 5

Entretien de l'environnement – Techniques d'entretien

Fiches de préconisation des mesures d'hygiène dans les lieux de vie des enfants (extrait) - Département du Rhône - CCLIN Sud-Est - 2010

Objectif

Prévenir la transmission des germes par l'entretien des locaux afin de préserver la santé des enfants et des professionnels.

Les locaux sont classés en 3 zones selon le risque infectieux encouru par les enfants et les professionnels.

Mobiliers, Surfaces hors sol	**Dépoussiérage** →	**Zone 1** : essuyage humide, dépoussiérants, détergents **Zones 2 et 3** : essuyage humide, produits détergents - désinfectants **Matériel** : lavettes à usage unique ou réutilisables avec entretien en blanchisserie ou équivalent
Sanitaires, lavabo, douche, baignoires, WC	**Nettoyage suivi d'un essuyage humide avec désinfectant** →	Nettoyage avec détergent Rinçage Application dune solution détergente-désinfectante **Détartrage des WC 1 fois par semaine au minimum** **Matériel** : lavettes à usage unique ou réutilisables (changées entre chaque local) avec lavage en machine

Principes de nettoyage : du « plus propre » vers le « plus sale », du « haut vers le bas »

Sols	**Balayage humide ou nettoyage par aspiration** →	Balai trapèze Gaze à usage unique avec changement entre chaque local Gaze enlevée au seuil du local **Zone 1** : Aspirateur muni de filtre à la sortie
	Lavage manuel ou mécanisé (pour les collectivités) →	Lavage toujours précédé du balayage humide Lavage à plat avec bandeau de sol changé à chaque local et entretien en machine à 60° ou 90° Auto laveuse
	Traitement spécifique des sols (pour les collectivités) →	Mono brosse et disque correspondant au matériau (carrelage, résine, métallisation...)

Proscrire éponge et serpillère

Balayage à sec interdit (pour les collectivités) : arrêté du 26 juin 1974, JO du 16 juillet 1974, 7397-7399

CORRIGÉ

Sujet 1 | Session 2016

Proposition de corrigé

QUESTION 1 : LA LAICITE

A. La charte concerne tous les citoyens de la République française.

B. Les articles 10 et 11, particulièrement adressés aux personnels des écoles, concernent tout particulièrement les ATSEM.

C. Le prosélytisme consiste à encenser une religion, à en faire l'apologie dans le but volontaire ou inconscient de tenter de convaincre les autres de s'y rallier, ou d'imposer ses idées.

D. Deux messages en accord avec les principes de laïcité à communiquer aux élèves seraient :
– Il est indispensable de respecter les croyances et religions de tous.
– Chacun a le droit de croire, ou de ne pas croire, en ce qu'il a envie.

QUESTION 2 : HYGIENE DES DENTS ET DES MAINS

A. En tant qu'ATSEM, il convient d'être particulièrement vigilant sur le lavage des mains, pour soi ainsi que pour les enfants, afin de limiter la propagation de germes, et ce, en particulier avant les repas.

B. Le lavage des mains, par son action détersive, permet d'enlever les souillures et les germes présents sur les mains, et donc, d'en éviter la propagation.

C. La sensibilisation des enfants, dès l'âge de l'école maternelle, permet de préserver l'hygiène bucco-dentaire, et donc, d'agir en prévention en termes de santé.

D. Ce protocole se déroulerait de la sorte :
1. Expliquer aux enfants l'intérêt de se laver les dents après chaque repas, en insistant sur les incidences en termes de santé (prévention des caries et d'autres maladies liées à une mauvaise hygiène bucco-dentaire).
2. Afficher un visuel avec des images illustrant les étapes à respecter pour le brossage des dents.
3. Faire une démonstration de l'étape du brossage à l'aide d'une brosse à dents.

E. En cas d'épidémie hivernale, il convient d'être vigilant sur le lavage des mains. En effet, les mains sont un vecteur de germes et entraînent la contamination, par exemple pour des gastro- entérites, ou des rhumes, lorsque l'on se mouche, etc. D'où une attention particulière au lavage des mains, encore plus que d'habitude, lors des périodes d'épidémies hivernales.

QUESTION 3 : LES ESPACES EN MATERNELLE

A. Le principal objectif des nouveaux programmes scolaires est d'adapter l'école aux jeunes enfants, et non de demander aux jeunes enfants de s'adapter à l'école. D'où une nécessaire adaptation de l'espace afin que les besoins des élèves des classes maternelles soient respectés, en fonction de leur tranche d'âge.

B. Dans l'exemple présenté, l'espace était précédemment saturé, chargé en écrits et en équipements.
L'espace a donc été repensé afin de créer des zones dédiées et d'ouvrir l'espace. On trouve aujourd'hui des zones spécifiques à chaque besoin des enfants, dédiées à des activités : certaines pour le repos ou les temps calmes, d'autres pour les temps collectifs, etc.

C. L'espace central est ouvert et permet à l'enfant d'assouvir son besoin d'exploration : il s'agit d'une zone d'activités motrices.

D. La « zone d'intériorité » répond au besoin de l'enfant de s'isoler par moment, pour se retrouver seul et s'extraire du groupe, ou de se reposer.

E. Cette zone d'intériorité, située dans un espace plus confiné, peut comporter, par exemple, des fauteuils ou coussins, une petite maison ou une structure permettant à l'enfant de s'isoler, des livres ou des supports permettant les activités calmes et de repos.

QUESTION 4 : LES RYTHMES SCOLAIRES

A. Avec les nouveaux rythmes scolaires, l'enfant peut être confronté à une perte de repères sur ce qui est de l'ordre du scolaire ou du périscolaire, et sur le rôle des adultes sur chacun de ces temps. Il peut également avoir des difficultés à identifier les lieux de l'école et la finalité des temps.

B. En qualité d'ATSEM, il est nécessaire de veiller au respect du rythme des enfants. Cela implique de leur proposer des activités adaptées en fonction du moment de la journée (par exemple, activités calmes l'après-midi) et de veiller à la sieste après la pause méridienne.

C. Le créneau horaire de 15 h à 16 h 30 correspond à une phase de creux en termes d'énergie, à un moment où les enfants ont besoin de calme. Il convient de proposer des activités telles que la lecture de contes, des activités manuelles (manipulation d'objets, pâte à modeler, peinture, dessin, etc.), en dehors de toutes activités physiques.

QUESTION 5 : TECHNIQUES D'ENTRETIEN DES LOCAUX

A. L'entretien des locaux vise à éliminer les germes tels que les bactéries ; les virus.

B. Le détartrage des WC est à effectuer au minimum une fois par semaine. En effet, détartrer évite que les bactéries ne s'incrustent au fil du temps et permet de rendre efficace le nettoyage avec détergent quotidien.

C. Les salles de classe doivent être nettoyées en allant toujours du plus « propre au plus sale » afin d'éviter de propager la saleté, et du haut vers le bas puisqu'en faisant l'inverse on risquerait de salir à nouveau ce qui a déjà été nettoyé.

D. Balayage à sec : Justifications : Le balayage à sec soulève les poussières et peut en fait permettre aux salissures de se répandre. Bonnes pratiques : Réaliser un balayage humide à l'aide d'une gaze, avant de procéder au lavage. Éponges et serpillères – Justifications : Les éponges et serpillères sont porteuses de germes dans la mesure où elles sont utilisées plusieurs fois. Bonnes pratiques : Utilisation de lavettes à usage unique ou réutilisables après lavage en machine.

Sujet 2 | Session 2015

2 heure

ÉNONCÉ

Loire-Atlantique

À partir du dossier ci-après, vous répondrez aux questions suivantes :

Document 1 : Extrait Charte ATSEM CDG 26 (1 page).

Document 2 : Fiche atelier de cuisine « Gâteau coco et chocolat » (1 page).

Document 3 : « Les poux : des parasites inoffensifs qui passent à l'attaque » (2 pages).

Document 4 : Menu restaurant scolaire de la ville de Poitiers, semaine du 25 mai 2015 (1 page).

Document 5 : Notice de détergent désinfectant « surodorant » (1 page).

QUESTION 1 : PARTICIPATION À LA COMMUNAUTÉ ÉDUCATIVE (5 POINTS)

Document 1

1. À quelle double autorité un ATSEM est-il soumis ?

2. D'une manière générale, en cas d'absence et de non remplacement d'un enseignant, un ATSEM peut-il prendre en charge seul les enfants de la classe sur le temps scolaire ? Justifiez votre réponse.

❑ Oui ❑ Non

3. L'ATSEM participe au conseil d'école.

a. Définissez le rôle du conseil d'école (3 réponses attendues).

b. Citez les 6 principaux participants.

QUESTION 2 : ANIMATION SOCIO-ÉDUCATIVE (5 POINTS)

Document 2

Vous êtes ATSEM dans une classe de 26 élèves. L'enseignant prévoit de réaliser un atelier cuisine. Il s'agit de préparer un gâteau.

1. Afin que l'atelier cuisine se déroule dans de bonnes conditions, indiquez les tâches principales que vous aurez à accomplir, avant et après cette activité (4 réponses attendues).

2. Citez deux principes d'hygiène fondamentaux à enseigner aux enfants lors de cet atelier cuisine.

3. Citez deux points de sécurité auxquels vous veillerez lors du déroulement de cet atelier.

4. Citez deux intérêts pédagogiques d'un atelier cuisine.

ÉNONCÉ

QUESTION 3 : LE SOIN (6,5 POINTS)

Document 3

1. Une note d'information de l'INPS a été affichée en salle de pause par le directeur, en vous aidant du document 3, complétez la fiche suivante :

Quels sont les signes de la présence de poux ?	
En cas de doute, comment vérifiez-vous ?	
Comment attrape-t-on des poux ?	
Comment se débarrasse-t-on des poux ?	
Quels sont les différents moyens d'éviter d'en attraper ?	

2. Au cours d'une activité avec un petit groupe d'enfants de moyenne section, vous constatez qu'un enfant se gratte fréquemment le cuir chevelu. Comment gérez-vous la situation ?

3. Un enfant de la classe est porteur de poux de façon persistante. Ses parents, malgré la demande qui leur a été faite à plusieurs reprises par l'enseignant puis par le directeur de l'école, n'ont entrepris aucun traitement. De ce fait, d'autres enfants de la classe sont atteints.

Une décision d'exclusion temporaire de cet enfant peut-elle être prise ?

❑ Oui ❑ Non

Si oui, pour quelle durée ?

Quel document est nécessaire pour le retour à l'école de l'enfant ?

4. Le matin, une maman constate des poux dans la chevelure de sa fille. Elle arrive à l'école après avoir acheté en pharmacie un spray à sec anti-poux. Elle vous demande de l'appliquer sur les cheveux de sa fille. Que faites-vous ? Justifiez votre réponse.

QUESTION 4 : LA RESTAURATION SCOLAIRE (8 POINTS)

Document 4

1. Le mardi 26 mai, lors du repas au restaurant scolaire, Matéo, 3 ans, refuse de goûter aux calamars. Comment gérez-vous cette situation ?

2. À la lecture du menu du mercredi 27 mai, indiquez dans le tableau suivant à quel principal groupe alimentaire appartient chaque constituant de ce repas :

	MENU DU 27 MAI	GROUPE ALIMENTAIRE
Entrée		
Plat		
Garniture		
Fromage		
Dessert		

3. Le jeudi 28 mai, vous participez au service de restauration des « Petites Sections ». Vous accompagnez plus particulièrement 2 tables de 6 enfants. Sur ce temps de repas, comment favorisez-vous l'autonomie des enfants ? (4 réponses attendues)

4. Pour Maxime, 3 ans, qui déjeune à la cantine, un PAI a été établi car il est allergique à l'œuf cru et cuit.

a. Que signifie le terme PAI ?

b. Quels sont les cinq signataires du PAI ?

c. Quel est le rôle de l'ATSEM au regard d'un PAI en cantine scolaire ?

d. Dans le cas de Maxime, un régime spécifique est garanti par le distributeur de restauration collective (substitution des plats contenant de l'œuf). Dans le menu du vendredi 29 mai, il n'y a pas de substitution prévue mais deux constituants alimentaires du menu ont été supprimés. Lesquels ?

QUESTION 5 : L'ENTRETIEN DES LOCAUX (5,5 POINTS)

Document 5

1. Le produit présenté dans le document 5 est un bactéricide et un levuricide. Que signifient ces deux termes ?

2. Le PH de ce produit est plus ou moins 7. Ce produit est-il :

❑ basique ? ❑ neutre ? ❑ acide ?

3. Ce détergent désinfectant désodorisant est accompagné d'une étiquette de sécurité. Que signifie le symbole figurant sur ce produit ? Le noter en toute lettre.

4. Voici les nouveaux pictogrammes.

a. Entourez, dans le tableau ci-dessous, le symbole correspondant à celui cité à la question précédente.

	**Corrosif** Brûlures de la peau et lésions oculaires graves		**Nocif ou irritant** par contact cutané, par ingestion, par inhalation		**Toxique** par contact cutané, par ingestion, par inhalation
	**Danger pour la santé** Risque CMR (cancérogène, mutagène ou reprotoxique)		**Inflammable** ou extrêmement inflammable		**Comburant** Peut provoquer ou aggraver un incendie
	**Gaz sous pression** ou gaz réfrigéré : peut exploser sous l'effet de la chaleur ou provoquer des brûlures cryogéniques		**Explosif**		**Dangereux pour l'environnement**

b. Citez quatre précautions à prendre lors de l'utilisation de ce produit :

– Pour vous-même (2 précautions).

– Pour les enfants (1 précaution).

– Pour l'environnement (1 précaution).

5. Lors du nettoyage des classes, vous utilisez l'aspirateur en le branchant au niveau du sol. Comment procédez-vous pour le brancher ?

❑ Vous vous penchez en avant, les jambes tendues.

❑ Vous vous mettez à genoux.

❑ Vous mettez seulement un genou au sol, l'autre fléchi à angle droit.

❑ Vous gardez vos jambes bien parallèles pour vous baisser.

❑ Vous écartez un peu les jambes.

ÉNONCÉ

DOCUMENT 1

Extrait Charte ATSEM CDG 26

CDG 26

IV/ Obligations professionnelles de l'ATSEM

A) Durant le temps scolaire

Dans l'exercice de toutes leurs missions, les ATSEM sont soumis aux mêmes obligations que tous les fonctionnaires territoriaux.

- Il convient d'insister particulièrement sur le respect des obligations de discrétion professionnelle et de réserve sur tout ce qui concerne les activités scolaires proprement dites et la vie de l'école en général. En pratique, si des questions leur sont adressées touchant notamment à la pédagogie ou aux comportements des élèves, les ATSEM doivent orienter les parents vers le Directeur - Directrice ou l'Enseignant de l'élève concerné.
Mais ils peuvent, par contre, rassurer ou informer les parents sur l'état de santé des enfants ou sur les événements de la journée (prise de repas, sieste, incidents bénins...).

- A l'occasion des absences du personnel enseignant durant le temps scolaire, les ATSEM ne peuvent pas, sauf cas exceptionnel, assurer la garde d'enfants qui restent sous la responsabilité du Directeur ou de la Directrice de l'École.

- En aucun cas, les ATSEM ne peuvent avoir la responsabilité de reconduire un enfant dans sa famille. Les ATSEM ne doivent aucun service privé au Directeur ou à la Directrice de l'Ecole ou au personnel enseignant.

- Il leur est interdit de recevoir la moindre rémunération des élèves, de leur famille ou du corps enseignant. En aucun cas, ils ne peuvent se faire remplacer par une personne étrangère à l'école pour effectuer leur travail, ni utiliser les locaux pour leur usage personnel, ni exercer à l'intérieur de l'école des activités étrangères au fonctionnement de celle-ci.

DOCUMENT 2

Fiche atelier de cuisine « Gâteau coco et chocolat »

LE GÂTEAU « COCO ET CHOCOLAT »

INGRÉDIENTS

100 g de pépites de chocolat

65 g de noix de coco râpée

25 g de beurre

1 yaourt nature

2 pots de farine

2 pots de sucre

2 cuillères à soupe de sucre

2 sachets de sucre vanillé

3 œufs
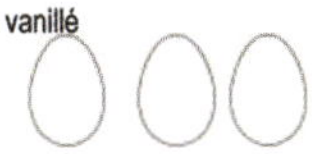

1/2 sachet de levure chimique

1 pincée de sel

PRÉPARATION

1° Préchauffez le four à 200°C (th 7)

2° Versez le yaourt dans le saladier.

3° Faites fondre le beurre.
Lavez le pot vide, il vous servira de doseur pour quelques ingrédients.

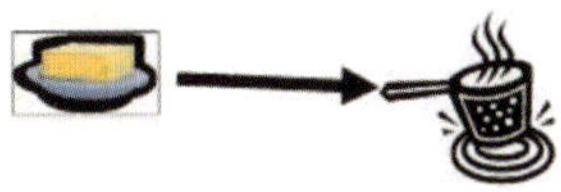

4° Ajoutez la farine et levure tamisées.
Puis, ajoutez les sucres et le sel.

5° Mélangez soigneusement. Incorporez les œufs un par un.
Mélangez le tout vigoureusement.
Incorporez 50 g de noix de coco, 100 g de pépites de chocolat et le beurre. Mélangez bien.

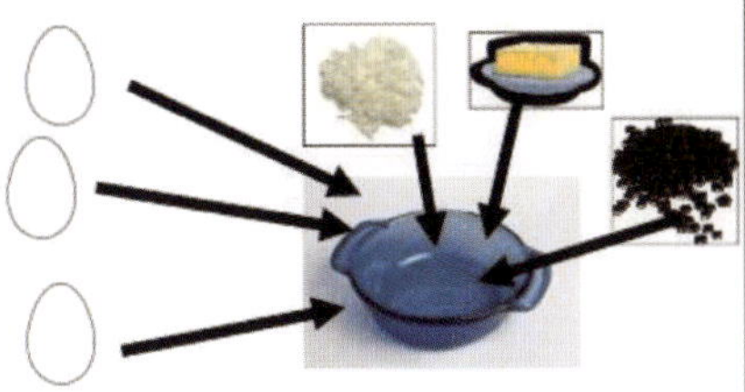

6° Beurrez et sucrez le moule.
Versez-y la pâte. Recouvrez du reste de noix de coco.

7° Enfournez pendant 25 min. Au terme de la cuisson, laissez tiédir et démoulez.

BON APPETIT !!!!

ÉNONCÉ

DOCUMENT 3

« Les poux : des parasites inoffensifs qui passent à l'attaque »

« Ça gratte, ça gêne... » Les poux auraient-ils envahi la tête de votre bambin ? Bruns, blonds ou roux, aucune tête n'est épargnée même avec une hygiène irréprochable. Si les enfants sont les plus touchés à l'école, au parc ou au centre de loisirs, ils peuvent aussi contaminer les adultes. Pour tout savoir sur les poux, l'INPES délivre conseils et astuces dans un livret d'information : « Les poux », téléchargeable sur www.inpes.sante.fr.

Finies les vacances, bonjour les poux

Si la rentrée scolaire rime avec fin des vacances, elle nous annonce aussi le risque d'arrivée des poux dans notre quotidien. Petite bête inoffensive mais particulièrement envahissante, le pou apprécie la promiscuité et la vie en collectivité. Si le pou ne vole pas et ne saute pas, il passe volontiers d'un cheveu à un autre lors des jeux de vos enfants, des câlins du soir avec les parents... C'est pourquoi petits et grands sont concernés par les poux. Sachant que les enfants peuvent avoir des poux sans pour autant se gratter la tête, il est conseillé d'adopter quelques conseils pour limiter les risques d'invasion des poux :

- avoir chacun, sa brosse, son peigne, son bonnet, son écharpe ... et **ne pas les échanger** ;
- **examiner** la tête des enfants, **au moins une fois par semaine**.

Si l'école vous signale des poux ou si quelqu'un de proche en a, il faut :

- **demander à votre enfant d'éviter de coller sa tête contre celles des autres** car les poux se propagent très rapidement, particulièrement à l'école parce que les enfants sont en contact étroit les uns avec les autres ;
- **garder les cheveux longs attachés.**

Comment savoir si on a des poux

Les premiers signes qui doivent alerter sont les démangeaisons. En cas de doute, vérifier la chevelure de votre enfant en portant une attention particulière à l'arrière des oreilles, de la nuque et près de la racine. Idéalement, passer un peigne à poux dans les cheveux au-dessus d'un lavabo ou d'une baignoire afin de mieux repérer si poux ou lentes tombent. Les lentes sont brunes, un peu dorées et fortement accrochées à la racine des cheveux. Elles résistent au lavage et brossage.

Comment s'en débarrasser

Tout d'abord, l'idéal est de **traiter toutes les personnes de la famille qui ont des poux au plus vite, le même jour, car une tête non traitée peut transmettre de nouveau des poux à son entourage et tout est à refaire.** Si votre enfant a des poux, il faut traiter immédiatement :

- acheter en pharmacie un produit qui tue à la fois les poux et lentes ;
- étaler le produit sur l'ensemble du crâne et des cheveux, des racines aux pointes, en suivant le mode d'emploi et renouveler ce traitement dix jours plus tard ;
- passer un peigne à poux dans les cheveux pour faire glisser les poux morts tous les jours jusqu'à éradication complète des poux et lentes;
- laver en machine à 60°C au moins le linge, les doudous, les draps... tout ce qui a pu être en contact avec la tête et les épaules ou les mettre dans un sac poubelle fermé pendant deux jours ;
- prévenir l'école et l'entourage.

Attention : les produits peuvent irriter les yeux ou la peau et provoquer des allergies. Ils peuvent même prendre feu, s'ils se trouvent près d'une source de chaleur. Il faut donc les utiliser avec prudence et uniquement si on a des poux.

Retrouvez tous les conseils pour prévenir et se débarrasser des poux dans le livret d'information « Les poux ».

Ce document est téléchargeable sur le site www.inpes.sante.fr et mis gratuitement à disposition des parents dans les écoles, crèches, centres de loisirs, chez les pédiatres et les pharmaciens.

DOCUMENT 4

Menu restaurant scolaire de la ville de Poitiers – semaine du 25 mai 2015

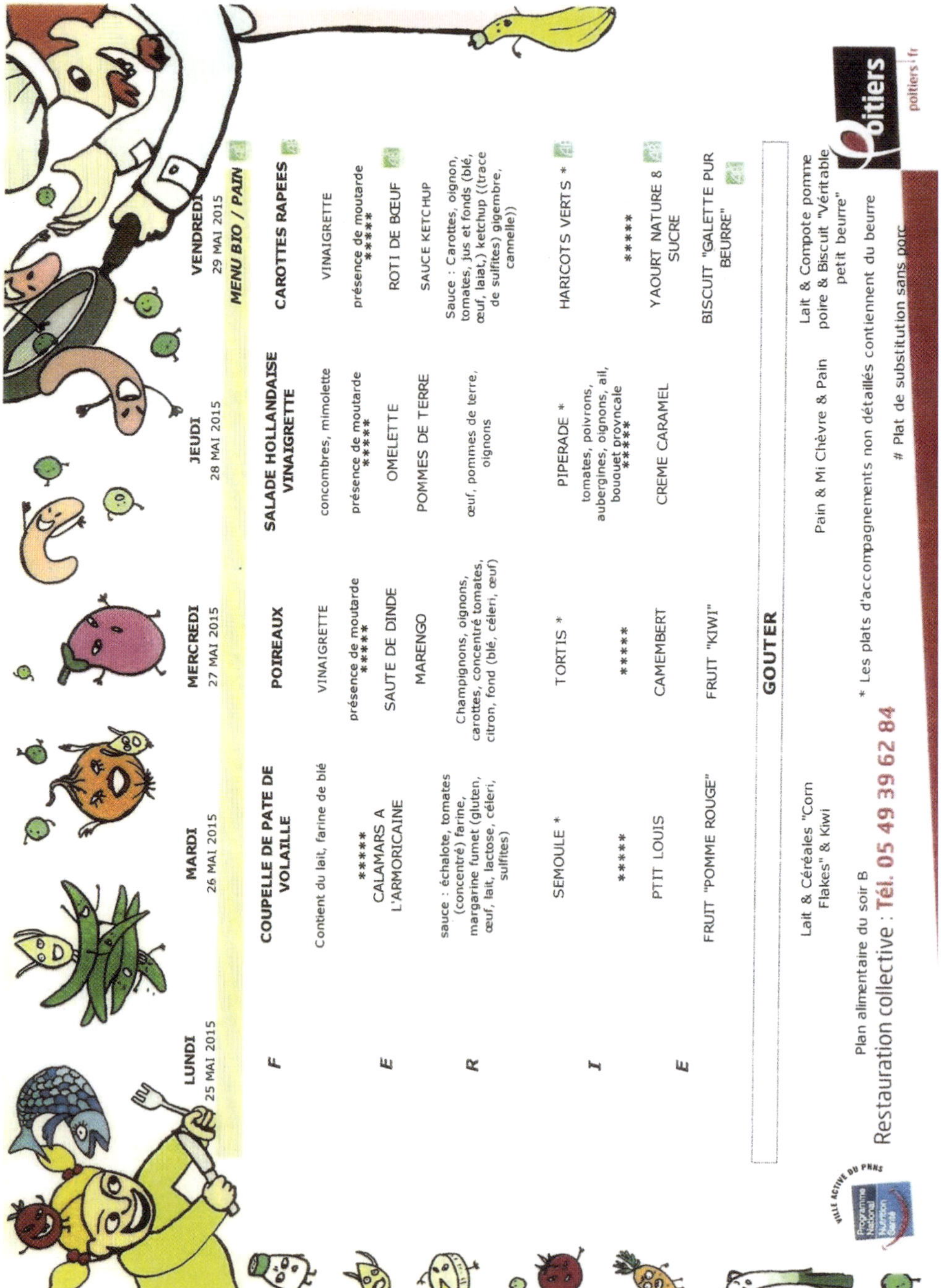

LUNDI 25 MAI 2015	MARDI 26 MAI 2015	MERCREDI 27 MAI 2015	JEUDI 28 MAI 2015	VENDREDI 29 MAI 2015 MENU BIO / PAIN
F	COUPELLE DE PATE DE VOLAILLE	POIREAUX	SALADE HOLLANDAISE VINAIGRETTE	CAROTTES RAPEES
	Contient du lait, farine de blé	VINAIGRETTE	concombres, mimolette	VINAIGRETTE
	*****	présence de moutarde *****	présence de moutarde *****	présence de moutarde *****
E	CALAMARS A L'ARMORICAINE	SAUTE DE DINDE MARENGO	OMELETTE POMMES DE TERRE	ROTI DE BŒUF SAUCE KETCHUP
R	sauce : échalote, tomates (concentré) farine, margarine fumet (gluten, œuf, lait, lactose, céleri, sulfites)	Champignons, oignons, carottes, concentré tomates, citron, fond (blé, céleri, œuf)	œuf, pommes de terre, oignons	Sauce : Carottes, oignon, tomates, jus et fonds (blé, œuf, laiat,) ketchup ((trace de sulfites) gigembre, cannelle))
I	SEMOULE *	TORTIS *	PIPERADE * tomates, poivrons, aubergines, oignons, ail, bouquet provncale	HARICOTS VERTS *
	*****	*****	*****	*****
E	PTIT LOUIS	CAMEMBERT	CREME CARAMEL	YAOURT NATURE 8 SUCRE
	FRUIT "POMME ROUGE"	FRUIT "KIWI"		BISCUIT "GALETTE PUR BEURRE"
GOUTER				
	Lait & Céréales "Corn Flakes" & Kiwi		Pain & Mi Chèvre & Pain	Lait & Compote pomme poire & Biscuit "Véritable petit beurre"

Plan alimentaire du soir B

Restauration collective : Tél. 05 49 39 62 84

* Les plats d'accompagnements non détaillés contiennent du beurre

Plat de substitution sans porc

Poitiers – poitiers.fr

DOCUMENT 5

Notice de détergent désinfectant « surodorant »

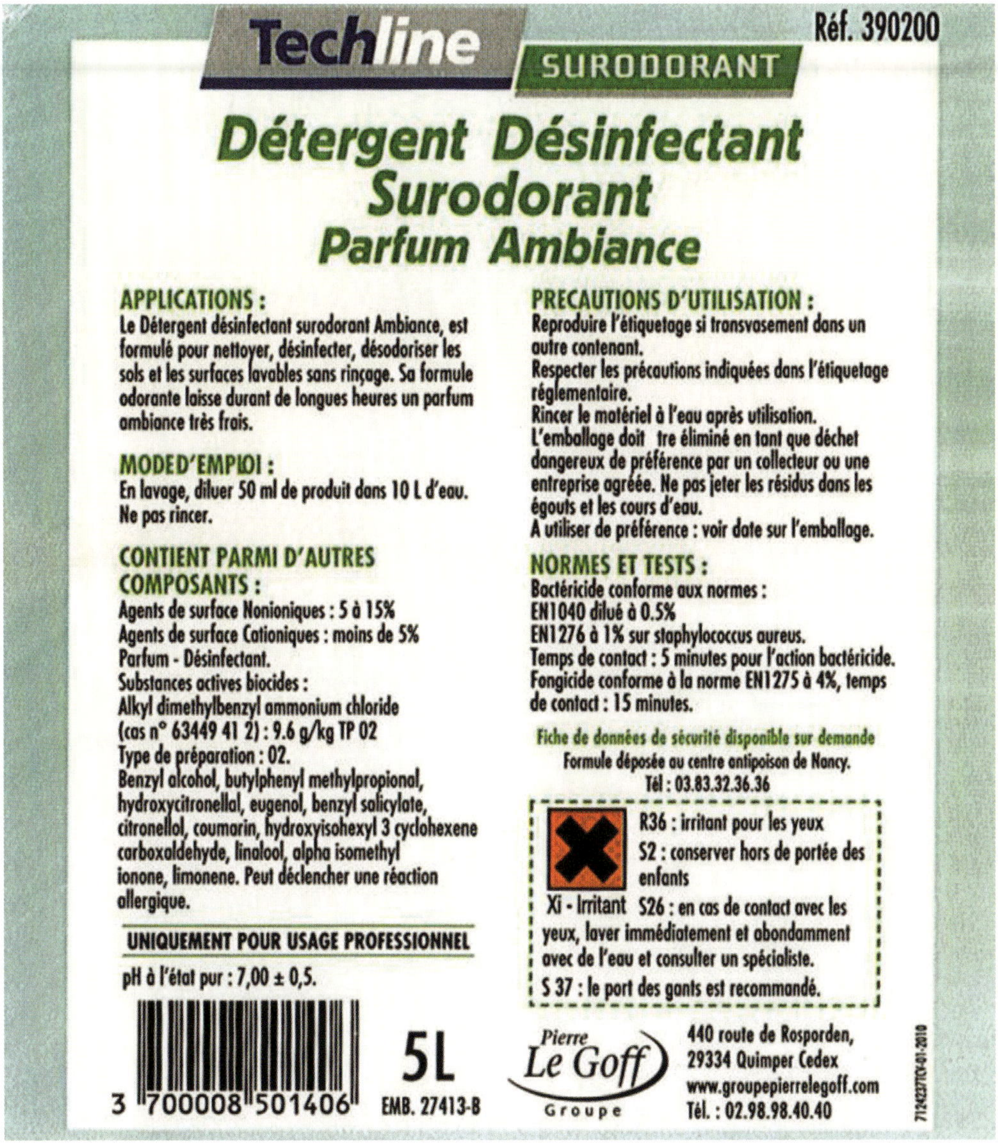

Techline SURODORANT Réf. 390200

Détergent Désinfectant Surodorant
Parfum Ambiance

APPLICATIONS :
Le Détergent désinfectant surodorant Ambiance, est formulé pour nettoyer, désinfecter, désodoriser les sols et les surfaces lavables sans rinçage. Sa formule odorante laisse durant de longues heures un parfum ambiance très frais.

MODED'EMPLOI :
En lavage, diluer 50 ml de produit dans 10 L d'eau. Ne pas rincer.

CONTIENT PARMI D'AUTRES COMPOSANTS :
Agents de surface Nonioniques : 5 à 15%
Agents de surface Cationiques : moins de 5%
Parfum - Désinfectant.
Substances actives biocides :
Alkyl dimethylbenzyl ammonium chloride (cas n° 63449 41 2) : 9.6 g/kg TP 02
Type de préparation : 02.
Benzyl alcohol, butylphenyl methylpropional, hydroxycitronellal, eugenol, benzyl salicylate, citronellol, coumarin, hydroxyisohexyl 3 cyclohexene carboxaldehyde, linalool, alpha isomethyl ionone, limonene. Peut déclencher une réaction allergique.

UNIQUEMENT POUR USAGE PROFESSIONNEL

pH à l'état pur : 7,00 ± 0,5.

PRECAUTIONS D'UTILISATION :
Reproduire l'étiquetage si transvasement dans un autre contenant.
Respecter les précautions indiquées dans l'étiquetage réglementaire.
Rincer le matériel à l'eau après utilisation.
L'emballage doit tre éliminé en tant que déchet dangereux de préférence par un collecteur ou une entreprise agréée. Ne pas jeter les résidus dans les égouts et les cours d'eau.
A utiliser de préférence : voir date sur l'emballage.

NORMES ET TESTS :
Bactéricide conforme aux normes :
EN1040 dilué à 0.5%
EN1276 à 1% sur staphylococcus aureus.
Temps de contact : 5 minutes pour l'action bactéricide.
Fongicide conforme à la norme EN1275 à 4%, temps de contact : 15 minutes.

Fiche de données de sécurité disponible sur demande
Formule déposée au centre antipoison de Nancy.
Tél : 03.83.32.36.36

Xi - Irritant
R36 : irritant pour les yeux
S2 : conserver hors de portée des enfants
S26 : en cas de contact avec les yeux, laver immédiatement et abondamment avec de l'eau et consulter un spécialiste.
S 37 : le port des gants est recommandé.

3 700008 501406

5L
EMB. 27413-B

Pierre Le Goff Groupe
440 route de Rosporden,
29334 Quimper Cedex
www.groupepierrelegoff.com
Tél. : 02.98.98.40.40

712423TCV-01-2010

CORRIGÉ

Sujet 2 | Session 2015

Comment aborder le sujet

Avant de prendre connaissance des documents, lisez attentivement les questions afin de pouvoir procéder à une lecture « utile » du dossier le plus rapidement possible. En effet en ayant déjà en tête les questions, il vous est plus facile de repérer dès la première lecture les éléments de réponse à exploiter.

Proposition de corrigé

QUESTION 1 : PARTICIPATION À LA COMMUNAUTÉ ÉDUCATIVE

Document 1

1. L'ATSEM est soumis à l'autorité du directeur de l'école et à celle du maire de la commune où se situe l'école.

2. La réponse est non. L'ATSEM ne peut en aucun cas se substituer au personnel enseignant sur le temps scolaire.

3. a. Le conseil d'école est l'instance principale de concertation de l'école.

Son rôle est de se prononcer sur les questions principales de fonctionnement de l'école et de la vie scolaire.

Il donne son avis sur les actions pédagogiques et éducatives.

Il vote le règlement intérieur.

Il établit le projet d'organisation pédagogique de la semaine scolaire.

Il donne son avis sur l'utilisation des moyens alloués à l'école, la restauration scolaire, les activités périscolaires ou sur l'intégration des élèves en situation de handicap.

b. Les six principaux participants sont :
- le directeur d'école,
- le personnel enseignant,
- les représentants des parents d'élèves,
- le maire,
- le conseiller municipal chargé des affaires scolaires,
- le délégué départemental de l'éducation.

À noter : Les ATSEM peuvent y assister avec voix consultative pour les affaires les concernant.

QUESTION 2 : ANIMATION SOCIO-ÉDUCATIVE

Document 2

1. Quatre tâches principales à accomplir :
- Réunir l'ensemble des ingrédients et ustensiles pour la confection du gâteau.
- Expliquer l'activité et les consignes aux enfants.
- Habiller les enfants avec un tablier ou une blouse protectrice pour éviter qu'ils ne se salissent lors de l'activité.
- Faire préchauffer le four avant le début de l'activité en dehors de la présence des enfants.

2. Deux principes d'hygiène fondamentaux :
- Se laver les mains avant la préparation de repas.
- Laver les ustensiles après utilisation.

3. Deux points de sécurité lors du déroulement de l'atelier :
- Ne pas utiliser d'objets contondants (couteaux ou ciseaux) qui seraient laissés à la portée des enfants.
- Ne pas laisser les enfants s'approcher du four.

4. Deux intérêts pédagogiques d'un atelier cuisine :
- Il permet de travailler sur les notions de quantités et les nombres.
- Il permet d'appréhender les ingrédients avec l'enfant, leur nom et origine : œufs, farine, sucre, lait, etc.

QUESTION 3 : LE SOIN

Document 3

1.

Quels sont les signes de la présence de poux ?	Le premier signe de la présence de poux est la démangeaison. On peut également s'en apercevoir en observant la chevelure.
En cas de doute, comment vérifiez-vous ?	En cas de doute, il faut observer la chevelure en portant une attention particulière à l'arrière des oreilles, à la nuque et à la racine des cheveux. On peut également passer un peigne à poux dans les cheveux pour voir si des poux tombent.
Comment attrape-t-on des poux ?	Les poux, qui sautent d'une tête à une autre, s'attrapent par contact (avec un tissu par exemple ou par proximité d'une autre tête).
Comment se débarrasse-t-on des poux ?	Les poux se traitent en vaporisant un produit anti-poux sur la tête, puis en passant un peigne à poux dans les cheveux pour faire glisser les poux morts. Il est également nécessaire de laver à 60 °C tout le linge susceptible d'avoir été contaminé.
Quels sont les différents moyens d'éviter d'en attraper ?	Examiner la tête au moins une fois par semaine. Ne pas échanger ses affaires telles que les brosses, peignes, écharpes, bonnets, etc.

2. Après vérification, si la présence de poux est avérée, il faut en informer l'enseignant ou le directeur de l'école, afin de transmettre l'information aux parents.

3. La réponse est non. La pédiculose non traitée n'est pas un motif d'éviction scolaire (cf. « Guide des conduites à tenir en cas de maladies transmissibles dans une collectivité d'enfants », Conseil supérieur d'hygiène publique de France, séance du 14 mars 2003).

4. Il est nécessaire de refuser car seuls les médecins ou infirmiers scolaires sont habilités à vérifier la chevelure des enfants. L'application de spray anti-poux ou d'autres produits dépasse le cadre des missions des ATSEM.

QUESTION 4 : LA RESTAURATION SCOLAIRE

Document 4

1. Il ne faut surtout pas forcer Matéo à manger à tout prix les calamars mais l'inciter à y goûter en lui proposant, en lui expliquant ce qu'est ce produit, d'où il vient, etc. Si malgré cette incitation, Matéo ne veut toujours pas y goûter, il faut renoncer.

2.

	MENU DU 27 MAI	GROUPE ALIMENTAIRE
Entrée	Poireaux	Légumes
Plat	Sauté de dinde	Viandes
Garniture	Tortis	Féculents
Fromage	Camembert	Produits laitiers
Dessert	Kiwi	Fruits

3. Afin de favoriser l'autonomie, vous pouvez proposer aux enfants :
– de distribuer le pain à leurs camarades assis autour de la table ;
– d'apprendre à se servir ;
– de veiller à manger proprement ;
– d'apprendre à bien utiliser leurs couverts.

4. a. Le terme PAI signifie projet d'accueil individualisé.

b. Les cinq signataires du PAI sont le directeur de l'école, le médecin scolaire, les parents, l'enseignant et le maire.

c. Le rôle de l'ATSEM est de s'assurer que tout ce qui est indiqué dans le PAI est bien respecté lors des repas pris par l'enfant à la cantine scolaire, notamment en termes d'allergies et d'aliments interdits à l'enfant.

d. Les deux constituants alimentaires du menu qui ont été supprimés sont :
– la sauce du plat principal ;
– le biscuit.

QUESTION 5 : L'ENTRETIEN DES LOCAUX

Document 5

1. Un bactéricide tue les bactéries et un levuricide tue les levures.

2. Le PH d'un produit, qui est plus ou moins 7, est celui d'un produit neutre.

3. Le symbole figurant sur ce produit signifie qu'il est irritant.

4. a. Il s'agit de ce symbole : 

b. Quatre précautions à prendre lors de l'utilisation de ce produit :
– Pour l'ATSEM : ne pas inhaler ; porter des gants et une tenue adaptée avant utilisation.
– Pour les enfants : ne pas le manipuler en leur présence.
– Pour l'environnement : ne pas le jeter dans la nature.

5. Vous mettez seulement un genou au sol, l'autre fléchi à angle droit.

PARTIE 2

Sujets corrigés

Chapitre 4
Entretien avec le jury

Sujet 1 ATSEM externe et ASEM

Sujet 2 ATSEM interne et 3e concours

Sujet 1 | ATSEM externe et ASEM

15 min

ÉNONCÉ

Exemples de questions qui pourraient vous être posées le jour du concours

1. Que faites-vous si vous constatez qu'un enfant a de la fièvre?

2. Où stockez-vous les produits d'entretien?

3. Les parents d'un petit garçon vous préviennent que sa religion lui interdit de manger du porc. Que devez-vous faire en tant qu'ATSEM?

4. Jean crie qu'il a renversé l'eau de sa peinture, pendant que Lili se plaint de douleurs au ventre et que Théo est sorti en courant de la classe. Dans quel ordre devez-vous procéder?

5. Comment procédez-vous au nettoyage d'une classe?

Proposition de corrigé

1. Si un enfant est fiévreux, il faut le coucher, prendre sa température, le faire boire régulièrement de l'eau et le découvrir de ses vêtements. Je dois prévenir immédiatement le directeur ou l'enseignant, et prévenir ou faire prévenir les secours en cas de fièvre anormalement élevée.

2. Les produits d'entretien doivent être stockés hors de la portée des enfants, dans un local fermé à clé. Ils ne doivent en aucun cas être stockés dans la classe des enfants. Ils doivent être tenus à l'abri d'une source de chaleur.

3. Si la confession d'un enfant lui interdit certains aliments, je dois m'assurer lors du repas que les croyances de l'enfant et de la famille sont respectées, en veillant à ce qu'aucun aliment proscrit, en l'occurrence le porc, ne soit présent dans l'assiette de cet enfant.

4. Lorsque plusieurs enfants vous sollicitent, il faut répondre en premier lieu à ce qui est de l'ordre de l'urgence vitale ou à ce qui pourrait mettre l'enfant en danger sérieux, avant de considérer d'autres besoins exprimés. Dans le cas de figure évoqué, je sors rattraper Théo avant qu'il ne quitte le bâtiment sans surveillance, car il pourrait éventuellement se blesser, se perdre, etc. Je m'occupe ensuite de Lili qui est peut-être malade, et de qui il faut se préoccuper afin de s'assurer que ses maux de ventre ne sont pas dus à un trouble grave pouvant mettre en péril sa santé. Enfin et en dernier lieu, je m'occupe des soucis matériels, en l'occurrence de l'eau renversée. J'avais déjà dit à Jean auparavant de nettoyer, que cela n'était pas bien grave et qu'il ne fallait pas crier.

5. Pour nettoyer une classe, il faut d'abord aérer la pièce, puis procéder au nettoyage des tables et des chaises avec des lingettes imprégnées. Ensuite, il est nécessaire d'effectuer un balayage humide, afin de récolter les poussières, puis de laver le sol.

Sujet 2 | ATSEM interne et 3e concours

20 min

ÉNONCÉ

Exemples de questions qui pourraient vous être posées le jour du concours

1. Connaissez-vous votre supérieur hiérarchique direct?

2. Savez-vous ce qu'est la double subordination ? Pouvez-vous expliciter?

3. Si un accident survient à un enfant dans la cour pendant que vous surveillez, quelle est votre responsabilité?

4. Qu'est-ce que la PLS? Comment devez-vous positionner un enfant en PLS?

CORRIGÉ

Proposition de corrigé

1. Mon supérieur hiérarchique direct est le maire de la commune dans laquelle j'exerce mon métier d'ATSEM. C'est en effet le maire qui nomme les ATSEM et peut, éventuellement, les révoquer le cas échéant. L'ATSEM fait partie des personnels communaux, bien que les temps scolaires soient placés sous autorité du directeur de l'école, dont je dois suivre les directives.

2. La double subordination est le fait, pour les ATSEM, d'être placés à la fois sous l'autorité du maire, pour les temps périscolaires, et sous celle du directeur de l'école, pour les temps scolaires.

3. En tant qu'ATSEM, les enfants ne sont pas placés sous ma responsabilité directe, mais sous celle du directeur de l'école. Si un accident survient, je ne peux pas en être tenu directement responsable, sauf s'il s'avère que j'ai commis une faute professionnelle grave ou une faute intentionnelle.

4. La PLS est la position latérale de sécurité. Il s'agit d'un geste de premier secours destiné à permettre à l'enfant de respirer correctement. Il faut mettre l'enfant sur le côté, en chien de fusil, en maintenant sa tête en bascule. La bouche doit être dirigée vers le bas, avec le corps à l'horizontal et tourné sur le côté.

Mise en page : Linéale Production
Achevé d'imprimer en mars 2018
sur les presses de la SEPEC (France)
Numéro d'impression : 09463180301
Numéro d'éditeur : 2017_0834
Dépôt légal : avril 2018

IMPRIM'VERT®

PEFC™ 10-31-1470 / Certifié PEFC / Ce produit est issu de forêts gérées durablement et de sources contrôlées. / pefc-france.org